APERÇU HISTORIQUE

SUR

LA CHINE

PAR

UN MISSIONNAIRE

過去事明如鏡
L'histoire ressemble à un miroir.

ROME
IMPRIMERIE POLYGLOTTE
DE LA S. C. DE LA PROPAGANDE
1873

APERÇU HISTORIQUE

SUR

LA CHINE

PAR

UN MISSIONNAIRE

過去事明如鏡
L'histoire ressemble à un miroir.

ROME
IMPRIMERIE POLYGLOTTE
DE LA S. C. DE LA PROPAGANDE
1873

Les missions ont pris un grand développement sous le pontificat de Pie IX, le nombre des ouvriers apostoliques et des Chrétiens s'est accrû, les préfectures et vicariats ont été divisés et subdivisés, les relations avec l'extrême Orient sont devenues plus rapides et plus fréquentes. Chaque jour, pour ainsi dire, la sacrée Congrégation de la Propagande reçoit des doutes à éclaircir, des difficultés à résoudre; aussi, éprouve-t-elle le besoin de s'initier plus parfaitement aux mœurs et aux coutumes des peuples confiés à ses soins, d'étudier leur histoire, de discuter leurs principes religieux.

C'est pour faciliter cette étude par rapport à la Chine et répondre aux désirs qui m'ont été exprimés, que j'écris ces pages; puissent-elles inspirer un plus vif intérêt envers les innombrables païens qui sont encore enveloppés dans les ténèbres de l'erreur.

Rome. Mai 1873.

F. G.

Le vaste et populeux empire de Chine est malheureusement peu connu parce qu'il est confiné à l'extrémité du monde et considéré comme en dehors de notre sphère. Si l'Amérique a pu avec raison être appelée le *nouveau monde*, la Chine devrait être appelée non pas seulement le vieux monde mais le *monde inconnu*.

Les Romains eurent peu de rapports avec les chinois; ils les désignaient sous le nom de Sères et de « gentes indiarum. » Ce ne fut qu'au treizième et au quatorzième siècles que les voyages de Marco-Polo et les nombreuses conversions de Jean de Monte Corvino archevêque de Pékin attirèrent les regards vers l'extrême Orient. En 1497, Vasco de Gama doubla le cap de bonne espérance et ouvrit les portes de cet immense continent. Dès lors, l'Europe eut des rapports de plus en plus fréquents avec les Indes et la Chine.

Dans ces derniers temps, nous sommes entrés dans une nouvelle phase; les inventions modernes ont facilité les communications et rapproché les distances; la liberté de religion a été obtenue par le traité de 1860; la sollicitude des Souverains Pontifes et de la sacrée Congrégation de la Propagande s'est étendue sur toutes les nations du globe; les œuvres de la propagation de la foi et de la sainte enfance ont centuplé les moyens d'action; n'y a-t-il pas lieu d'espérer que l'heure de la conversion de la Chine approche? Presque à chaque siècle, comme on le verra dans ce court aperçu historique, l'évangile y a été annoncé; la semence n'a pas germé, le sol a été ingrat, mais bientôt peut-être, grâce aux persévérants efforts des missionnaires, la Chine fera enfin partie de la grande famille catholique.

Pour mieux comprendre les faits principaux de l'histoire du Christianisme en Chine, il est nécessaire de donner quelques notions géographiques et d'exposer la forme du gouvernement chinois. Nous parlerons ensuite des diverses religions répandues dans l'empire, c'est-à-dire du paganisme sous ses trois formes: tao-sse, lettrés et bouddhistes, de l'Islamisme, du Judaïsme, du Schisme russe et du Protestantisme. Dans l'exposé historique nous suivrons l'ordre chronologique, c'est-à-dire la prédication des premiers siècles, la prédication nestorienne, franciscaine, moderne; un chapitre particulier sera consacré à la question des rites, à cause de son importance.

CHAPITRE I.

NOTIONS GÉOGRAPHIQUES SUR LA CHINE.

L'empire Chinois est appelé Tchong-Koué: royaume du milieu, tchong-hoa: milieu fleuri, tien-hia: dessous du ciel. Il se compose de dix-huit provinces ou Chine proprement dite et de pays tributaires: Thibet, Mongolie, Mandchourie et Corée.

Étendue. La Chine proprement dite forme un immense rectangle qui s'étend du 18ème au 45ème de latitude septentrionale et du 97ème au 120ème de longitude orientale. Sa superficie est plus vaste que la moitié de l'Europe; plusieurs provinces sont aussi étendues et aussi peuplées que des royaumes; le Sut-chuen, par exemple, a quarante millions d'habitants et une superficie au moins égale à celle de la France.

Limites. Au nord, la Chine est séparée de la Mongolie et de la Mandchourie par la grande muraille; au sud, elle est bornée par le royaume Annamite et la mer de Chine; à l'est, par la mer jaune et le golfe du Pé-tché-li; à l'ouest, par le Thibet et le Khou-khou-noor.

Iles. Les Iles principales qui en dépendent sont: 1º le groupe des îles Chousan, près de la province du Tché-kiang, population d'environ 300 mille âmes. 2º la grande et belle île Formose ou Taï-wan, près de la province du Fou-kien dont elle dépend; population de trois millions; étendue de soixante lieues de longueur sur trente de largeur. Une chaîne de montagnes la divise du nord au sud; quatre ports y sont ouverts au commerce européen. 3° l'île de Haï-nan qui dépend de la province de Canton; population de deux millions; étendue de 54 lieues de longueur sur 26 de largeur. 4° les îles du sud, c'est à dire Sanciang ou saint Jean, célèbre par la mort de St François-Xavier; la presqu'île de Macao, colonie portugaise depuis 1580; quarante mille habitants. Enfin Hong-kong, cédé au gouvernement anglais par le traité de Nanking, en 1842; cent trente mille habitants.

Montagnes. Le sol de la Chine est hérissé de montagnes dans presque toute son étendue, mais deux chaînes principales la traversent de l'est à l'ouest et forment ainsi trois vallées qui sont baignées par trois grands fleuves. Ces montagnes sont les Pé-lin et les Yun-lin. Les Pé-lin: forêts septentrionales, séparent le fleuve jaune et le fleuve bleu et forment le bassin du nord. Les Yun-lin: forêts nuageuses, traversent les provinces du Yun-nan et du Koui-tchéou puis se divisent en plusieurs chaînes qui prennent les noms de Meï-lin, Ta-yu-lin, et forment les bassins du centre et du sud.

Fleuves. Le bassin du nord comprend le Houangho: fleuve jaune et le Pé-ho: fleuve septentrional. Le fleuve jaune a un cours capricieux d'environ mille lieues; il se dirige vers le nord, cotoye le pays des Ortos, descend brusquement au sud et tourne vers l'est en traversant plusieurs provinces jusqu'à son embouchure. Son nom vient de la couleur de ses eaux qui charrient beaucoup de sable. Il cause de fréquentes inondations et n'est presque pas navigable. Le Pé-ho prend sa source à quelques lieues au delà de la grande muraille, traverse la province du Pé-tché-li, passe à quatre lieues de Pékin puis à Tien-tsin où il rencontre le canal impérial ; c'est là qu'il devient navigable pour les navires européens, jusqu'aux forts de Ta-kou près desquels il se jette dans la mer.

Le bassin central renferme le fleuve bleu qui divise la Chine en deux parties presque égales, appelées *Han* pour le nord et *Man* pour le sud. Il est navigable pendant près de 700 lieues, s'appelle d'abord fleuve aux sables d'or: Kin-cha-kiang; puis grand fleuve: Ta-kiang, enfin, près de l'embouchure, fils de l'océan : Yang-tse-kiang. Il arrose les provinces du Yun-nan, du Sutchuen, du Hou-pé et du Kiang-nan. Ses nombreux affluents servent de routes commerciales pour une grande partie de l'empire; malheureusement il a plusieurs rapides qui causent tant d'accidents qu'un proverbe dit de lui : « le fils de l'océan dévore sa barque tous les jours. »

Le bassin du sud renferme la rivière des perles: Tchou-kiang qui arrose les provinces du Kouang-tong et du Kouang-si par des affluents du nord, de l'est et de l'ouest.

Le Canal Impérial unit le fleuve jaune au fleuve bleu et sert de communication entre la capitale et les principales villes de l'empire; sa longueur est de 260 lieues; sa largeur varie de vingt à trente mètres.

Lacs. Le plus célèbre est le lac Tong-ting au centre de la Chine. Il donne son nom aux provinces du Hou-pé et du Hou-nan qui signifient nord et sud du lac ; il a 80 lieues de circonférence et communique avec le fleuve bleu. Le lac Po-yang, dans la province du Kiang-si, mêle aussi ses eaux à celles du fleuve bleu; il a trente lieues de longueur sur huit de largeur. La province du Kiang-nan renferme quatre ou cinq lacs dont les plus considérables sont le Hong-tse et le Ta-hou.

Anciennes divisions. Depuis l'an 1797 avant J. C.

jusqu'à nos jours, les Chinois comptent 22 dynasties qui se sont succédées sans interruption. Néanmoins les empereurs n'ont pas toujours possédé tout le territoire; il y a eu à diverses époques des petits états presque indépendants dont le nombre a été de 55. Les principautés feudataires ont été au nombre de 42. Le plus célèbre de ces petits états est celui de Lou, dans la province du Chan-tong, où naquit Confucius. Le régime féodal dura jusqu'à la quatrième dynastie, celle des Tsin qui donna son nom à la Chine.

L'empereur Tsin-chi-houang-ti, qui construisit la grande muraille et brûla tous les anciens livres, fut le premier qui divisa son immense royaume en quatre provinces; il y eut ensuite divers démembrements mais de peu de durée. En 627 (après J. C.) Taï-tsong divisa la Chine en dix provinces; en 722, Hiuen-tsong la divisa en quinze.

Nombre actuel des provinces. La dynastie Mandchou qui gouverne la Chine depuis 1644 l'a divisée en dix-huit provinces, savoir: au nord, le Pé-tché-li ou vulgairement Tché-li: dépendance directe; le Chan-si: occident montagneux; le Chen-si: occident escarpé, et le Kan-sou: douce soumission.

Au centre: le Ho-nan: sud de la rivière; le Hou-pé: nord du lac; le Hou-nan: sud du lac, et le Kiang-si: ouest du fleuve.

A l'est, le Chan-tong: orient montagneux; le Kiang-sou: herbes du fleuve; le Ngan-houi: paisible abondance, et le Tché-kiang: fleuve tché.

À l'ouest, le Se-tchouan, vulgairement Su-tchuen: quatre cours d'eau; le Koui-tchéou: noble terre, et le Yun-nan: midi nuageux.

Au Sud, le Kouang-si: étendue occidentale; le Kouang-tong: étendue orientale, et le Fou-kien: félicité croissante.

Il faut remarquer que le Houpé et le Hou-nan portent le nom commun de Hou-kouang: étendue du lac. Le Kiang-sou et le Ngan-houi sont aussi appelés Kiang-nan : sud du fleuve, parce que ces provinces n'ont été divisées que sous la dynastie actuelle.

Population. D'après le recensement de 1812 la population des 18 provinces était de 360 millions; d'après celui de 1852, fait par ordre de l'empereur Hien-fong, elle dépassait 500 millions. Depuis vingt ans les massacres des rebelles, les guerres des mahométans etc..... ont fait périr tant de monde qu'on doit porter le chiffre actuel un peu au dessous du précédent.

La difficulté de donner un chiffre exact vient de ce que, dans les recensements, les Mandarins s'inquiètent plus du nombre des familles que de celui des individus; chaque maison doit, d'après la loi, avoir un tableau appelé *men-pai:* planchette de la porte, sur lequel est inscrit le nombre des personnes qui composent la famille; ce chiffre n'étant jamais contrôlé, il peut y avoir de nombreuses erreurs.

Voici la population approximative des 18 provinces, en 1873.

Pé-tché-li...	40 millions	Ngan-houi ..	30 millions
Chan-tong...	29	Tché-kiang .	28 ....
Chan-si	27	Kiang-si	29 ....
Chen-si	24	Fou-kien ...	29 ....
Kan-sou	22	Sutchuen....	40 ....
Hou-pé	32	Kouang-tong.	28 ....
Hou-nan	25	Kouang-si...	17 ....
Ho-nan	28	Yun-nan....	13 ....
Kiang-sou...	31	Koui-tchéou.	11 ....

Total : quatre cent quatre-vingt trois millions.

CHAPITRE II.

GOUVERNEMENT CHINOIS.
SES RELATIONS AVEC LES AUTRES PEUPLES.

Empereur. Selon Confucius, l'empereur doit être considéré comme le père de ses sujets et le délégué du ciel dans l'exercice de l'autorité. Comme père de la grande famille chinoise, il regarde tous ses sujets comme égaux. Aucun emploi n'est héréditaire; il n'y a pas non plus de noblesse, excepté dans la famille impériale et dans celle de Confucius; chacun est fils de ses œuvres et l'unique artisan de sa fortune. Les princes du sang ne peuvent porter leur titre que s'ils y sont autorisés par l'empereur; ils peuvent même le perdre s'ils se rendent coupables de quelque faute. Le fils aîné de l'empereur n'est pas lui-même certain d'hériter du trône; le monarque peut choisir parmi ses enfants celui qu'il croit être le plus digne de régner.

En qualité de délégué du ciel, l'empereur est considéré comme l'unique pontife; c'est lui qui offre le sacrifice, à l'époque des semailles et aux équinoxes. Il est appelé fils du ciel; un temple lui est dédié dans chaque capitale de province et dans beaucoup de villes du premier ordre. Les Mandarins y font la prostration devant son nom écrit en caractères dorés sur une planchette vernissée, comme ils le feraient devant sa personne.

Mandarins. Les Portugais ont donné le nom général de mandarins (du mot mandar: gouverner) à tous les fonctionnaires. Comme l'empereur, ils doivent administrer en pères les villes et les provinces, ils sont les délégués de sa souveraine et paternelle autorité, aussi sont-ils appelés « pères et mères du peuple. »

Par une loi fondamentale de l'état, nul mandarin ne peut exercer des fonctions administratives ou judiciaires dans la province qui lui a donné naissance; mais il est astreint à y acquérir toutes ses propriétés afin que chacun puisse connaître s'il a abusé de l'exercice de ses fonctions pour s'enrichir.

Conseils et Ministères. Au sommet de la hiérarchie sont deux conseils : le conseil privé dont le président a le titre de Ko-lao, (un chrétien qui composa plusieurs livres de religion : Paul Su, fut honoré de ce titre en 1622) et le conseil général, sorte de chambre législative.

Il y a six ministères : intérieur, justice, guerre, finances, travaux publics et rites.

Viennent ensuite le tribunal des censeurs, le département des colonies et des affaires étrangères, le collége d'astronomie et l'académie littéraire des Han-lin : forêt de pinceaux; puis les Vice-rois, gouverneurs, intendants, préfets, sous-préfets, magistrats de cantons, maires et notables.

Grades et Insignes. Il y a neuf degrés honorifiques qu'on distingue par la couleur des boutons ou globules placés sur le sommet du chapeau, savoir : rubis, corail, saphir, bleu opaque, cristal, blanc opaque, or plein, ciselé et strié. Les autres insignes sont : la plume de paon pour les mandarins civils et la queue de renard pour les mandarins militaires, le chapelet de pierres précieuses et le pectoral : ornement de soie, dont les figures sont d'animaux bipèdes pour les civils et de quadrupèdes pour les militaires.

Administration des provinces. Les dix-huit provinces forment 8 groupes qui sont administrés chacun par un Vice-roi, savoir : les deux Kiang ; les deux Hou ; les deux Kouang ; le Kan-sou et Chen-si ; le Tché-li, Chan-si, Chan-tong et Ho-nan ; le Tché-kiang et

Foû-kien ; le Yun-nan et Koui-tchéou, enfin le Su-tchuen qui forme à lui seul une vice-royauté, à cause de sa vaste étendue.

Les Vice-rois sont chargés de la justice, de l'instruction, des finances et de l'armée; ils ont pour aides le trésorier général : fan-taï; le grand juge : nié-taï; le chancelier littéraire: hio-tchin; le général chinois: ti-tou, et le général tartare : tsiang-kiun.

Au second degré de la hiérarchie sont les dix-huit gouverneurs de provinces.

Au troisième degré sont les intendants ou tao-taï; chaque province en a quatre ou cinq selon son importance.

Degrés et nombre de villes. On distingue trois ordres de villes. Celles du premier ordre s'appellent *fou,* il y en a 182; celles du second ordre s'appellent *tchéou,* il y en a 145; celles du troisième ordre s'appellent *hien,* il y en a 1321. De plus, il y a 63 villes appelées *tin*, qui ne diffèrent du premier ordre que par la moins grande étendue de juridiction et 67 appelées *tché-li-tchéou :* indépendantes, parce qu'étant du second ordre comme dignité elles ont néanmoins les priviléges du premier. Enfin, il y a de gros bourgs appelés *so, tchaï, tsen;* 500 d'entre eux sont murés.

Titres aux emplois publics. La loi veut que pour remplir une fonction quelque peu importante, on ait obtenu dans les examens publics le grade de bachelier, de licencié ou de docteur. Malheureusement, dans ces derniers temps, la pénurie du trésor a contraint le gouvernement chinois à transgresser cette règle si sage; aujourd'hui les mandarinats sont souvent offerts au plus offrant; c'est une sorte de commerce qui oblige l'acheteur à pressurer davantage le pauvre peuple.

Edits et moyens de publicité. Les édits de l'empereur sont imprimés sur papier jaune et ornés de figures de dragons. Ceux des mandarins sont imprimés sur papier blanc, revêtus de leur cachet et marqués de points rouges pour les passages les plus importants. Il y a d'autres édits appelés : Chang-yu, qui sont des exhortations au peuple.

Un des principaux moyens de publicité est le journal officiel de Pékin, le seul qui existe dans l'empire. Depuis quelques années, on a publié un journal à Canton, mais ce n'est que la reproduction de celui de la capitale, avec quelques nouvelles locales. Récemment aussi, les ministres protestants en ont publié un à Chang-haï pour répandre dans l'intérieur la doctrine qu'ils n'osent aller y prêcher eux-mêmes.

Dans le journal de Pékin, on insère ce qui a rapport au gouvernement, les lois nouvelles, les nominations, changements et dégradations de mandarins, les affaires criminelles, les malheurs arrivés dans les provinces, les libéralités impériales etc. etc. C'est ainsi, disent les lettrés, qu'il y a toujours un livre ouvert pour enseigner l'art de gouverner.

La politique du gouvernement chinois envers les étrangers, a presque toujours été de les éviter, par ce qu'elle regarde l'élément étranger comme dangereux ou inutile. Il est remarquable en effet que si la civilisation chinoise est aujourd'hui inférieure à celle de l'Europe, elle ne lui a du moins rien emprunté et lui a même été supérieure pendant plusieurs siècles. Tout le monde sait que l'imprimerie, la boussole et la poudre à canon étaient connues des Chinois, de temps immémorial.

Le tort de cet empire quarante fois séculaire est d'être stationnaire, d'avoir aujourd'hui les mêmes usages que du temps de Confucius.

Les mandarins supérieurs, le prince Kong et les membres du conseil de régence ont plusieurs fois déclaré qu'ils n'avaient aucun besoin des inventions modernes (connues seulement dans les ports), que la Chine pouvait se suffire à elle-même etc. De fait, le commerce européen lui apporte principalement de l'opium, et déjà on cultive le pavot dans plusieurs provinces afin de s'affranchir de ce tribut envers l'étranger.

Voyons rapidement quelles ont été les relations de la Chine avec les autres peuples:

Avec les Romains. L'an 166 après J. C. l'empereur Marc-Aurèle envoya une ambassade et des présents aux « pays qui produisaient la soie. » Les historiens chinois ajoutent que c'était un tribut, parce qu'ils regardent comme tel, tout présent. Ils parlent de plusieurs échanges d'amitié entre leurs souverains et le Ta-tsin-koué (Rome) « région où se couche le soleil. »

Ammien-Marcellin (350 ap. J. C.) porte sur le pays des Sères un jugement qui s'accorde parfaitement avec les mœurs des Chinois : « ils ont grand
» soin, dit-il, d'éviter tout contact avec les autres
» peuples, ils ne font le commerce qu'à la frontière,
» y apportent une extrême méfiance, sont tempérants,
» doux et paisibles et professent une grande aversion
» pour la guerre. »

Avec les Souverains Pontifes. En 1245, Innocent IV envoya des ambassadeurs missionnaires auprès des tartares-Mongols fondateurs de la dynastie des Yuen. Jean de Plan-Carpin, franciscain, fut chargé de présenter des lettres à leur khan, c. à d. chef.

Pendant le treizième et le quatorzième siècles il y eut plusieurs ambassades, toujours composées de dominicains et de franciscains ; on possède encore dans les archives du Vatican les réponses des princes tartares.

En 1650, Alexandre VIII reçut des présents et des lettres de la princesse Hélène, de la dynastie des Min.

Sous le règne de Kang-hi, les relations entre Rome et Péking furent assez fréquentes, à l'occasion de l'affaire des rites.

Les Portugais, en 1517, abordèrent à Sanciaug pour établir leur commerce avec la Chine. Quelques années plus tard, ils se fixèrent à Macao, où pendant près de deux siècles, c'est-à-dire jusqu'à la fondation d'une colonie anglaise à Hong-kong, ils eurent presque le monopole du commerce européen.

Les Espagnols, dès l'année 1575, envoyèrent des ambassadeurs en Chine et eurent de fréquents rapports avec les habitants de la province du Fou-kien. La proximité de la colonie des Philippines facilita les communications; ils aidèrent même le gouvernement chinois à chasser les pirates qui ravageaient la mer jaune et obtinrent en récompense de leurs services la permission de faire le commerce à Amoy.

Les Hollandais, en 1624, s'emparèrent de l'île Formose mais en furent chassés en 1658. Ils envoyèrent plusieurs ambassadeurs à Péking, sans obtenir d'importants résultats. Leur commerce se porta surtout au Japon et aux îles de la Sonde.

Les Russes, en 1650, tentèrent de s'établir sur les rives du fleuve Amour. Trente ans plus tard, ils construisirent une église et un collége dans la ville même de Péking. Par le traité de Kiatcha, en 1728, ils consacrèrent l'existence de ces établissements et assurèrent leur commerce. Kiatcha devint l'entrepôt de nombreux échanges entre les deux peuples.

Rapports avec la France. En 1245, quelques années avant le voyage du Vénitien Marco-Polo, saint Louis envoya Guillaume Rubruquis, religieux franciscain, auprès du Khan des Mongols.

Dès la fin du 17ème siècle, la France avait une factorerie à Canton. Ses missionnaires la représentèrent avec honneur à la cour de Péking par les services scientifiques qu'ils y rendirent. Sous le règne de Louis XIV, l'empereur Kang-hi envoya le P. Provana comme ambassadeur auprès du roi.

Napoléon Ier envoya Mr de Guignes à Canton et à Péking avec le titre de plénipotentiaire.

En 1844, Mr de Lagrenée obtint du gouvernement chinois un édit de tolérance. Les indigènes pouvaient d'après cet édit pratiquer la religion chrétienne sans être inquiétés mais les missionnaires n'avaient pas le droit de dépasser les limites des ports ouverts au commerce européen, sinon ils devaient être reconduits à leurs consuls. Depuis, les relations n'ont cessé d'exister, et les traités ont proclamé la liberté religieuse.

Les Anglais, représentés dès longtemps en orient par la compagnie des Indes, envoyèrent, vers la fin du 17ème siècle, plusieurs ambassades à Péking. En 1792, lord Macartney y fut bien accueilli mais n'obtint aucune concession. En 1816, lord Amherst y renouvela sans plus de succès la demande de quelques priviléges.

De 1832 à 1842, le commerce de l'opium suscita de continuelles difficultés. L'importance de ce commerce est telle qu'il entre en Chine, chaque année, 70 mille caisses d'opium, du poids de 140 livres, ce qui fait 9 millions huit cent mille livres.

Une expédition sur le fleuve bleu se termina par le traité de Nanking qui céda l'île de Hong-kong à la couronne Britannique et accorda l'ouverture de quatre ports.

Les Etats-unis établirent un consulat à Canton, en 1784, et profitèrent du traité de Nanking, en 1842, pour conclure quelques conventions commerciales.

Derniers traités. En 1857, les forces anglo-françaises s'emparèrent de la ville de Canton et l'occupèrent militairement pendant trois ans. En 1858, on conclut le traité de Tien-tsin qui accordait liberté de religion, restitution des églises, droit d'acheter des terrains et ouverture de treize nouveaux ports. En 1860, les anglais et les français furent obligés de revenir à Tien-tsin, à cause de l'inobservation des traités, livrèrent bataille près du pont de Palikiao, brûlèrent le palais d'été et entrèrent à Péking où ils conclurent, le 1er novembre, un traité qui ratifiait celui de Tien-tsin et accordait une liberté plus complète de religion.

La *Prusse*, l'*Autriche*, l'*Italie*, la *Belgique*, les *Etats-Unis*, l'*Espagne* et la *Hollande* firent avec la Chine des traités semblables à ceux de la France et de l'Angleterre.

La Russie obtint une partie de la Mandchourie et plus tard, profitant des embarras causés au gouvernement chinois par la rébellion, s'avança au-delà du fleuve Amour.

En 1864, des volontaires Européens aidèrent les soldats impériaux à chasser les rebelles et à s'emparer de Nanking. Malgré les traités, plusieurs missionnaires furent mis à mort, pendant cette dernière période de dix années qui s'est terminée par le massacre de vingt et un européens à Tien-tsin et par l'envoi aux cours étrangères, d'un libelle diffamatoire ou mémorandum contre les missions catholiques.

CHAPITRE III.

DIVERSES RELIGIONS RÉPANDUES EN CHINE.

Religion primitive. La Chine conserva longtemps les traditions primitives sur l'existence d'un être suprême, proscrivit les sacrifices humains des peuples barbares et les rites obscènes de l'Égypte, de la Grèce et de Rome. Les premiers empereurs offraient un sacrifice au ciel et s'accusaient publiquement de leurs fautes. Il est difficile de préciser la durée de cette connaissance du vrai Dieu transmise par les descendants de Noé; ce qu'il y a de certain c'est qu'on attendait, en Chine, comme partout, la venue d'un Rédempteur. La tradition sur l'unité de Dieu s'obscurcit peu à peu, le culte primitif dégénéra dans sa forme et dans son but, mais ce ne fut qu'aux 6ème et 7ème siècles avant l'ère chrétienne qu'il fut complètement remplacé par le polythéisme.

Les trois sectes païennes. Le paganisme chinois se divise en trois sectes: Tao-kiáo: secte de la raison, qui a pour fondateur le philosophe Lao-tse; Jou-kiao: secte des lettrés, qui a pour fondateur Confucius; et Fó-kiáo: secte du dieu Fó, ou Bouddhisme, venu de l'Inde. La doctrine de Lao-tse est toute dogmatique, celle des lettrés est composée de maximes purement morales, celle des Bouddhistes consiste surtout en pratiques du culte extérieur. Ces trois religions se firent longtemps la guerre, mais les empereurs cherchèrent à établir un accord entre elles et posèrent ce curieux principe: San-kiáo-i-kiáo: c'est-à-dire les 3 religions n'en font qu'une et sont la manifestation d'une même vérité. « Les sages de chaque pays, dit

» un empereur de la dynastie des Han, ont fait varier
» les formes de la religion selon les temps et les
» lieux, » mot qui résume toute la religion des chinois, car, de fait, les taó-sse et les bouddhistes adorent ce qu'on veut; les lettrés sont positivistes; quant au peuple, il s'adresse indifféremment aux prêtres de l'une ou de l'autre secte et comme Rome païenne adore tout excepté Dieu lui-même.

Nous allons examiner les trois sectes, selon leur ordre chronologique; il n'est pas question ici des autres sectes répandues dans l'Empire, comme celle du Nénuphar blanc, de la Triade, etc. avec lesquelles, malheureusement, les Mandarins affectent de confondre les Chrétiens. Ces sociétés secrètes sont politiques et non religieuses, ce sont elles qui ont suscité la grande rébellion dans ces derniers temps. Le nombre de leurs adeptes est considérable, et n'a d'autre but que de fomenter des troubles contre le gouvernement.

Secte des taó-sse. Laó-tse ou Lao-kiun naquit dans la province du Hoù-nân l'an 604 avant J. C.; son nom qui signifie littéralement: *enfant-vieillard,* vient de ce que les traditions fabuleuses le font naître avec les cheveux blancs, après avoir été 80 ans dans le sein de sa mère. Il étudia la philosophie, voyagea dans l'occident, alla en Judée, en Grèce, et composa d'après tous ces documents un système religieux qui a pour base la raison primordiale: taó, raison qui a tout créé, qui est comme le Verbum des Chrétiens.

Vie et doctrine du philosophe Láo-tse. Sa doctrine est une espèce de mysticisme que ses disciples ont complètement altéré; elle est renfermée dans le tao-té-king, « traité de la raison et de la vertu. » On y voit ce passage remarquable, évidemment emprunté par Laó-tse aux peuples chez lesquels il avait voyagé: « la raison a produit un, un a produit deux, deux

» ont produit trois, et trois ont produit toute chose. »
Ses disciples le regardèrent comme une incarnation
de la vertu; il vécut dans l'ascétisme et la solitude,
enseignant que la retraite et la contemplation sont
les sources de la perfection; sa mort fut cachée au
public; ses amis prétendirent qu'il était monté au ciel,
sur un bœuf; c'est pour cela qu'on le représente ordinairement sous la figure d'un vieillard assis sur un
bœuf.

Religion, temples et costume de ses disciples.
L'immortalité prétendue du fondateur de la secte fit
travailler les disciples à la composition d'un remède
contre la mort, pour se mettre à l'abri de cette im-
portune idée qui seule, disent-ils, peut troubler la
tranquillité. C'est ainsi que prirent naissance les incantations magiques et les cérémonies superstitieuses
qui ont déshonoré la secte; aujourd'hui, elle est représentée par des milliers de prêtres imposteurs qui exploitent la crédulité populaire par leurs artifices.
Leurs temples sont remplis de dieux et de déesses de
tout genre, en sorte que cette religion d'abord uniquement rationaliste est devenue un grossier polythéisme. Les prêtres et prêtresses sont voués au célibat; ils pratiquent la magie, l'astrologie, la nécro-
mancie et mille autres superstitions ridicules. Leur
costume consiste dans une grande robe, aux larges
manches, mais leur marque distinctive est le bizarre
arrangement de leurs cheveux: au sommet de la tête,
ils ont une grande tonsure cachée par des touffes de
cheveux relevés tout autour; dans les cérémonies ils
surmontent ce chignon, d'un bonnet pyramidal. Ils
affectent aussi de conserver les ongles longs, y ajoutent même des étuis d'argent, ce qui leur donne un
air mystérieux quand ils agitent convulsivement les
mains pour les bénédictions diaboliques.

Leurs impostures et leurs pratiques superstitieuses. Depuis l'époque où la doctrine de Láo-tse a pris naissance, de nombreuses superstitions s'y sont successivement introduites; sous la dynastie des Song (420 après J.-C.), l'empereur Tchin-tsong se laissa tromper par ces imposteurs : pendant une nuit obscure, ils suspendirent un livre de sortiléges, à la porte principale de Péking, en affirmant qu'il était envoyé par le ciel; l'empereur alla lui-même le chercher, le mit respectueusement dans un coffre d'or et se le fit lire par les prêtres táo-sse; ce n'était qu'un tissu de formules magiques et d'invocations diaboliques. Telle fut l'origine d'un nouveau culte envers une multitude d'esprits parmi lesquels quelques anciens empereurs furent déifiés.

Le peuple appelle ces prêtres : tien-sse : docteurs célestes, mais ils mériteraient plutôt le nom de magiciens et de sorciers. Quelques-uns vivent dans des monastères, d'autres mènent une vie nomade; on les invite pour les enterrements et surtout pour consulter les sorts; ils disent aux personnes qui viennent les interroger, bien qu'ils ne les aient jamais vues, leur nom, l'état de leur famille, leur demeure, le nombre de leurs enfants et mille autres particularités; d'autres fois, après avoir invoqué les esprits, ils emploient pour répondre aux questions qu'on leur fait, une plume qui écrit seule. Ils annoncent aussi l'avenir d'après les lignes de l'intérieur de la main. Il n'y a pas de fête populaire sans voir bon nombre de ces devins montés sur des tréteaux, dans les places publiques. Le nom de rationalistes, docteurs de la raison, a donc bien changé de signification depuis le fondateur; ce n'est plus que de la superstition, sous le nom de religion.

Secte des lettrés. La secte des lettrés, qui est

la plus honorée, a pour fondateur Confucius; elle est regardée comme la religion officielle de l'empire, bien que toutes trois soient également reconnues par le pouvoir civil. L'empereur en est comme le Souverain Pontife, les mandarins en sont les prêtres; c'est à ce titre que l'empereur se rend lui-même dans le temple du ciel et de la terre, aux solstices et pour les semailles. C'est aussi pour se conformer aux prescriptions du grand philosophe, que les mandarins vont à son temple, dans les circonstances solennelles, dans les calamités publiques, le premier et le quinze de chaque lune.

Vie et écrits de Confucius. Confucius naquit dans la province du Chan-tong, l'an 551 avant J.-C., et fut par conséquent contemporain de Láo-tse, avec lequel il évita pourtant d'avoir des rapports. Il remplit, pendant quelque temps, des fonctions administratives, puis se mit à étudier l'antiquité, prêcha la morale et composa les écrits qui l'ont immortalisé. Il révisa les cinq King ou livres sacrés, ce qui l'a fait considérer comme le Moïse de la Chine. Ces King, sorte de Pentateuque, renferment toutes les traditions que l'on possédait sur l'antiquité; ils ont plutôt un caractère historique que religieux. Confucius y parcourt les temps anciens, pour en extraire des règles de conduite. Dans le Chou-king, un des classiques sacrés, la plupart des réflexions portent sur cet unique point: consulter le ciel, obéir à l'Être supérieur. Le Li-king, livre des rites, renferme des prescriptions minutieuses sur l'ordre des cérémonies, et la loi porte des peines très sévères contre ceux qui voudraient les enfreindre.

La vie de Confucius fut celle d'un honnête homme; il était doux, modeste, frugal et pratiquait les vertus qu'il enseignait; il était pénétré de douleur, disait-il, à la vue des désordres qui régnaient. A sa mort, l'empereur s'écria : « le ciel est donc irrité contre moi, puisqu'il m'enlève le Sage. »

Sa doctrine. Confucius emploie des termes vagues, en parlant de la divinité, et semble ne pas s'occuper de l'origine et de la fin du monde. Sa religion consiste dans l'amour de l'ordre, la piété filiale, l'invariabilité dans le milieu, le perfectionnement quotidien et la conformité de toutes les actions aux ordres du ciel. Le ciel, dit-il, donne à des hommes simples de cœur, la mission de réformer le monde ; on les appelle Chen-jen, c.-à-d. saints. Il a été placé lui-même au rang des saints par ses disciples, qui font consister en cela leur religion. Toutes les villes ont un temple qui lui est dédié ; les écoles et salles d'examens ont toutes sa tablette (inscription sur bois), devant laquelle maîtres et élèves se prosternent avant et après l'étude. Les mandarins, qui sont comme les ministres de ce culte, ne professent que par convenance les préceptes philosophiques de Confucius; les enseignements purement spéculatifs ne leur suffisent pas, la plupart participent aux grossières superstitions du peuple.

Secte des Bouddhistes. La troisième secte est celle du Bouddhisme, introduite en Chine sous la dynastie des Han (65 ans après J.-C.) ; une ancienne tradition disait que le Saint attendu et désiré des nations viendrait des pays d'occident. L'empereur Ming-ti envoya des ambassadeurs pour le chercher ; ils n'allèrent que jusqu'aux Indes et en rapportèrent une statue du dieu Fo ou Bouddha.

On a peu de détails sur la vie de Fo, bien qu'il soit fondateur d'une religion à laquelle est soumis un tiers de l'humanité ; on assure qu'il vivait 960 ans avant J.-C., dans le royaume indien de Magadha ; le peuple l'appellait : Chakia-mouni, c.-à-d. le dévot de la race de Chakia. On l'appella aussi le Sauveur des hommes, tant l'idée de la rédemption a toujours été populaire.

Doctrine de Fo. D'après Fo, notre existence actuelle n'est pas réelle, le monde matériel est une illusion de nos sens; il faut donc dégager notre âme de ce monde périssable, pour lui donner entrée dans le monde immatériel et vrai, où elle se confondra avec la raison parfaite. Quelques âmes privilégiées descendent sur la terre pour dégager celles qui sont enchaînées dans le monde matériel, ces âmes sont émanées de Bouddha, ce sont les sages et les saints. La maxime favorite de Fo est que le néant est le principe et la fin de toute chose; le néant doit être le but de nos efforts; la sainteté consiste à se plonger dans le néant: le vrai bonheur et la vertu sont dans l'annihilation des facultés de l'âme.

Ses préceptes de morale. La morale des Bouddhistes consiste dans la distinction du bien et du mal, et dans l'existence de récompenses et de châtiments après la mort. Les quatre préceptes positifs sont: la miséricorde, l'éloignement de toute cruauté, la compassion envers les créatures, et la conscience inflexible dans la loi. Les dix préceptes négatifs sont: ne pas tuer, ne pas voler, ne pas commettre d'impuretés, ne pas porter faux témoignage, ne pas mentir, ne pas jurer, ne pas dire de paroles impures, ne pas être intéressé, ne pas se venger, ne pas être superstitieux.

Les prêtres bouddhistes recommandent surtout les œuvres charitables qui consistent à les bien traiter, à bâtir des temples et des monastères, à brûler, aux funérailles, des papiers qui seront changés en or et en argent dans l'autre monde. Plusieurs enseignent la transmigration des âmes, mais en général on peut affirmer que les prêtres bouddhistes eux-mêmes ne croient nullement à leur religion et s'en servent comme d'un moyen facile d'existence. Ils y attachent si peu de foi, qu'ils vendent eux-mêmes leurs dieux ; la seule objection qu'ils font, c'est que le nom du dieu étant inscrit sur le registre, son absence serait remarquée.

Vie et costume des Bonzes. Ces prêtres et prêtresses du dieu Fô se nomment Bonzes et Bonzesses, en Chine, Talapoins à Siam, et Lamas au Thibet. Leurs prières sont en langue indienne que peu d'entre eux comprennent. Leur costume consiste dans une grande robe de grossière étoffe grise, à larges manches, et sans boutons, une ceinture, et des sandales. Leur marque distinctive est d'être complètement rasés ; leur nourriture se compose de légumes et de riz rouge (qualité inférieure) ; il leur est défendu de manger de la viande et de tout ce qui a eu vie, de tuer même un insecte ; ils s'abstiennent de vin et de laitage. Pour se recruter, ils achètent des orphelins, des jeunes enfants, et reçoivent des gens rejetés de la société. Il y a entre eux une sorte de hiérarchie ; chaque province a son chef, son supérieur général. Leurs couvents sont ordinairement dans les plus beaux sites. Ces oisifs contemplateurs habitent quelquefois dans des lieux presque inaccessibles qui deviennent des buts de pélérinage, à cause de l'idole et de la situation pittoresque.

Ils possèdent des biens-fonds, de grandes bibliothèques, suivent une règle, récitent l'office en chœur deux fois le jour, divisent le temps en douze parties qu'ils comptent en faisant brûler des bâtonnets d'encens. On dit qu'ils partagent leur vie entre l'étude et la prière, mais, de fait, à part les cérémonies des funérailles et quelques autres fonctions bien rétribuées, ils pratiquent la maxime du dieu Fô: l'annihilation, et croupissent dans l'ignorance et la paresse.

Leurs prières. Beaucoup d'entre eux font réciter leurs prières soit par une cloche sur laquelle tout l'office est gravé, soit par des instruments tournants appelés : moulins religieux. Les prières ordinaires consistent dans des courtes formules et surtout dans cette invocation qui est sur les lèvres de tout chinois dans les moments de danger : « O-mi-to-Fô. »

La conduite privée des Bonzes est telle que le peuple les méprise ; aussi les missionnaires catholiques ont-ils, presque dès le début, abandonné ce costume religieux qui est synonyme de débauche et de désordre ; les procès scandaleux des Bonzes et des Bonzesses sont à l'ordre du jour. Malgré leurs vœux de pauvreté, de chasteté et d'obéissance, ils sont sensuels, fourbes, licencieux, riches même, et exercent toute sorte de sortiléges, dans lesquels il est impossible de ne pas voir l'action directe du diable.

Leurs temples. La plupart des pagodes renferment la trinité bouddhique, trois statues colossales : Fô et ses assesseurs, aux cheveux bleus et figures dorées, accroupis sur des feuilles de lotus. Sur les côtés, sont les saints, c'est-à-dire, des hommes illustres, des Empereurs, des Bonzes même, dans des positions bizarres; les cornes, les longs ongles, et les pieds de bouc représentent le diable tel qu'il apparait souvent. En face de l'autel principal, est suspendue une lampe qui brûle jour et nuit; il y en a quelquefois trois et quatre. Derrière l'autel, se trouve la déesse populaire: Kouan-in, image de la miséricorde et de l'intercession ; on la représente souvent avec plusieurs bras, comme symbole de la fécondité.

Lamas du Thibet. Le bouddhisme a envahi successivement les pays voisins de la Chine : la Corée, le Japon, le Thibet, et sous Gengiskhan, la Mongolie et la Mandchourie. Au Thibet et en Mongolie, les

prêtres bouddhistes forment une hiérarchie ; on les appelle Lamas et prêtres jaunes, parce que, préférablement aux Bonzes chinois, ils ont le privilége des habits jaunes (couleur réservée à l'Empereur). La dynastie actuelle en a appelé un grand nombre à Péking ; leur chef suprême : Dalaï-lama, est considéré comme une incarnation vivante de Bouddha ; il habite la capitale du Thibet : L'hassa, dans un magnifique palais. « Il y a, dit M\fr Huc, de grands rapports en-
» tre les innovations apportées au culte des Lamas et
» le Christianisme. La mitre, la crosse, la dalmatique
» et la chape que le grand Lama porte dans les cé-
» rémonies, l'office à deux chœurs, la psalmodie, les
» exorcismes, la bénédiction que donne le Lama, en
» étendant les mains, le chapelet, les jeûnes, les pro-
» cessions, les litanies, l'eau bénite… sont autant de
» ressemblances entre les Bouddhistes et les Chrétiens. »
Ces ressemblances ont certainement été empruntées au Christianisme, car les rits solennels du Laminisme ne remontent qu'au XVII\ème siècle, époque à laquelle le Père d'Andrada (1624) porta la foi au Thibet. Les Lamas ont donc singé nos usages ; partout et toujours, le démon est singe de la vérité.

Résumé des croyances païennes de la Chine. Les Chinois ne sont attachés à aucune des trois sectes ; ils fréquentent tel ou tel temple, adorent telle ou telle divinité selon les hasards du jour et les circonstances de la vie. Le gouvernement rend politiquement hommage à des dieux qu'il méprise et professe une sorte de dédain officiel pour les cultes de ses sujets. La hiérarchie céleste admet volontiers dans ses rangs, aussi hospitaliers que ceux du Paganisme romain, le dieu Fo, Confucius et Lào-tse. On adore même des dieux étrangers ; il y a dans les pagodes, des figures de marins, de missionnaires européens ; on assure que

Napoléon Ier y est représenté. La principale religion du peuple consiste dans le culte des morts, les sorts, les *Pa-tse* (conjectures d'après 8 caractères) et le *Fong-choui* (vent du bonheur).

Islamisme. Sous la dynastie des Tang, en 750 de l'ère chrétienne, c'est-à-dire plus d'un siècle après l'hégire, l'Islamisme fut propagé en Chine par des voyageurs arabes qui vinrent en Malaisie sur des navires de l'Inde et de la Perse, et de là allèrent jusqu'à Canton. On y voit encore, près de la petite porte du nord, une mosquée qui date du VIIIème siècle; elle a été construite en pierres, sous la forme d'une rotonde.

Aujourd'hui, il y a peu de grandes villes qui ne possèdent deux ou trois mosquées. Canton, outre celle dont nous venons de parler, en a cinq ou six, dont une dans le quartier Tartare, surmontée d'une tour appelée Kouan-ta: tour brillante. En dehors de la ville, leur cimetière est rempli de grandes tombes rondes qui lui ont fait donner le nom de: « Cimetière des échos. » Péking a aussi plusieurs mosquées, mais c'est surtout dans les provinces de l'ouest: Yun-nan, Koui-tchéou, Sutchuen, et dans le nord: Kan-sou, Chên-si, Chan-si, et Ho-nán, que les Mahométans sont plus répandus.

Pratiques religieuses des Mahométans chinois. Plusieurs d'entre eux occupent des positions importantes, comme préfets, gouverneurs, etc. et observent, pour conserver leurs places, les cérémonies officielles du culte de Confucius. Ils allient même leur religion au culte païen, en protestant de cœur, disent-ils, qu'ils n'adorent publiquement les idoles qu'à cause de la coutume. Les seules pratiques observées par tous, sont la circoncision et l'abstinence de viande de porc; aussi, bien que la loi défende de tuer les bœufs, pour protéger l'agriculture, on le permet dans les villes où les Mahométans sont plus nombreux. Bien des fois, ils ont suscité des révoltes contre le gouvernement, au Yun-nan et au Koui-tchéou, même dans ces derniers temps. Malgré cela, ils ne sont pas suspects comme les étrangers, on ne persécute pas leur religion. Pendant qu'on se bat contre eux dans le nord et dans l'ouest, ils sont libres, dans le sud et dans le reste de l'empire, de pratiquer leur religion. La vérité a, seule, la gloire d'être persécutée.

Leurs mœurs et leur nombre. Sous le rapport du costume, du langage et des habitudes, les Mahométans chinois ne diffèrent en rien de ceux qui les environnent. Leur nom : Houï-tse (hommes de retour) vient, selon les uns, de la croyance à la métempsycose, et selon d'autres, de ce que leurs ancêtres étaient de la tribu de Ouigour.

Ils sont au nombre d'environ trois ou quatre millions. Jamais ils n'ont songé à faire du prosélytisme ; s'ils se sont multipliés, c'est par les mariages et surtout en achetant des orphelins, comme le font les Bonzes. Voici ce qu'en disent les écrivains chinois : « Les Houï-tse n'adorent pas Bouddha, n'adressent » pas de prières aux morts, ne sacrifient pas aux » esprits ; on les désigne sous le nom de Houi-tse et » sous celui de gens qui ne mangent pas de porc et » ne boivent pas de vin. » Leurs mosquées ont toutes la Kaaba, la chaire pour le Coran et la tablette de l'Empereur : Long-païe (image du dragon), sur laquelle il est écrit : « dix mille fois dix mille vies au fils du ciel. » L'honneur qu'ils rendent à l'Empereur a un but politique et nullement religieux. Les noms de Mahomet, de Jérusalem, de la Mecque sont très défigurés dans leur langue sacrée ; celui d'Eloï est le plus reconnaissable. Quant au jour de prière de chaque semaine, d'après une règle, ceux qui ont quelque occupation, ce jour là, sont dispensés d'assister aux offices. Le pélerinage à la Mecque leur est presque inconnu ; à peine cite-t-on une dizaine d'individus qui ont pu le faire, même avec les facilités actuelles de communication.

Judaïsme. Les Juifs sont principalement répandus dans la province du Hónàn ; ils ont à Kaï-Fong, qui en est la Capitale, une synagogue où ils observent les coutumes nationales, sans manquer aux prescriptions de la loi ; ils observent la Pâque, le Sabbat, la fête des Tabernacles, et ne se marient qu'entre eux. Selon toute probabilité, ils vinrent en Chine, vers la fin de la dynastie des Tchéou, c'est-à-dire trois siècles avant l'ère chrétienne, passèrent par l'Inde et entrèrent par les frontières du nord-ouest. Ils n'étaient alors que quelques familles ; aujourd'hui, le nombre des individus, ne dépasse pas trois cents. Quelques uns sont marchands ou cultivateurs, mais la plupart végètent dans la misère, au point que les rabbins de la synagogue de Kaï-fong ont vendu, dernièrement, une partie des biens-fonds qui y étaient annexés. Le peuple appelle les Juifs : Mahométans bleus, à cause du bonnet et des souliers bleus que portent les rabbins ; on les appelle aussi : Tiao-kin-kiao, ce qui signifie : religion qui coupe les nerfs, parce qu'ils enlèvent les nerfs des animaux dont ils se nourrissent. Ils pratiquent la circoncision et s'abstiennent de viande de porc. Leur tradition sur le Messie est très confuse ; de fait, ils sont mêlés à la population païenne.

Leur synagogue. La synagogue de Kaï-fong s'appelle temple d'Israël ; elle remonte au douzième siècle, est entourée d'un triple mur, pour figurer les trois portiques du temple de Jérusalem ; au fond, se trouve un siége appelé : Chaire de Moïse ; c'est là que dans les solennités le rabbin préside sous un baldaquin de soie rouge. Les saintes Ecritures sont renfermées dans treize tubes de bambou, pour honorer Moïse et les douze tribus. Les caractères sont conformes à ceux qui sont usités aujourd'hui ; ils sont écrits sur parchemin et sur papier épais. La tablette impériale (dix mille fois dix mille vies), s'y trouve comme chez les Mahométans ; elle est surmontée de deux inscriptions hébraïques : « Ecoute, Israël, Jéhovah notre Dieu est le seul Jéhovah : béni soit le nom de gloire, dans son règne et au delà : »

שמע ישראל יהוה אלהינו יהוה אח־
ברוך שם כבוד מלכותו לעלם ועד

et ailleurs : « Comme son nom est éternel, ainsi Jéhovah est le Dieu des Dieux : »

כימי שמו כיהוה אלהי האלהים

Il y a d'autres inscriptions dédiées à la mémoire des patriarches et des prophètes ; une d'elles est un abrégé de la religion Juive : « Le fondateur de notre
» religion, y est-il-dit, est Abraham ; ensuite vint
» Moïse qui établit la loi et composa les saintes Ecri-
» tures dont le contenu est profond et mystérieux ;
» les doctrines furent toujours transmises de l'un à
» l'autre. » Les Juifs Chinois divisent les livres sacrés, en quatre classes : canoniques, supplémentaires, prophétiques et historiques. Leur Pentateuque est complet ; des inondations leur ont fait perdre plusieurs livres ; ils ont divisé ce qui reste, en 53 lectures.

Tels sont les détails les plus certains que l'on a sur le « peuple choisi, » qui depuis deux mille ans vit au centre de la Chine, comme pour accomplir le décret de la providence qui a voulu les disperser chez toutes les nations.

Schisme russe. Les Russes, voisins de l'Empire

Chinois depuis leurs conquêtes jusqu'au fleuve Amour, pouvaient plus facilement que les autres peuples y introduire leur religion; ils construisirent en 1680 une église et une résidence dans l'intérieur même de la ville de Péking, près de la porte du nord. Malgré leur présence, depuis deux siècles, dans la capitale de l'Empire, privilége qui leur a toujours été conservé préférablement aux Catholiques, ils n'ont d'autres néophytes que deux cents Russo-Chinois, c'est-à-dire Russes mariés à des Chinoises. Leur résidence située au milieu d'un vaste jardin rappelle plus le luxe oriental que leur modeste chapelle. L'archimandrite et les trois popes y coulent une vie douce, reçoivent du gouvernement Russe un large traitement. Leur présence n'a jamais porté ombrage à la cour de Péking parce que leur ministère se borne à l'administration de leurs coreligionnaires. Pendant la persécution de la fin du dernier siècle, quand les missionnaires catholiques furent chassés de Péking, ce furent les popes (il faut leur rendre cette justice) qui sauvèrent la bibliothèque des missionnaires; ils la leur ont restituée en 1860.

Jamais ils n'ont pénétré dans le reste de l'Empire et ils ne songent nullement à le faire. Quelques commerçants russes habitent la partie du nord de la Chine, pour l'achat du thé que l'on porte en caravanes, par Kiatcha et la Sibérie, jusqu'à Saint-Pétersbourg, mais il n'y a d'autres prêtres russes, dans l'Empire chinois, que ceux qui sont établis à Péking. Parmi les diverses formes de l'erreur, il nous reste à parler du Protestantisme, qui prétend, par les rapports emphatiques et mensongers de ses ministres, presque égaler le Catholicisme. Nous verrons qu'il y a disproportion entre les moyens d'action et les résultats. La vérité fait des merveilles avec peu de ressources; l'erreur, avec des sommes fabuleuses, n'obtient qu'une entière défaite.

Protestantisme. Les missionnaires protestants sont venus en Chine depuis cinquante ans environ, mais ils n'ont su que rendre le christianisme odieux et ridicule. Pendant que les missionnaires catholiques se pressent sur le champ de bataille, les colporteurs de Bibles refusent de prendre part au combat, restent prudemment avec leurs femmes, cachés dans de splendides résidences, avouant qu'il manquent de vocation pour l'apostolat. Les soucis du foyer domestique tempèrent leur zèle; l'argent ne leur fait pas défaut, les moyens humains leur sont prodigués, mais la multiplicité des sectes, les diverses professions qu'ils embrassent en restant ministres, et surtout, comme quelques-uns osent l'avouer, le manque de vérité, sont le véritable obstacle aux conversions. Ils ont établi des hopitaux, des salles de prêche, des imprimeries; ils distribuent des remèdes, répandent des Bibles, mais tous ces moyens leur sont complètement inutiles.

Ressources pécuniaires. Les ressources pécuniaires des missions protestantes sont presque fabuleuses : le capital roulant des sociétés anglaises, seules, s'élève à 50 millions de francs, par année, dont la plus forte somme est destinée à l'Inde et à la Chine; il y a, en outre, plusieurs sociétés américaines, les sociétés évangéliques, de Suède, de Berlin, etc. etc. Une société anglaise dépense annuellement un million pour frais de bureau et d'employés, avant qu'aucun prédicant ne soit embarqué pour les missions. La société biblique consacre environ cinq millions, par an, à l'impression des Bibles. « L'administration de ces sociétés,
» dit un témoin oculaire, pourrait être comparée,
» quant au nombre des agents et à la grandeur des
» ressources, au mécanisme qui existe pour le gouver-
» nement de certains Etats secondaires en Europe. »

Les missionnaires catholiques, au contraire, se

contentent du strict nécessaire. Les ressources de la « Propagation de la Foi » ne sont que d'environ cinq millions par an, pour l'univers entier, c'est-à-dire dix fois moindres que celles des protestants. La dépense pour frais généraux n'est que de 36 mille francs, tandis que celle du nombreux état-major d'agents bibliques, absorbe 25 pour cent.

Multiplicité des sectes. Le nombre des ministres, qui est de deux à trois cents dans les ports de Chine, dépasse celui des néophytes. En 1852, les missionnaires américains, seuls, y étaient cent seize. Ce grand nombre vient de la diversité des sectes ; il y en a vingt principales, sans compter les subdivisions et distinctions que les ministres d'une même secte ont entre eux. Aussi, lord Elgin, qui a conclu les traités de Tien-tsin et de Péking, écrivait-il en Angleterre : « l'exis-
» tence des profondes divisions qui subsistent entre nous
» est une des premières vérités que nous apportons
» aux payens à la conversion desquels nous voulons
» travailler. » Le résultat de ces divisions est d'affermir les chinois dans leurs erreurs ; il disent que l'Europe et l'Amérique doivent avoir autant de Christs que la Chine a de dieux. Les principales sectes sont : les Anglicans, Méthodistes, Presbytériens, Anabaptistes, Episcopaliens, Baptistes du septième jour, etc. Chaque croyance n'ayant pas le moyen d'avoir un temple, un ministre a eu l'ingénieuse idée d'en construire un, à Hongkong, pour plusieurs sectes ; on l'a appelé : l'Eglise de l'Union ; c'est là que se réunissent les chinois domestiques des anglais. Il est d'usage qu'ils appartiennent à la secte de leurs maîtres, changent par conséquent de religion, en même temps que de service, et quittent toute croyance quand ils rentrent dans leurs familles. On les réunit, chaque dimanche, pour entendre une prédication sur la mo-

rale, et chanter tous ensemble un cantique, seule harmonie qui existe entre leurs diverses religions.

Les principaux Ministres protestants. Le premier ministre protestant qui arriva en Chine, fut Mr. Morrison que ses coreligionnaires ont surnommé: le prudent, à cause de ses précautions extrêmes pour prêcher l'Evangile. Il fut envoyé à Macao en 1813, par la société des missions de Londres, y passa quelques années, alla ensuite à Canton où il resta jusqu'en 1834. Sa femme a rédigé les mémoires de ce « premier apôtre de l'orient, » comme l'appellent ses panégyristes. Il désirait peu se faire connaître, sortait rarement, osait à peine exhorter un ou deux chinois, dans un appartement reculé, les portes étant soigneusement fermées. Son traitement annuel, d'abord de 12 mille 500 francs, fut élevé à 25 mille francs. Il ne put convertir personne, et son zèle se borna à la composition de quelques livres: grammaire, dictionnaire, version de l'Ecriture sainte d'après les travaux des missionnaires catholiques.

« Des édits ont été rendus (écrivait-il d'un air
» triomphant) contre les prêtres catholiques, les
» menaçant de peine de mort; le gouvernement chi-
» nois ignore même mon nom et mes occupations. »
Ce qui était fort probable, mais aussi, comme le fait remarquer un de ses compatriotes: si saint Paul avait été aussi prudent que Mr. Morrison, il aurait évité les fers mais n'aurait jamais fait de conversions.

Tel fut le premier messager du protestantisme en Chine; ses successeurs: Mrs. Milne et Medhurst fondèrent un collége dont ils furent obligés de renvoyer les élèves, tentèrent différentes œuvres et avouèrent qu'ils ne pouvaient réussir. Un autre ministre: Mr. Gutzlaff, le plus actif et le plus ambitieux, voyagea beaucoup, s'enrichit, mais ne convertit personne.

Les relations envoyées en Europe, pour stimuler le zèle des sociétés qui fournissent l'argent des ministres, trompent complètement : elles comptent le nombre des conversions par celui des bibles distribuées. A Nin-po et Amoy dont on célèbre tant les néophytes, un protestant avoue lui-même que sur tous ces prétendus convertis il n'y en a que quatre ou cinq sur la sincérité desquels on puisse compter.

Le premier Evêque protestant, en Chine. Dès l'ouverture des ports au commerce européen, les ministres se multiplièrent ; le révérend Smith envoyé à Chang-haï, raconta de telles merveilles sur son apostolat qu'on le nomma évêque de toute la Chine, en 1858. Plus tard, jugeant son traitement de cinquante mille francs peu en rapport avec ses dépenses (il avait femme et enfants), il retourna en Angleterre. Cinq autres évêques-anglicans fatigués du soin de leur troupeau sont aussi retournés pour chercher d'autres emplois.

Voici le résultat d'une expédition du Rév. Smith, dans l'intérieur, c'est-à-dire sur une rivière fréquentée par les Européens ; la scène se passait près de Chang-haï : « J'avais, dit-il, des Bibles, en main ; je
» fis approcher ma barque du bord, et prenant mon
» temps, j'en préparai une et la jetai heureusement
» à un endroit où la rive était *à sec*. » Ce sont, en effet, les endroits secs que cherchent les ministres pour déposer leurs Bibles et non ceux arrosés par la grâce. Aussi, un ardent adversaire du Catholicisme est-il obligé d'avouer dans ses écrits : « Qu'il n'y a peut-
» être pas plus de vingt à trente chinois protestants, » (on pourrait dire qu'il n'y en a pas un de sincère), tandis que les catholiques se comptent par centaines de mille.

Le nombre des ministres s'est beaucoup accru depuis une quinzaine d'années, parce que chaque secte a voulu être représentée, mais aucun n'ose dépasser la portée des canons européens, à part deux ou trois semeurs de Bibles qui ont fait des excursions sur le fleuve bleu, jusqu'à la province du Sutchuen.

Diverses professions des Ministres. Les Américains ont établi une classe spéciale de missionnaires qui pratiquent la médecine avec le titre de Révérends; leur but est d'acquérir de l'influence sur les âmes, en donnant leurs soins aux corps. Les Chinois profitent de l'adresse de ces médecins, sont pleins d'admiration pour leur science, pour la chirurgie, mais ne songent nullement à embrasser la religion des *diables-prêche-mensonges,* tel est le surnom qu'ils leur donnent. Un missionnaire médecin dit avoir soigné 200 mille malades dans l'espace de 7 à 8 ans et avoue ingénument que s'il a guéri les corps, il n'a pu toucher les âmes; de fait, les malades subissent les sermons parce qu'on les oblige à en entendre pour recevoir les drogues.

D'autres ministres, et c'est le plus grand nombre, sont écrivains et journalistes, composent des tracts (traités) dans lesquels ils mettent toute leur confiance. Ces livres sont, pour les Chinois, une véritable curiosité, à cause du papier Européen, de la dorure, de la forme, de la reliure, mais on a peu de goût à les lire, parce qu'ils sont presque inintelligibles, que leur style ressemble à un jargon, et que généralement les ministres ne connaissent la langue que très imparfaitement. Il y aussi des ministres professeurs d'anglais; ils ont ouvert beaucoup d'écoles gratuites, dont la plupart ont été fermées à cause de l'inconduite des élèves; le seul résultat est d'obtenir des domestiques ou des ouvriers d'imprimerie. Les linguistes ont composé des grammaires et des dictionnaires, mais n'ont rien fait de comparable aux œuvres des missionnaires catholiques. Le mode de vivre des ministres, en dehors de la famille chinoise, sera toujours un obstacle à leur connaissance de la langue; ils rougissent de prendre le costume chinois, comme s'ils se dégradaient. Ceux qui ont traduit la Bible l'ont fait d'une manière si défigurée que la pensée en devient risible, absurde; ils se sont pourtant servis d'une traduction faite par les missionnaires catholiques mais ils n'ont sû que la gâter. Malgré leur nombre et les demandes du gouvernement anglais, ils n'ont jamais pû fournir d'interprète pour le service officiel; on a dû employer des catholiques, dans toutes les expéditions. Il y a, enfin, des ministres commerçants, ce qui contraste peu avec leur profession salariée, et des ministres-consuls, comme l'ont été Mrs. Morrison et Gutzlaff en récompense de leurs services.

Colporteurs de Bibles. La classe la plus nombreuse est celle des colporteurs de Bibles; un seul ministre dit avoir distribué, en une année, 23 caisses de livres; on évalue la distribution annuelle à cent mille exemplaires, uniquement dans les ports. Les chinois les vendent, au poids, à des cordonniers pour en faire des pantoufles; d'autres en tapissent leurs chambres ou les emploient à des usages communs; d'autres les mettent aux enchères, comme vieux papier; tous préféreraient qu'il n'y eût rien d'imprimé.

Les catéchistes employés à la prédication ne sont même pas baptisés; ce sont des payens qui pour quelques sous donnent des interprétations de la Bible, à leur façon, et qui commenteraient, à moindre prix, les livres de Confucius ou de Láo-tse.

Obstacle à la conversion des Chinois au Protestantisme. Le principal obstacle de la conversion des Chinois au protestantisme est l'absence du principe d'autorité. « Qui vous envoie ? disent-ils: si

» c'est une femme (la reine d'Angleterre) qui est
» votre chef de religion, nous ne pouvons croire à
» une pareille absurdité. Si le ciel (Dieu) vous en-
» voie, pourquoi y a-t-il tant de désaccord entre vous?
» Les missionnaires catholiques reçoivent leurs pou-
» voirs de l'évêque, l'évêque les reçoit de l'empereur
» spirituel (le Pape), nous comprenons cette harmo-
» nie. » Les payens font sans-cesse cette objection aux
protestants, s'étonnent de ce que les ministres soient
mariés (les Bonzes et Tao-sse ne le sont pas) et as-
surent que s'ils changeaient de religion, ils préféreraient se faire catholiques.

Les rares chinois prétendus-convertis au protestantisme sont l'écume des ports de mer. Ils prennent
la fuite avec des caisses de caractères à imprimer, avec
ce qui leur tombe sous la main ; ceux qui acceptent
le baptême le regardent comme une condition de leur
emploi et empêchent les autres d'y participer, de peur
de les voir partager les bénéfices.

Tristes résultats. Un des résultats de la prédication protestante a été la grande rébellion de Nan-
king; les chefs étaient d'anciens catéchistes qui avaient
composé une doctrine avec un mélange de principes
protestants et d'interprétations payennes. Etre les fau-
teurs d'une rébellion, et pêcher dans l'eau trouble,
telle a été l'œuvre de ces ministres qui consentent à
écrire, à prêcher, mais non à souffrir et à mourir ;
aussi, malgré leurs dispendieux efforts, ont-ils éprouvé
une défaite incontestable. « Celui qui affirmerait, dit
» Mr. Cook, en 1858, que les missionnaires protestants
» forment en Chine des chrétiens sincères, serait le
» jouet de l'illusion ou d'une coupable tromperie. »
Généralement, ils excitent le mépris de leurs coreligionnaires, à cause de leurs antécédents et de la
manière dont ils remplissent leur *métier*. « Il n'y a

» pas, dit un journal de Hong-kong, plus de dévotion
» dans ces ministres, que dans un *tire-botte.* » Leur
grande occupation est d'aller aux enchères, de bâtir
d'élégantes et commodes habitations, de pratiquer la
religion du confortable.

CHAPITRE IV.

PRÉDICATION DES PREMIERS SIÈCLES.

Premier siècle, St. Thomas. Comme tous les peuples, les Chinois attendaient un rédempteur ; Confucius disait, au cinquième siècle avant l'ère chrétienne : « Il y aura dans les contrées occidentales un homme qui produira un océan d'actions méritoires. » L'an 65 (après Jésus-Christ), l'empereur *Ming-ti* envoya des grands du royaume, vers l'occident, à la recherche du Saint ; ils s'arrêtèrent aux Indes et en rapportèrent les livres sanscrits et une statue de Bouddha. Ce fait semblerait nier la prédication de l'Evangile, dès les temps apostoliques, mais comme St. Thomas a vécu jusqu'en l'année 75, il a pu ne venir en Chine que peu après l'introduction du Bouddhisme.

Le bréviaire romain dit qu'après avoir prêché la foi chez les Perses, etc. il alla ultérieurement dans les Indes : « Postremo ad Indos se conferens, eos in christiana religione erudivit. » Le nom d'Indes s'est longtemps appliqué non seulement aux Indes proprement dites mais à toutes les régions de l'extrême-orient, à la Chine par conséquent. Il est donc très probable que saint Thomas, obéissant à la parole du divin Maître : « Allez et enseignez toutes les nations, » a pénétré jusqu'en Chine.

Le bréviaire de Malabar, en langue chaldéenne, dit formellement : « Par saint Thomas, les Chinois ont été convertis à la vérité ; par lui le royaume des cieux s'est étendu jusqu'en Chine (1). » Et

---

(1) « Per sanctum Thomam Sinæ conversi sunt ad veritatem ; per illum, regnum cœlorum ascendit ad Sinas. »

ailleurs : « Les Chinois offrent leurs adorations à votre saint nom, o Christ, en mémoire du divin Thomas (1). »

Théodoret, en parlant des apôtres, dit qu'ils ont fait recevoir la foi du crucifié, aux Indiens et aux Sères (Chinois).

Les habitants de la presqu'île de *Polomong*, située à quelques lieues de Canton, adorent un Dieu de figure étrangère ; ils le nomment *Thamong*, en souvenir d'un sage d'occident qui y vivait, disent-ils, dans des temps reculés. Persuadés de la vérité de ces traditions les chrétiens de la province de Canton regardent saint Thomas comme leur premier apôtre et aiment à recevoir son nom pour le baptême.

Deuxième siècle. Vers la fin du deuxième siècle, saint Pantène chef de l'école d'Alexandrie alla aux Indes pour y combattre la doctrine des Brahmes et des Bouddhistes. On croit qu'il fut sacré évêque et qu'il envoya des prédicateurs en Chine, à la recherche des chrétiens formés par St. Thomas et ses disciples.

Son successeur, Frumentius, étendit le royaume de Dieu dans plusieurs régions de l'Inde et y construisit beaucoup d'églises. On ignore s'il alla jusqu'en Chine, parce que primitivement les deux églises étaient confondues dans une même histoire, le nom commun d'Indes s'entendant, comme nous l'avons vu, des pays situés en deçà et au delà du Gange.

Troisième et quatrième siècles. Au troisième siècle, Arnobe, dans son livre contre les gentils, compte les Sères (Chinois) parmi les peuples qui ont embrassé le Christianisme. Au quatrième siècle, St. Ambroise raconte, dans son livre sur les mœurs des Brahmes,

---

(1) Sinae, in commemorationem divi Thomae, offerunt adorationem nomini sancto tuo, Christe. »

qu'un évêque appelé Muséus parcourut presque toute la Chine. « Muséus, dit-il, m'a raconté qu'il était parti pour les Indes, avait rencontré des prêtres payens, vu plusieurs nations, et visité ensuite presque tout le pays des Sères. »

L'évêque Jean, qui assistait au concile de Nicée, était primat de l'Inde dont l'église de Chine était, pour ainsi dire, la fille ; ce fut St. Athanase qui en consacra le successeur, toujours avec le titre de primat des Indes.

Cinquième siècle. Vers l'an 412, l'archevêque de Séleucie, nommé Achœus, institua un métropolitain pour la Chine. Ce fait prouve, mieux que tout commentaire, que l'église de Chine était alors assez florissante, car l'existence d'un métropolitain suppose une église constituée et pour cela il faut un certain nombre d'années.

Il est à regretter que l'histoire ne fournisse pas d'autres documents, mais nous pouvons du moins constater que la foi fut d'abord apportée en Chine par des Catholiques orthodoxes et non, comme quelques auteurs le prétendent, par des Nestoriens ; ceux-ci ne vinrent que plus tard, au VIIème siècle ; jusqu'alors la doctrine transmise par les apôtres était restée pure et sans aucune tache d'hérésie.

CHAPITRE V.

PRÉDICATION NESTORIENNE.

Introduction du Nestorianisme en Chine. Les Nestoriens (1) étant surtout répandus en Perse, il leur était facile d'envoyer des prêtres de leur secte aux Indes et en Chine. Leur patriarche de Séleucie donnait les pouvoirs au métropolitain de Chine; tous deux devinrent hérétiques à la même époque et c'est ce qui explique comment le Nestorianisme s'est introduit dans des pays aussi éloignés.

On a conservé les noms des métropolitains de Chine; ils se sont succédés régulièrement depuis le cinquième siècle. Ce sont eux qui occupent l'histoire du Christianisme jusqu'au treizième siècle, époque où Jean de Plan-Carpin, envoyé par Innocent IV, inaugure la prédication franciscaine.

Les renseignements que l'on possède sur la prédication Nestorienne pendant le VIIème et le VIIIème siècles sont dûs à une célèbre inscription trouvée en 1625, à Si-gan-fou, capitale de la province du Chen-si et autrefois capitale de tout l'empire. Cette inscription, gravée sur pierre, est surmontée d'une croix assez semblable à celle des chevaliers de Malte.

Inscription de Si-gan-fou. Les caractères y sont de deux sortes: chinois et syriaques. Elle se compose de deux parties bien distinctes: la première est un exposé de la doctrine, de sa propagation dans l'empire et des luttes qu'elle a eu à soutenir contre les autres sectes; la seconde est un chant ou hymne en l'honneur des empereurs de qui les Nestoriens ont reçu des

---

(1) Nestorius niait l'union hypostatique du Verbe avec la nature humaine et distinguait en Jésus-Christ deux personnes.

bienfaits et dont ils veulent faire connaître la gloire à la postérité « par un monument aussi durable que le rocher battu par les flots. »

Le style en est concis et passe aux yeux des Chinois, pour un modèle de composition. Cette inscription est d'une telle importance, soit à cause de son antiquité, soit à cause des faits qu'elle rapporte, que nous croyons devoir en donner l'abrégé d'après le texte original dont nous possédons un fac-simile.

Partie doctrinale. « Création du monde tiré du
» néant. — Création de l'homme, sa chute, le Mes-
» sie. — La Vierge enfante le Saint en Syrie ; une
» étoile annonce l'heureux événement ; des Mages
» viennent de la Perse ; accomplissement des prophé-
» ties. — La mort vaincue par la résurrection du
» Saint ; son ascension ; livres qui renferment sa doc-
» trine. — Institution du baptême et des autres sa-
» crements. — Usage d'appeler les fidèles avec le choc
» de tablettes de bois ; (les cloches n'existent pas en
» Orient). — Tonsure et barbe des apôtres de la nou-
» velle loi. — Egalité de tous les hommes ; mépris
» des richesses, jeûne. — Les chefs des chrétiens
» prient sept fois le jour, et offrent, le premier des
» sept jours, un sacrifice sans tache. — La loi nou-
» velle est une religion resplendissante comme la lu-
» mière du soleil. »

Partie historique. Après cet exposé succinct de la doctrine, commence l'histoire : « Mission d'un reli-
» gieux nommé *Olopen*, allant de Syrie en Chine et
» portant avec lui les saintes Ecritures ; elles sont
» trouvées excellentes ; l'empereur ordonne de les
» enseigner en public. Edit de Tai-tsong en faveur
» de la religion ; son portrait est porté dans l'église
» chrétienne. » — (Cet empereur favorisait également toutes les religions ; il avait fait construire un temple

où étaient réunies les statues de Lào-tse, de Confucius et de Bouddha se tenant par la main, et faisait brûler des bâtons d'encens devant chacune ; il n'est donc pas étonnant qu'il ait admis le Christianisme.)

Septième et huitième siècles ; suite de l'inscription. « Progrès de la religion chrétienne en Chine,
» sous Kào-tsóng (650 à 680). — Les Bouddhistes et
» les Lettrés cherchent à entraver ce progrès. —
» L'empereur Hiuen-tsong ordonne aux princes d'aller
» visiter l'église chrétienne. — Il la fait restaurer,
» y donne cent pièces de soie. — Arrivée d'un nou-
» veau prêtre syrien que l'empereur invite à loger
» dans son palais. — Don d'inscriptions morales écri-
» tes de la main même du prince et placées avec
» honneur dans l'enceinte de l'église. — Enfin, bien-
» faits des autres Souverains qui de 750 à 781 font
» construire des églises et donnent aux prêtres des
» marques de leur estime. » — Les vers laudatifs qui composent la seconde partie ont seize strophes. Après la date de l'inscription : 781, viennent les noms du « patriarche catholicos de Séleucie et de l'évêque
» ou pape de Chine : Adam, » puis les noms des autres prêtres syriens.

Il est impossible de contester l'authenticité de ce monument, comme l'a fait Voltaire qui l'appelle une fraude pieuse. Cette authenticité repose sur l'honneur et la foi des missionnaires jésuites qui ont publié l'inscription, dès sa découverte, au XVIIème siècle ; elle est attestée par le témoignage de l'histoire et de la science. Actuellement encore, la pierre est conservée à Si-gan-fou, dans une pagode située en dehors de la ville, à l'endroit même où on l'a trouvée, en creusant les fondations d'une maison.

Cette inscription nous a fourni les uniques détails que l'on possède sur l'histoire des missions de Chine, de 635 à 781. Continuons à suivre les nestoriens pendant les neuvième et dixième siècles.

Neuvième siècle. Vers l'an 805, le patriarche nestorien : Timothée envoya dans la haute Asie et jusqu'en Chine deux évêques et quinze prêtres. Sept d'entre eux furent plus tard sacrés évêques ; l'un d'eux, nommé David, fut métropolitain de Chine.

Dans un synode tenu en 850, le patriarche Théodose dispensa le métropolitain de Chine, vu les difficultés des communications, de se rendre auprès de lui tous les quatre ans, à condition toutefois qu'il donnerait la dîme et enverrait, tous les 6 ans, des lettres de communion.

La relation d'un voyageur arabe, au neuvième siècle, confirme la présence des chrétiens en Chine, à cette époque ; ce marchand arabe dit que l'empereur lui montra une collection de portraits des principaux personnages du Judaïsme et du Christianisme.

En 879, un chef de rebelles s'empara de la ville de Khan-fou, dans la province du Tché-kiang ; cent vingt mille chrétiens, juifs, et mahométans, y furent massacrés avec une multitude d'étrangers qui y affluaient pour trafiquer sur les côtes. Ce chef alla à Si-gan-fou et y fit aussi un grand carnage. Le Christianisme souffrit beaucoup de ces bouleversements ; c'est de cette époque que date la décadence de la mission nestorienne.

Chassés de Chine, les nestoriens se réfugièrent en Tartarie où ils subsistèrent jusqu'au XIIIème siècle, comme nous le verrons dans la célèbre histoire du prêtre Jean.

Dixième siècle. En entendant parler des malheurs des chrétiens de Chine, le patriarche de Séleucie envoya 6 religieux pour les secourir ; ils allèrent en effet à Si-gan-fou, écrivirent que les chrétiens avaient péri de différentes manières, que les églises avaient été détruites et qu'il ne restait plus de chrétiens, dans la contrée. Le chef de cette députation ayant vu mourir ses confrères et ne trouvant plus personne à qui il pût porter les secours de son ministère, revint en Perse.

Onzième siècle. On écrivit beaucoup, au moyen-âge, sur un prince appelé le prêtre Jean; on discutait sur son origine, sa patrie, sa religion; on racontait de lui les choses les plus extraordinaires. Malgré la diversité d'opinions, on le disait chrétien mais entaché d'hérésie. La vérité est que le chef de la tribu des Kéraïtes (tartares qui habitaient près du désert de Gobi) avait été converti au Christianisme par les nestoriens réfugiés de Chine. Son nom de Jean était une corruption du titre de Khan que tous le princes tartares portaient, et c'est ce qui explique la longue existence de l'éternel prêtre Jean. On en parla pendant deux siècles, comme s'il était immortel. Il n'avait pas le caractère sacerdotal mais en avait usurpé le titre honorifique, comme les empereurs romains se faisaient appeler souverains pontifes.

Si l'on en croit les historiens du temps, beaucoup de ses sujets se seraient convertis et auraient été baptisés avec lui, vers le milieu du onzième siècle. Les nestoriens ne manquèrent pas de publier ces conversions et d'en exagérer l'importance pour favoriser le succès de leur propagande religieuse; de là viennent les récits fabuleux du royaume du prêtre Jean dont on se préoccupait si vivement en occident.

Douzième siècle. Vers la fin du douzième siècle, sa renommée continuant de subsister à cause du nom de Khan (ou Jean) que gardaient ses successeurs, le pape Alexandre III lui adressa une lettre avec le titre de roi des Indes et du plus saint des prêtres:

« Indorum regi et sacerdotum sanctissimo ; » il lui montra combien il importait à ceux qui se disent chrétiens d'avoir une croyance conforme à la foi catholique (1177).

Le roi envoya au Pape et à l'empereur de Constantinople une réponse fastueuse : « Notre empire,
» dit-il, s'étend jusqu'à quatre mois de marche ; on
» ne peut pas plus compter nos domaines qu'on ne
» peut compter les étoiles du ciel et le sable de la
» mer. » La puissance des Kéraïtes s'était, en effet, accrue d'une manière rapide et prodigieuse ; ils avaient conquis la Tartarie et tous les pays limitrophes de la Chine, mais enfin vaincus par un autre chef tartare, Gengiskhan, ils se soumirent à son empire et le royaume du prêtre Jean disparut. Dès lors, ceux de ses sujets qui se disaient chrétiens ne conservèrent de la religion que le nom et, privés de relations avec la Perse et le patriarche de Séleucie, retournèrent au paganisme.

Dynastie Mongole. Gengiskhan qui anéantissait des empires comme on arrache des herbes, selon l'expression d'un de ses historiens, envahit la Chine et laissa à son successeur la gloire d'y fonder la dynastie Mongole qui y régna de 1260 à 1367.

Pendant quelque temps, les tartares menacèrent l'Europe entière ; la reine Blanche effrayée demandait à son fils ce qu'il fallait faire en de si tristes conjonctures, et St. Louis répondait par ces belles paroles qu'on retrouve dans tous les écrits de cette époque :
« si les tartares viennent, nous les ferons rentrer
» dans le tartare d'où ils sont sortis, ou ils nous
» enverront jouir, dans le ciel, du bonheur promis
» aux élus. »

Quand ils s'avancèrent en Hongrie, Grégoire IX écrivit aux rois chrétiens, aux princes, archevêques et évêques, et fit prêcher une croisade, en accordant les mêmes indulgences que pour le pélerinage de Terresainte. Malheureusement, Frédéric Barberousse mit obstacle à ce projet.

Innocent IV envoie en Chine des ambassadeurs missionnaires. Ne pouvant vaincre ces barbares par les armes, les Souverains Pontifes résolurent de les soumettre par la religion : Innocent IV, en 1245, réunit à Lyon un concile général, dont le but était d'aviser aux moyens de défendre l'Europe contre les tartares, en envoyant auprès d'eux, des ambassadeurs missionnaires. Quelle grande et belle mission, dit un historien, que celle de la Papauté au moyen-âge ; adoucir l'âpreté des mœurs, répandre les lumières de la foi, lutter contre les oppresseurs, prêcher les croisades, tel était le rôle du Pape, qui était le docteur, le protecteur, le civilisateur, le père de la Chrétienté. Les regards fixés sur la haute Asie, il enrôle des missionnaires pour convertir les tartares et la Chine, les faire enfants de Dieu et de l'Eglise.

Nous arrivons à la prédication franciscaine ; l'erreur, cette fois, n'eut plus le privilège et le monopole du nom chrétien ; la vérité brilla d'un vif éclat dans ces régions lointaines ; mais hélas, cet éclat dura peu ; les ténèbres du paganisme l'obscurcirent, le flambeau s'éteignit jusqu'à ce que saint François-Xavier et ses successeurs inaugurassent la prédication des temps modernes plus féconde en résultats que toutes les précédentes.

CHAPITRE VI.

PRÉDICATION FRANCISCAINE.

La prédication franciscaine embrasse une période de trois siècles, dont les principaux traits sont l'ambassade de Jean de Plan-Carpin par Innocent IV, de Rubruquis par St. Louis, et de Jean de Monte-Corvino par Nicolas IV; les voyages de Marco-Polo, l'apostolat de St. Odéric de Frioul, la création de l'archevêché de Péking avec sept suffragants, enfin la disparition du Christianisme sous le troisième archevêque de Péking, à cause des troubles politiques et des changements de dynasties.

Ambassade de Jean de Plan-Carpin. Jean de Plan-Carpin, né dans le district de Pérouse et l'un des premiers compagnons de St. François, fut chargé par Innocent IV de porter des lettres au chef des Mongols (1246). Après un long et pénible voyage, pendant lequel il n'eut souvent pour nourriture que du millet et pour boisson que de la neige fondue, il arriva auprès du prince Couyouck qui le reçut avec honneur. Une des lettres était un abrégé des dogmes de la religion, une autre contenait des reproches sur les dévastations commises par l'armée indisciplinée des Tartares-Mongols. Le prince répondit: « La te-
» neur des lettres dit que nous devrions nous faire
» baptiser et devenir chrétiens; nous ne comprenons
» pas pourquoi nous agirions de la sorte. Quant à la
» guerre, je la fais parce que les hommes n'obéissent
» pas aux commandements de Dieu. » Jean de Plan-Carpin, de retour à Lyon en 1248, fut nommé archevêque d'Antivari, en récompense de ses services,

Ambassade de Guillaume de Rubruquis. En 1251, saint Louis ayant appris qu'il y avait encore quelques débris de la religion chrétienne en Mongolie et en Chine, résolut d'envoyer une ambassade pour y porter la vraie foi. Il chargea un religieux franciscain, Rubruquis, de lettres pour le Khan des Mongols. L'intrépide missionnaire rencontra quelques prêtres Nestoriens, ignorants, corrompus et surtout usuriers et ivrognes. Quant au prince, sa maxime était que les hommes sont libres d'honorer Dieu, chacun à leur manière, que comme la main se compose de cinq doigts, ainsi, il y a plusieurs chemins pour aller au ciel; il admettait dans les fêtes et les repas, les musulmans, les bonzes, les lamas et les prêtres nestoriens; ces fêtes se terminaient par des orgies où la plupart des représentants des faux cultes s'enivraient sans scrupule.

Après un séjour de cinq mois, Rubruquis voyant qu'il ne pouvait faire sortir le prince de son indifférence, repartit pour l'Europe, chargé de réponses menaçantes pour saint Louis et les princes d'occident.

En 1278, cinq religieux franciscains allèrent trouver Koubilaï qui venait de soumettre la Chine, la Corée, le Thibet, le Tong-king et la Cochinchine, mais ils n'obtinrent aucun succès à cause de l'irreligion du prince; on assure cependant qu'il y eut parmi le peuple quelques conversions, comme l'écrivit le provincial des franciscains de Hongrie: « Ali-
» quot, ex tartaris, ad fidem, divina cooperante gra-
» tia, converterunt. »

Efforts des Nestoriens. Le Nestorianisme qui avait été obligé de se réfugier en Tartarie où il avait prospéré sous le règne de l'éternel prêtre Jean, puis en avait presque entièrement disparu à cause de la corruption de ses prêtres, rentra en Chine avec la dynastie Mongole et y jeta pendant quelque temps un tel éclat que le patriarche de Séleucie érigea Péking en église métropolitaine. Il y eut aussi quelques évêques nestoriens répandus çà et là, mais ils tombèrent bientôt dans une grande servilité envers le pouvoir civil et perdirent peu à peu toute influence.

Zèle des Franciscains. Les religieux franciscains avaient moins de prosélytes, parce que contrairement aux hérétiques, ils tenaient à la pureté de la doctrine. Quelques uns de ces « voyageurs pour Jésus-Christ, » comme on les appelait alors, vinrent rendre compte de leur apostolat au pape Nicolas IV (1289). A leur tête, était Jean de Monte-Corvino, nommé plus tard archevêque de Péking. D'après leur récit, Dieu s'était choisi quelques âmes d'élite parmi les tartares-mongols et les chinois ; les catéchumènes et ceux qui étaient admis au baptême remplissaient exactement leurs devoirs religieux ; c'était une fidèle image de la primitive église.

Ambassade de Nicolas IV à l'empereur Koubilaï. Après un court séjour en occident, les franciscains repartirent avec des lettres du Pape pour des princes tartares et l'empereur Koubilaï. Ce prince était, comme ses prédécesseurs, fort indifférent en matière de religion ; selon lui, il y avait quatre grands prophètes: Jésus-Christ, Mahomet, Moïse, et Bouddha ; il les honorait tous également. Quand il assistait aux offices des prêtres nestoriens, il baisait dévotement le livre des saints Evangiles, puis en faisait autant pour le Coran.

Le but de cette ambassade était de ramener à la vraie foi les princes qui avaient embrassé le Nestorianisme, parmi lesquels était le neveu même de l'empereur. Malheureusement, il persévéra dans l'hérésie et s'étant révolté, crut s'assurer la victoire en arborant la croix sur ses drapeaux. Il fut défait et Koubilaï en tira cette conclusion que son neveu ayant imploré le secours d'un Dieu bon et juste, ce Dieu n'avait pas voulu favoriser d'aussi mauvais desseins. Quant à embrasser le christianisme, Koubilaï ne voulut jamais le faire, se bornant à certaines pratiques, comme de vénérer les livres saints, etc.

Le plus heureux résultat de cette ambassade fut la liberté complète dont put jouir Jean de Monte-Corvino, par égard pour le Pape; c'est ce que raconte ce saint religieux dans une lettre datée de Péking, le 8 Janvier 1305 : « J'invitai le Souverain, écrit-il, » à embrasser la foi catholique, mais il était profon » dément plongé dans l'idolatrie, ce qui ne l'empê » chait pas d'accorder de nombreuses faveurs aux » chrétiens.... Les Nestoriens, ajoute-t-il, ayant sus » cité des machinations contre moi, l'Empereur re » connut mon innocence et exila les envieux. »

Séjour de Marco-Polo, en Chine. Vers la même époque, deux marchands vénitiens, Matthieu et Nicolas Polo étaient venus en Chine, et de retour en Europe y avaient raconté les merveilles dont ils avaient été témoins. Dans un second voyage, ils prirent avec eux le jeune Marco-Polo, et firent alors un séjour d'une vingtaine d'années. Leur relation parle de l'existence de plusieurs églises nestoriennes, en cite une bâtie à Han-tcheou-foù dans la province du Tché-kiang, et trois à Tchin-kiang dans la province du Kiang-nan. Elle ne parle pas des églises catholiques, parce que les franciscains n'étaient pas encore répandus dans les provinces, et que leurs premiers succès avaient excité la jalousie des nestoriens qui préféraient voir les chinois rester payens plutot que convertis au Catholicisme.

Marco-Polo avait été reçu avec beaucoup d'honneur à la cour de l'empereur Koubilaï ; il avait été chargé, pendant plusieurs années, de l'administration d'une province ; il fut donc à même de connaître les mœurs et coutumes du pays qu'il décrit dans de longs détails. En comparant ses récits, avec la situation actuelle de l'immuable empire chinois, on est frappé de les trouver d'une exactitude et d'une vérité remarquables. A l'époque où parut sa relation, on pouvait à peine croire à l'existence d'un empire lointain dont on disait des choses si extraordinaires, et l'on avait donné à Marco-Polo le surnom de *Messer Millione*. Cette population prodigieuse, cette brillante cour de l'Empereur, un des plus grands potentats qui ait jamais existé, puisqu'il réunissait sous son sceptre presque toute l'Asie ; la littérature, les arts, l'industrie qui étaient plus avancés qu'en Europe, à cette époque du moins ; tout cela excitait l'étonnement, mais quand Vasco de Gama eut doublé le cap de bonne-espérance et quand on aborda par mer dans le Cathay (Chine), on reconnut le pays que l'illustre vénitien avait si bien décrit et le peuple qu'il avait voulu faire admirer à l'Europe.

Succès de Jean de Monte-Corvino à Péking. Un plus illustre voyageur, dont nous avons déjà cité le nom, Jean de Monte-Corvino, était arrivé à la cour de Péking. Les conversions s'y étaient multipliées ; il avait fait construire deux églises (1), et célébrait les saints mystères avec tant de pompe que l'Empereur lui-même se plaisait à y assister ; il avait traduit le psautier et le nouveau Testament, et faisait réciter l'office en chœur, par des jeunes gens qu'il avait formés.

(1) Les deux églises de Péking étaient situées, l'une près du palais, probablement non loin de l'église actuelle du Nord, l'autre à deux milles de là, dans l'enceinte de la ville Tartare.

Dans la lettre qui renferme ces détails, il raconte qu'en passant par le royaume des Kéraïtes (autrefois gouverné par l'éternel prêtre Jean), il avait converti à la vraie foi le prince Georges, lui avait conféré les ordres-mineurs, et avait construit une basilique décorée du titre de « Romana basilica. »

Péking érigé en archevêché, avec sept suffragants; quatorzième siècle. En apprenant ces heureuses nouvelles, Clément V se hâta de faire partir pour la Chine sept missionnaires franciscains, érigea Péking en métropole, nomma Jean archevêque et supérieur de toutes les missions répandues dans l'extrême-orient, et fit consacrer les sept franciscains comme évêques suffragants de Péking; trois seulement purent arriver au terme du voyage et sacrer Jean, en 1307. Quelques années plus tard, Clément V envoya trois nouveaux suffragants, à cause de l'augmentation du nombre des chrétiens. Un des principaux évêchés était celui de Han-tcheou-fou, capitale de la province du Tché-kiang; André de Pérouse en fut chargé, y construisit une église et une vaste résidence, comme il l'écrivit au gardien du couvent de Pérouse. Sa longue et intéressante lettre nous est conservée. On a, malheureusement, peu de ces documents; les missionnaires écrivaient rarement, les communications étaient difficiles; on regrette de ne pas avoir la précision des renseignements qu'on aurait de nos jours.

L'archevêque Jean, aidé de ses suffragants, continua, avec plus de zèle que jamais, à exercer son fructueux apostolat; on assure qu'il baptisa lui-même trente mille infidèles. Il mourut en 1325; ses funérailles furent un deuil public. On conserva avec soin les objets qui lui avaient appartenu; sa sépulture devint un lieu de pélerinage.

Zèle de Jean XXII pour les missions. Jean XXII,

en apprenant la mort de l'archevêque de Péking, voulut aussitôt lui donner un successeur ; il choisit un religieux franciscain nommé Nicolas, professeur de théologie en Sorbonne, fit partir avec lui 26 religieux et 6 frères laïques du même ordre. Le zèle de Jean XXII pour la propagation de l'évangile était celui d'un apôtre ; il envoyait des lettres et des prédicateurs dans toutes les régions alors connues, pour y fortifier les chrétiens dans la foi et exhorter les payens à sortir des ténèbres de l'erreur.

Saint Odéric de Frioul, en Chine et au Thibet. Un fervent religieux qui avait pris de bonne heure l'habitude de la mortification, saint Odéric de Frioul, entendit la voix du chef de la Chrétienté et partit seul pour Constantinople et les Indes. Après un pénible voyage il arriva à Péking et y séjourna pendant trois ans. La mission catholique de Péking devint alors très florissante ; plusieurs personnages importants de la cour se convertirent à la parole d'Odéric. De là, il passa la grande muraille, alla en Tartarie et au Thibet, poussé par le désir de plus grandes conquêtes pacifiques. Il baptisa un bon nombre d'infidèles (20 mille assure-t-on), franchit les monts Himalaya, traversa les Indes et la Perse, et vint en Europe chercher des ouvriers apostoliques (1330). Il alla trouver Jean XXII à Avignon, et déjà il se disposait à repartir pour la Chine avec de nombreux auxiliaires, quand il tomba malade et mourut dans son monastère d'Udine en Vénétie.

Cependant, les missions commençaient à prospérer en Chine ; l'empereur lui-même quoique obstiné dans le paganisme, et les principaux chrétiens qui se trouvaient à la cour, avaient envoyé des lettres au Pape, pour demander des prêtres. Benoit XII reçut les ambassadeurs tartares avec beaucoup d'égards (1338), et leur promit d'envoyer bientôt des missionnaires. Il fit partir, en effet, quatre religieux, avec le titre de nonces apostoliques. L'Empereur leur fit bon accueil, les admit souvent à sa table, et chaque soir, avant de prendre le sommeil, il avait l'habitude de leur demander la bénédiction. Un édit impérial autorisait la prédication de la religion catholique dans tout le royaume. Un des nonces, Jean de Florence, en profita pour parcourir les provinces, en y prêchant le nom de Jésus-Christ.

Chûte de la dynastie Mongole, et avec elle, disparition du Catholicisme. Le vif éclat dont avait brillé le Catholicisme en Chine, au XIIIème et XIVème siècles, ne devait pas être de longue durée : la dynastie Mongole fut renversée par une dynastie Chinoise, celle des Min (1367), et sa chute fut le signal de celle de la religion. Les chrétiens subirent le sort de leurs protecteurs ; la politique de la nouvelle dynastie fut d'empêcher l'entrée des étrangers.

Malgré ces bouleversements, Urbain V envoya Guillaume de Prato professeur de l'université de Paris, avec le titre d'archevêque de Péking (c'était le troisième), et douze religieux. Quelques mois plus tard (1370), il envoya 60 autres religieux, puis un légat avec douze compagnons. On n'eut jamais de nouvelles de l'archevêque et de cette nombreuse caravane de missionnaires ; il est probable qu'ils ne purent pas arriver en Chine, à cause des guerres intestines que se livraient les princes dont ils devaient traverser les terres.

A la même époque, la Tartarie était ravagée par un conquérant, Tamerlan, ennemi juré du nom chrétien. Les missions de Tartarie furent bientôt ruinées ; en vain, y envoya-t-on 24 religieux ; jamais on n'eut de leurs nouvelles. Les deux églises de Chine et de

Tartarie disparurent ainsi à la même époque, par suite des troubles politiques et de la persécution.

Quinzième siècle. La prédication franciscaine avait commencé avec la dynastie Mongole, elle périt avec elle, au point qu'il n'en existait plus aucune trace quand commença la prédication moderne. La voie de terre fut complètement fermée; il n'y eut plus de communications avec l'extrême-orient, pendant le XVème siècle; on en vint jusqu'à ignorer même si le Cathay et la ville de Cambalou étaient distincts, ou non, de la Chine et de Péking. Après la découverte du cap de bonne-espérance, on visita les côtes de Chine, et l'on retrouva le royaume qui avait tant attiré l'attention de l'occident. Le commerce des Portugais fut une occasion pour y porter le flambeau de la foi, et inaugurer la prédication des temps modernes, qui commença avec St. François-Xavier.

C'est pendant cette nouvelle période, que la religion prit, en Chine, des racines plus profondes; les rapports avec l'Europe devinrent moins difficiles, moins longs, moins dangereux, et l'on put, même au milieu des persécutions, faire pénétrer des missionnaires. Depuis, les efforts des souverains pontifes et de plusieurs ordres religieux n'ont cessé de travailler au défrichement d'une terre si longtemps inculte; le sang des martyrs l'a fécondée et on a pu lui appliquer cette parole toujours vraie de Tertullien : « Sanguis martyrum, semen Christianorum. »

CHAPITRE VII.

PRÉDICATION MODERNE: SEIZIÈME SIÈCLE.

Barthélémy Diaz venait de découvrir le cap des tempêtes appelé depuis, cap de bonne-espérance; Vasco de Gama le doublait quelques années plus tard, et ouvrait une nouvelle voie au commerce et à l'évangile. Les vaisseaux européens pouvaient désormais aborder jusqu'à l'extrême-orient; on allait enfin entrer en communications directes avec ces peuples si peu connus et d'une civilisation pourtant assez avancée.

Tentatives des Portugais: 1518. Un célèbre navigateur portugais, Albuquerque, avait rencontré des chinois dans les Indes et dans la presqu'île Malaise; il demanda à la cour de Portugal d'envoyer une ambassade en Chine. D'Andrada et Pirès partirent de Lisbonne, en 1518, allèrent à Canton et à Péking, mais accusés par des Mahométans venus de Malacca, d'être des espions, ils furent renvoyés à Canton, mis en prison, puis exilés.

Une autre expédition composée de quatre navires, fut plus malheureuse; on livra un combat, et les européens qui survécurent, furent condamnés à être coupés en morceaux.

Dans une troisième tentative, les mandarins gagnés par des présents permirent aux portugais de trafiquer sur les côtes, dans l'île de Sanciang.

Saint François-Xavier, 1552. C'est alors que l'apôtre des Indes et du Japon, saint François-Xavier, chercha à organiser une ambassade pour la Chine, afin d'y porter en même temps la lumière de l'évangile, mais il tomba malade et mourut dans cette même île de Sanciang, en face du continent dont il rêvait la conquête (1552). Une chapelle s'élève aujourd'hui sur le monticule où le saint fut enterré pendant deux mois et demi, avant d'être transporté à Malacca et à Goa.

Gaspard de la Croix, 1555. Le premier religieux qui eut l'honneur d'entrer en Chine, par la voie de mer, fut Gaspard de la Croix, de l'ordre de St. Dominique. Comme les franciscains, les dominicains avaient évangélisé au XIIIème et au XIVème siècles les régions centrales de l'Asie; ce furent eux, mais non, comme on le croit généralement, les Jésuites, qui inaugurèrent la prédication moderne, en Chine. Gaspard de la Croix a publié une relation de ses voyages; il y raconte qu'il convertit plusieurs habitants de la province de Canton, qui renversèrent eux-mêmes une pagode consacrée aux idoles. Il baptisa un certain nombre d'entre eux, mais les mandarins effrayés de l'autorité qu'il avait dans le pays, le condamnèrent à mort, puis se contentèrent de le chasser.

Colonie de Macao, 1570. La rade de Sanciang étant peu sûre à cause des pirates et du manque d'abri contre les coups de vent, les portugais tentèrent de trafiquer directement avec Canton. On le leur permit à condition qu'ils se retireraient sur leurs navires, chaque hiver. Sur ces entrefaites, un pirate fameux tenait bloqués plusieurs ports et avait son repaire dans une presqu'île appelée: Gaô-men (les européens l'ont appelée: Macao, du nom défiguré de Ma-tao, qui signifie port). Les portugais allèrent au secours des mandarins, chassèrent les pirates et obtinrent de l'Empereur, en récompense de leur service, la permission de s'établir à Macao. Bientôt les dominicains et les jésuites y vinrent avec les commerçants, et ainsi se forma une colonie que le saint-Siége érigea plus tard en évêché.

C'est là et vers cette même époque, que le poëte Camoëns composa les Lusiades ; on montre encore aujourd'hui « l'île verte » où il aimait à se retirer.

Macao est une presqu'île qui n'a que 8 milles de circuit ; l'isthme étroit qui la réunit au continent est coupé par un mur qui sert de limite aux étrangers ; les ports de Hong-kong et de Canton forment avec Macao un triangle isocèle dont Canton est le sommet.

Après avoir construit des établissements à Macao, les dominicains et les jésuites envoyèrent des ouvriers apostoliques, sur le continent ; nous allons voir successivement leurs travaux.

Les PP. Roger et Ricci. En 1579, le P. Roger, jésuite, se mit à l'étude de la langue chinoise, pour se concilier la faveur des lettrés et alla avec les commerçants portugais à Canton où on le dispensa de retourner, chaque soir, à bord des navires. Les bonnes dispositions des mandarins à son égard frappèrent l'attention des indigènes ; ils demandèrent au P. Roger de les instruire dans la religion, et bientôt un catéchuménat fut formé, avec de sérieuses espérances de succès.

Sur ces entrefaites, le P. Ricci fut envoyé de Goa à Canton, pour seconder ces premiers efforts ; c'était lui que Dieu avait choisi pour implanter la foi dans les provinces du sud, puis à Nanking et enfin à Péking, traversant tout l'empire, laissant partout après lui, des missionnaires et des églises, et couronnant son œuvre par le droit de sépulture qui devenait comme une nouvelle prise de possession de la terre de Chine.

Premier établissement dans la province de Canton, 1582. Le vice-roi entendant parler de ces deux étrangers, et désirant en recevoir des curiosités, les fit mander à Tchao-king-fou, alors capitale de la province de Canton (1). Les missionnaires furent bien reçus, à cause de leurs magnifiques présents ; toute la colonie de Macao y avait contribué pour avoir les bonnes grâces du vice-roi en faveur du commerce étranger. Quelques mois après, ils firent don, au même vice-roi, d'une horloge dont les rouages et la sonnerie l'étonnèrent singulièrement ; il en fut si émerveillé qu'il accorda, de suite, aux religieux une résidence dans un faubourg de la ville, au pied d'une tour qui existe encore aujourd'hui.

Malheureusement, le vice-roi fut destitué, les missionnaires furent renvoyés, et tout espoir semblait perdu, quand Dieu permit que le successeur, poussé aussi par la curiosité, mandât les religieux auprès de lui. Il fut flatté d'apprendre qu'ils venaient des extrémités du monde pour avoir le bonheur de séjourner sur le sol de l'empire, et leur permit de bâtir une résidence auprès de l'endroit où ils avaient d'abord habité. Dès lors, les missionnaires commencèrent à prêcher ouvertement, évitant toutefois d'exciter la susceptibilité des lettrés. Leur premier néophyte fut un pauvre moribond qu'ils trouvèrent délaissé près des remparts ; ils le transportèrent chez eux, l'instruisirent, lui donnèrent le baptême, et l'assistèrent, peu après, dans ses derniers moments. Dieu voulait prouver ainsi que partout les premiers appelés sont les pauvres et les ignorants.

Moyens de conversion employés par le P. Ricci ; difficultés qu'on lui suscite. Pour gagner l'amitié des lettrés, le P. Ricci fit une mappemonde, des sphè-

---

(1) Le siége de l'administration fut transporté, au dix-septième siècle, à Canton, à cause du grand nombre de vaisseaux étrangers qui y abordaient.

res, des cadrans solaires ; il attira ainsi beaucoup de curieux dont quelques-uns se convertirent et furent baptisés. Les chinois se disaient que des étrangers si instruits dans les sciences devaient l'être aussi en religion. Plusieurs fois néanmoins, des lettrés mécontents et avides de procès suscitèrent des difficultés; une fois entre autres, les vieillards de la province rédigèrent une supplique contre le P. Ricci. Comme il était déjà assez versé dans la connaissance de la langue, il se défendit lui-même et fut déclaré innocent. Il intéressait beaucoup par son esprit et ses connaissances; des curieux devinrent disciples; des familles importantes de Tchao-king reçurent le baptême ; le culte catholique pouvait enfin être organisé publiquement. Cependant, un orage plus sombre que les précédents éclata peu après, et cette fois il fallut quitter la petite chrétienté formée avec tant de peines.

Etablissement dans le nord de la province de Canton, 1590. Comme compensation, on permit au P. Ricci d'aller s'établir à Chao-tcheou, ville du nord de la province de Canton; il y bâtit une résidence et une chapelle, non plus dans le genre européen, ce qui étonnait trop les chinois, mais dans le style du pays. Il quitta aussi le costume des bonzes, parce que leur profession est généralement méprisée, et prit celui des lettrés que tous les missionnaires ont conservé depuis. L'établissement de Chao-tcheou eut bientôt des prosélytes; le P. Ricci le laissa aux soins d'autres missionnaires et profita du voyage d'un mandarin au Kiang-si, pour l'y accompagner. Au milieu des ces courses apostoliques et de ces difficultés continuelles, le saint et savant missionnaire trouva assez de temps pour composer des ouvrages, en langue chinoise ; il fit un catéchisme, un livre contre les superstitions, etc. etc.

Etablissements de Nan-tchang et de Nan-king, 1595-99. Il serait trop long d'énumérer toutes les péripéties de l'établissement de Nan-tchang; le P. Ricci réussit comme ailleurs à y implanter la foi, et fut nommé Visiteur provincial des missions des pères jésuites de la Chine. C'est alors qu'il voulut réaliser enfin le plus cher de ses désirs, celui d'aller jusqu'à la cour même de l'Empereur. Il arriva à Péking, mais ne put avoir accès au palais, et fut obligé de redescendre à Nan-king capitale de la province du Kiang-nan. Il y fut bien accueilli par un mandarin, président d'un des ministères, remporta une victoire complète dans une discussion avec un philosophe de la secte des Tao-sse, et acquit une grande réputation de science et de sainteté. Dans l'intérieur même de la ville, il put acheter à vil prix une vaste résidence parce qu'elle était fréquentée par les démons; c'est ce qui arrive souvent encore aujourd'hui et ce qui permet aux missionnaires de fonder, à peu de frais, de grands établissements; le peuple sait que les chrétiens ne craignent pas les esprits mauvais, mais il n'en tire aucune conséquence religieuse.

Tentatives des Dominicains. Pendant que les jésuites avançaient peu à peu dans la conquête pacifique de l'empire chinois, les dominicains tentaient aussi d'y pénétrer. En 1587, trois religieux abordèrent à Macao, y bâtirent un couvent, prêchèrent avec assez de succès, mais n'allèrent pas sur le continent. L'un d'eux, Barthélémy Lopez, dans un mémoire adressé au pape Clément VIII, rapporte qu'il a établi à Macao une mission de son ordre, instruit et baptisé plusieurs infidèles.

En 1590, une autre tentative fut faite par les dominicains espagnols de la province des Philippines; Jean de Castro s'embarqua à Manille avec un missionnaire et un chinois converti ; il aborda dans la province du Fou-kien, chercha à y rester quelque temps, incognito, mais fut bientôt reconnu et conduit devant les mandarins : « Qu'êtes-vous venu faire ici ? » demanda le juge. — « Enseigner la religion de Jésus-Christ, répondit hardiment Jean de Castro ; hors de cette voie, il n'y a pas de salut. » Renvoyé en prison, il continua de prêcher, fut obligé de comparaître plusieurs fois devant les tribunaux, et se vit enfin expulsé de Chine, ainsi que ses compagnons.

De retour à Manille, il exerça son zèle, sur les marchands chinois qui y venaient trafiquer ; le nombre des conversions s'y accrut en peu de temps ; on construisit près de la ville, un bourg de chinois chrétiens et un hôpital, où les religieux pouvaient par l'exercice de la charité se consoler de l'insuccès qu'ils avaient rencontré dans la province du Fou-kien. Cependant, ils ne perdaient pas de vue cette mission, y faisaient diverses tentatives, qui bien qu'infructueuses ne les décourageaient pas, et se préparaient ainsi aux conquêtes qu'ils devaient faire, plus tard, dans ce vaste empire.

Le seizième siècle avait été témoin des difficultés de la résurrection du Christianisme en Chine ; ce n'était qu'au prix de luttes incessantes, que les missionnaires avaient pu arriver jusqu'au centre de l'empire. Le dix-septième siècle sera témoin de plus nombreuses conversions, la religion sera prêchée dans toutes les provinces, mais ce sera toujours au milieu d'alternatives de succès et de revers, d'édits de persécution et d'édits de liberté.

CHAPITRE VIII.

DIX-SEPTIÈME SIÈCLE.

Entrée des Jésuites à Péking. Au mois de janvier 1601, le P. Ricci qui venait de recevoir de Macao beaucoup de curiosités européennes, profita de cette circonstance pour pénétrer jusqu'à Péking. Grâce à ces présents, il fut admis à une audience de l'empereur Wang-lié. Les tableaux effrayèrent « le fils du ciel, » à cause de leur perspective et de la vivacité des couleurs. La vue des monuments le touchèrent de compassion pour ceux qui étaient obligés de monter si haut pour se loger ; les montres l'étonnèrent tellement qu'il créa une dignité tout exprès pour en prendre soin. Le P. Ricci obtint la permission de résider dans la ville réservée, c'est-à-dire près du palais, et usa de cette insigne faveur pour prêcher librement la foi ; il obtint des conversions même parmi les grands et jusque dans le collége des Han-lin (Académie).

En même temps, les missions fondées dans les provinces de Canton, du Kiang-si, et du Kiang-nan voyaient, chaque jour, augmenter le nombre des néophytes ; beaucoup de jésuites étaient entrés à la suite du P. Ricci et conservaient les établissements qu'il avait construits à la hâte. Un des premiers soins fut de songer à la formation d'un clergé indigène ; dans ce but, on ouvrit un séminaire à Macao, et l'on y envoya quelques nouveaux baptisés.

Conversion de plusieurs princes de la famille impériale. En 1603, la mission de Péking comptait plus de 200 néophytes, parmi lesquels trois princes de la famille impériale ; aussi commençait-on à respecter les chrétiens, et personne n'eût osé censurer une religion pratiquée par les grands et les savants comme par les pauvres et les ignorants. Il y eut, il est vrai, un orage à Canton parce qu'on avait répandu le bruit que les européens voulaient s'emparer de l'empire ; un séminariste indigène fut flagellé et mis à mort, comme soupçonné de faire partie du prétendu complot ; mais partout ailleurs on jouissait d'une assez grande liberté.

En 1610, le P. Ricci qui était le supérieur et l'âme de ces nouvelles missions, termina sa longue carrière. Ses confrères obtinrent pour sa sépulture, une pagode située près de la ville. L'empereur Wang-lié ratifia la concession et par cet acte public légalisa, pour ainsi dire, le Christianisme en Chine. Cette importante concession ranima la confiance des chrétiens ; les missionnaires allèrent demeurer près de la tombe de leur fondateur, changèrent la pagode en chapelle, et firent de magnifiques funérailles au grand « maître d'occident. »

Les trois docteurs chrétiens. Trois docteurs de l'académie des Han-lin, convertis par le P. Ricci, continuèrent son œuvre. Paul Su, à Chang-hai, fut l'apôtre de sa famille, construisit une église, et composa des livres de doctrine. On voit encore aujourd'hui beaucoup de ses descendants, malheureusement peu dignes de leur ancêtre ; ils habitent le village qui porte le nom de Su-kia-oui : famille Su (par corruption, Zi-ka-wé) ; les pères jésuites y ont construit un orphelinat, une des gloires de l'œuvre de la sainte Enfance.

Le docteur Léon habitait à Han-tcheou province du Tché-kiang, dans la ville où nous avons vu le massacre des étrangers, au IXème siècle, et la création d'un évêché, au XIVème siècle. Dès qu'il fut converti, il devint, comme Paul Su, l'apôtre de sa ville natale.

Le docteur Michel Yang était très riche; il changea en chapelle la pagode qu'il avait fait construire dans sa magnifique résidence.

La réputation de science et de sainteté dont jouissaient ces trois docteurs, parmi les lettrés, fut la cause de nombreuses conversions. Ils composèrent des livres de doctrine, reçurent les chrétiens pendant les persécutions, furent d'un grand secours pour les missionnaires dont ils corrigeaient les écrits, et auxquels ils enseignaient eux-mêmes la langue. Quand Paul Su fut nommé Ko-lao, c'est-à-dire premier ministre, et quand les deux autres docteurs furent nommés présidents des cours souveraines, ils ne se servirent de ces dignités que pour favoriser la religion.

Persécution de 1616. Le successeur du P. Ricci, le P. Longobardi, était plein d'admiration et de respect pour lui, mais il différait complètement de sentiment sur la question des rites; il regardait le culte rendu à Confucius et aux ancêtres comme un culte religieux et non purement civil. Malgré ces diversités d'opinions, libres alors puisque le saint Siége n'avait encore rien défini, les missionnaires prêchaient partout, et les chrétientés se multipliaient. Les mandarins s'émurent de ces succès, le président de la cour des rites présenta à l'Empereur une requête par laquelle il demandait le renvoi des missionnaires à Macao. Wang-lié craignant de déplaire à ses ministres contre-signa la supplique; aussitôt on pilla les chapelles et l'on roua de coups les missionnaires. La résidence de Nan-king fut saccagée, deux pères jésuites y moururent par suite de mauvais traitements; d'autres, obéissant extérieurement aux ordres de la cour, rentrèrent incognito dans les chrétientés. Les docteurs Paul et Léon offrirent leurs maisons comme lieux de refuge, et composèrent des apologies de la religion (1616). Six ans plus tard, le feu de la persécution se ralluma à l'occasion d'une révolte des Pé-lien-kiao: secte du Nénuphar blanc, société secrète qu'on confond toujours avec les chrétiens. Il fallut redoubler de vigilance, se cacher dans des retraites plus solitaires. L'orage cessa par la disgrâce du président du tribunal des rites, ce qui permit aux missionnaires de rentrer à Péking et dans leurs résidences des provinces, en se hâtant de relever les ruines.

C'est à cette époque (1625) que l'on découvrit à Si-gan-fou l'inscription chrétienne dont nous avons parlé. Cet événement servit beaucoup à anéantir le reproche de nouveauté que les lettrés ne cessaient de faire à la religion chrétienne; il fut l'occasion de nombreuses conversions, et peu après, dans la ville même de Si-gan-fou, ancienne capitale de l'empire, on bâtit une église et une résidence.

Progrès de la foi. Le nombre des chrétiens était alors de treize mille, répandus dans les provinces du Kiang-si, Kiang-nan, Tché-kiang, Kouang-tong, et dans les quatre provinces du nord. Quelques années plus tard, en 1637, grâce aux travaux des autres ordres religieux, comme nous le verrons bientôt, il y avait quarante mille chrétiens; c'était le résultat de soixante ans de travaux. Parmi les principaux néophytes, il y avait quatorze mandarins du premier ordre, 140 princes de la famille impériale, une quarantaine d'eunuques de la cour, et quelques centaines de lettrés. Tous étaient sincèrement attachés à leurs croyances et remplissaient fidèlement leurs devoirs. Aucun intérêt ne les y portait; au contraire, ils n'avaient en perspective, comme les chrétiens des premiers siècles, que la persécution et la haine, même de la part de leurs proches.

Le P. Adam Schall. La science des missionnaires européens avait frappé les chinois, malgré leur profond orgueil et leur mépris pour les étrangers. Le calendrier fourmillait d'erreurs, l'Empereur chargea des corrections le P. Adam Schall et le nomma président des astronomes, ou comme on dit en Chine, « de la littérature céleste. » Il lui demanda aussi de fondre des canons. L'habile missionnaire fut, pendant deux ans, occupé de ce travail; il coula vingt gros canons, créa tout un arsenal, ce qui n'empêcha pas l'infortuné « fils du ciel » d'être assiégé et mis à mort par un rebelle. Ainsi finit la dynastie des Min qui avait régné près de trois cents ans (de 1367 à 1644). L'usurpateur fut chassé, après un règne de trente jours, par les Tartares-Mandchoux qui fondèrent la dynastie actuelle des Tsin.

Pendant ces troubles politiques, les établissements de la mission de Péking furent préservés de l'incendie et de la destruction, par l'influence du P. Schall. Le nouvel empereur, Chun-tche, avait en lui une grande confiance, et disait que de tous ses mandarins il n'y avait que le P. Schall qui osât toujours lui dire la vérité; il conservait précieusement ses mémoires, recevait de lui des leçons de mathématique et d'astronomie, demandait même de s'instruire dans la foi, mais les passions et le respect humain l'emportaient; il avait honte de se dire prêt à embrasser la religion d'un Dieu crucifié. Ces bonnes dispositions facilitaient beaucoup la propagation de l'Evangile; les chrétientés prospéraient dans les provinces, les livres étaient répandus à profusion, on élevait partout des oratoires et des chapelles.

Construction d'une église à Péking, 1650. Le

P. Schall fut autorisé par l'Empereur à bâtir une église dans l'enceinte de la ville, reçut de lui une inscription qui faisait l'éloge du Christianisme et un diplôme d'ennoblissement ; mais en vain travailla-t-il à le convertir. Ce malheureux Chun-tche se laissa dominer par l'amour des femmes, surtout d'une jeune veuve très superstitieuse ; les bonzes en profitèrent pour lui faire oublier ses projets de conversion et accomplir toutes sortes de cérémonies payennes. Ils avaient obtenu de grandes faveurs à la cour, quand il mourut, laissant le trône à un de ses plus jeunes fils dont il avait remarqué la sagacité : Kang-hi, le célèbre contemporain et l'émule de Louis XIV.

Prédication dans les provinces. Pendant que le P. Schall et ses compagnons travaillaient à Péking, quelques pères jésuites tentaient d'évangéliser les provinces du Sutchuen et du Kouang-si. Au Sutchuen, ils eurent peu de succès parce qu'un rebelle, d'abord favorable au Christianisme, dépeupla la province par d'horribles massacres. Au Kouang-si, un descendant de la dynastie des Min luttait contre les Tartares-Mandchoux ; il y fut proclamé empereur ; son fils et sa femme furent baptisés sous le nom de Constantin et d'Hélène, mais bientôt les conquérants Tartares arrivèrent dans le Kouang-si, y tuèrent le prétendant et son fils et emmenèrent Hélène en captivité.

La chrétienté du Kiang-nan illustrée par Paul Su et sa fille Candide, celle du Tché-kiang soutenue par les docteurs Léon et Michel, celles du nord et du sud, voyaient, chaque jour, croître le nombre des néophytes. Les chrétientés dirigées, comme nous le dirons plus loin, par les pères dominicains au Foukien, et par d'autres ordres religieux franciscains et augustins qui venaient d'entrer à Canton, prospéraient aussi ; le succès était trop complet pour qu'il n'y eût pas une nouvelle épreuve.

Les régents persécutent, 1664. Kang-hi n'ayant pas encore l'âge de régner, l'administration fut confiée à quatre régents. Ceux-ci, feignant de voir dans le Christianisme un but politique, ordonnèrent que tous les missionnaires fussent conduits à Macao, pour être de là renvoyés en Europe. La persécution s'étendit rapidement, les mandarins en profitèrent pour piller et s'enrichir. Le P. Schall fut condamné à mort; mais le souvenir des éminents services qu'il avait rendus fit révoquer la sentence; quelques mois après, épuisé par les travaux de sa longue carrière, il mourait à Péking.

L'empereur Kang-hi rappelle les missionnaires, 1671. Kang-hi, avant d'atteindre la majorité, voulut se débarasser du conseil de régence, et comme Louis XIV devant le parlement, dit : « L'état c'est moi. » Un de ses premiers actes fut de rappeler les missionnaires ; il chargea le P. Verbiest, de la réforme du calendrier, le nomma président du tribunal des mathématiques, se fit son disciple, l'ennoblit, le chargea de conclure un traité avec la Russie, fut pour lui ce que son père avait été pour le P. Schall. Il lui demanda de fondre des instruments pour l'observatoire qui est encore aujourd'hui une des merveilles de la capitale.

« Kang-hi, disent les annales de la Chine, gouver-
» nait avec une sagesse rare, et n'était occupé qu'à
» se faire aimer de ses sujets. » Son long règne, si souvent comparé par les jésuites à celui de Louis XIV, fut une suite de victoires au dedans et au dehors; il reçut de Louis XIV plusieurs mathématiciens, entre autres les PP. Gerbillon, Parennin, etc., et envoya en France une ambassade présidée par le P. Provana

qui mourut de retour à Canton; (on vient d'y restaurer le magnifique tombeau que l'empereur lui avait fait élever).

Edit de Kang-hi en faveur du christianisme, 1692. Malgré les bonnes dispositions de la cour, les Mandarins ennemis des Chrétiens se servaient des anciens édits qui permettaient aux missionnaires de prêcher mais pas aux Chinois de se convertir; aussi y avait-il, de temps à autre, des persécutions locales; les PP. jésuites présentèrent une requête à l'empereur, qui aussitôt publia un édit solennel en faveur du Christianisme (22 Mars 1692).

Selon l'usage, le tribunal des rites fut chargé de rédiger l'édit et de le soumettre à l'approbation impériale; voici le texte: « Nous, président de la cour
» souveraine des rites etc.... avons sérieusement exa-
» miné ce qui concerne les Européens qui, attirés de
» l'extrémité du monde par la renommée de Votre
» singulière prudence et par Vos autres grandes qua-
» lités, ont passé la vaste étendue des mers qui nous
» séparent de l'Europe. Depuis qu'ils vivent parmi nous
» ils méritent notre estime et notre reconnaissance,
» soit à cause des services qu'ils ont rendus dans les
» guerres civiles et étrangères, soit à cause de leur
» application à composer des livres utiles et curieux.
» Ces Européens sont probes, dévoués au bien public
» et très paisibles; ils ne font tort à personne et ne
» commettent aucune mauvaise action; leur doctrine
» ne ressemble en rien à celle des sectes dangereuses;
» leurs maximes ne portent pas à la révolte.

» Comme il est permis aux lamas de la Tartarie
» et aux bonzes de la Chine d'avoir des temples et
» d'offrir de l'encens à leurs dieux, ainsi faut-il per-
» mettre aux Européens qui ne font et n'enseignent
» rien contre les lois, de bâtir leurs temples et de

» prêcher publiquement leur religion ; sinon il y au-
» rait contradiction dans notre conduite et manque
» d'équité.

» Les temples dédiés au maître du ciel seront
» donc conservés partout, et il sera permis à ceux
» qui honorent ce Dieu d'entrer dans ces temples, d'y
» offrir l'encens et d'y rendre le culte pratiqué jus-
» qu'ici par les chrétiens ; désormais, personne ne
» pourra faire opposition à la doctrine des Européens. »

Kang-hi confirma aussitôt ce décret et en ordonna la publication dans tout l'empire. De plus, il accorda un terrain pour la construction d'une église, comme sous la dynastie des Min, et écrivit lui-même les inscriptions qui devaient être placées sur le frontispice, entre autres celle-ci : « Au vrai principe de toutes
» choses ; sans commencement ni fin, il a produit tou-
» tes choses dès le commencement, il les gouverne et
» en est le véritable seigneur. »

Nous avons vu, en 1650, la construction d'une autre église dans Péking ; toutes deux sont encore aujourd'hui appelées : Église du nord et du sud. Celle du nord vient d'être entièrement reconstruite ; celle du sud a été réparée après le traité de 1860.

Pendant plus de soixante ans, Kang-hi occupa le trône de la Chine ; sa confiance dans les missionnaires était si grande qu'il les chargea, pendant une famine, de distribuer ses aumônes ; il leur demanda aussi de dresser une carte exacte de tout son royaume. Nous aurons encore occasion de parler de cet illustre empereur, à l'occasion des rites ; disons un mot maintenant des travaux des Dominicains et de la Société des missions-étrangères, pendant le XVIIème siècle.

Tentatives des PP. Dominicains, à Formose et au Fou-kien. La colonie de Macao était devenue assez importante pour que le Saint-Siége l'érigeât en évêché. Un Dominicain Portugais, Jean de la Pitié, en avait été nommé évêque, avec le titre de vicaire apostolique de toute la Chine. En 1611, il voulut tenter de pénétrer dans ce vaste empire; c'était à l'époque où le Père Ricci mourait à Péking. Il alla chercher aux Philippines quelques-uns de ses confrères qui entrèrent dans la province du Fou-Kien mais ne purent s'y établir. Non découragés par cet insuccès, ils essayèrent d'aller dans l'île Formose; six d'entre eux y séjournèrent, y firent des conversions, y bâtirent une église et une résidence, mais ces peuples autrefois barbares et anthropophages (1) reprirent leur naturel sauvage; deux missionnaires y furent percés de flèches, parce qu'ils avaient cherché à réconcilier des familles. Les Hollandais s'emparèrent de Formose et y ruinèrent les établissements Catholiques; depuis lors, les tentatives qu'y firent les religieux ont été infructueuses, jusque tout récemment, en 1860.

Les PP. Moralés et Navarette, au Fou-kien. Avec la persévérance et le courage, les Dominicains avaient pu enfin implanter la foi dans la province du Fou-kien; le Père Moralés, comme un autre St. Paul, se glorifiait de ne savoir autre chose que Jésus crucifié; plusieurs fois, il fut traîné devant les tribunaux, flagellé, condamné à la cangue, etc. Pendant 31 ans, il fut l'apôtre du Fou-kien et de la province voisine le Tché-kiang. Il eut, comme nous le verrons, une grande part dans la question des rites.

Les autres Dominicains qui illustrèrent cette mission naissante, sont le Père de Capillas qui eut l'honneur de verser son sang pour la foi, en 1648; (les actes de son martyre ressemblent à ceux des premiers

(1) Le centre de l'île est habité par des indigènes, les côtes le sont par des chinois.

siècles); le Père Ricci (homonyme du P. Jésuite), qui recueillait les enfants abandonnés, et préludait ainsi à l'œuvre de la S^{te}. Enfance; enfin, le Père Navarette qui succéda au Père Moralés dans la direction des missions Dominicaines.

C'est à cette époque qu'éclata la persécution des régents; la province du Fou-kien comptait alors vingt églises ou chapelles et quelques milliers de chrétiens.

Le P. Navarette fut chargé par ses confrères de rendre compte au S^t. Siége, de l'état de la mission; il rédigea un mémoire qu'il présenta lui-même à Clément X, et ne pouvant retourner en Chine, fut nommé archevêque de S^t. Domingue.

Un évêque chinois. Un prêtre indigène, de l'ordre de S^t. Dominique, Grégoire Lo (dont on a fait le nom espagnol de Lopez) avait depuis de longues années donné des preuves de son zèle pour la foi. Pouvant plus facilement que ses confrères Européens, pénétrer partout, il parcourait sans-cesse les chrétientés, s'attirant le respect et la vénération de tous. Clément X voulut l'élever à l'épiscopat, mais le saint religieux refusa cette dignité; ce ne fut que sous Innocent XI, en 1679, qu'il accepta par obéissance. Il remplit avec zèle les devoirs de sa charge, pendant un court épiscopat de 8 ans. On a de lui un mémoire sur les rites, dans lequel il expose son opinion, contraire il est vrai à celle de Rome, mais la question n'était pas encore jugée. Il fut le premier évêque chinois, le seul aussi jusqu'aujourd'hui.

Quand la persécution des régents eut cessé, les Dominicains reprirent aussitôt leurs postes, dans le Fou-kien. Toujours il donnèrent l'exemple de la soumission aux décrets du S^t. Siége, dans l'affaire des rites.

Droit de patronage. Les Portugais, qui avaient rendu aux missions beaucoup de services, en obtinrent pour ainsi dire le monopole; aucun évêque ne pouvait être nommé, ni aucun nouveau siége érigé sans l'approbation du roi de Portugal; c'est ce qu'on appelle le droit de patronage. Comme les Portugais étaient alors la seule puissance établie dans les Indes, le S^t. Siége accepta ces conditions, pourvu qu'ils fournissent hommes et argent, ce qui n'excluait pas les sujets des autres nations. Les missions venant à se multiplier, le Portugal ne put trouver assez d'ouvriers apostoliques et de secours pécuniaires; il revendiqua néanmoins et revendique encore aujourd'hui ce droit qu'il a perdu par le fait même qu'il n'en remplit plus les conditions.

Fondation du Séminaire des missions-étrangères, 1663. Pour soustraire les missions à ces difficultés, le Père de Rhodes, jésuite, ancien missionnaire du Tong-king, travailla à obtenir de Rome la nomination d'évêques indépendants du Portugal, et la fondation d'un Séminaire qui pût fournir de dignes sujets. Ce fut la France qui fut choisie pour atteindre ce double but; un ancien évêque de Babylone légua sa maison et ses revenus, pour la création d'un Séminaire qui fut ouvert à Paris en 1663, avec le concours de Louis XIV.

Mgr. Pallu. Le premier vicaire apostolique de la congrégation des missions-étrangères fut Mgr. Pallu évêque d'Héliopolis. Il eut le titre d'administrateur des provinces du sud-ouest de la Chine et de vicaire apostolique du Tong-king. Les provinces de l'est furent confiées à Mgr. de la Mothe, qui resta en Cochinchine; celles du nord, à Mgr. Cotolendi qui mourut en voyage.

Mgr. Pallu fut jeté, par un naufrage, sur les côtes de Manille et retenu prisonnier comme espion, à cause des projets de guerre entre l'Espagne et la

France. Envoyé à Madrid, il fut mis en liberté, par l'intervention d'Innocent XI et alla à Rome où on le nomma administrateur de toute la Chine. Bientôt après, il reprit la route de l'orient et, cette fois, arriva heureusement dans la province du Fou-kien. Il y remplit avec zèle les devoirs de son ministère et déjà il se préparait à visiter la Chine entière, quand Dieu se contenta de sa bonne volonté. « Mort prématurée, vie précieuse, qui devait durer plus longtemps, » disait de lui Fénélon, dans son célèbre sermon sur l'Épiphanie.

Création d'évêchés et de vicariats apostoliques. La cour de Portugal, jalouse de conserver le droit de patronage, vit avec peine que Mgr. Pallu s'était choisi un successeur; elle adressa de vives réclamations à Alexandre VIII. « (1) Rome dont la sagesse sait, quand il le faut, céder une partie de son droit, pour conserver la paix, consentit à créer deux évêchés dont le roi de Portugal aurait la nomination : Péking et Nanking » (1688). En même temps, le pape créa trois Vicariats apostoliques: Sutchuen, Yun-nan, et Fou-kien, et les confia à la congrégation des missions-étrangères. Mgr. Maigrot fut chargé de la province du Fou-kien, avec le titre d'évêque de Conon; les PP. Dominicains y ayant déjà formé de nombreuses chrétientés, il s'en servit aussi bien que des prêtres des missions. Ce fut lui, comme nous le verrons plus loin, qui eut une des plus grandes parts dans l'affaire des rites; il fut exilé, à cette occasion, par l'empereur Kang-hi, et mourut à Rome en 1730. Les deux autres vicaires apostoliques se rendirent dans leurs missions, y trouvèrent quelques néophytes émigrés d'autres provinces et fondèrent des chrétientés qui n'ont pas cessé de prospérer depuis deux siècles.

(1) Luquet. Lettres à Mgr. l'évêque de Langres.

CHAPITRE IX.

QUESTION DES RITES.

La question des cérémonies chinoises est une de celles sur lesquelles on a le plus écrit ; elle a duré environ un siècle, depuis Innocent X jusqu'à Benoît XIV. Avant d'en suivre l'histoire, voyons quels étaient les principaux sujets de la controverse : le culte des ancêtres, le culte de Confucius, et le nom en usage pour exprimer la divinité.

Culte des ancêtres. Les chinois écrivent sur des tablettes ou planchettes de bois les noms de leurs ancêtres, et croient que l'esprit du défunt vient y habiter. Ils offrent des sacrifices devant elles, aux funérailles et à certaines époques indiquées dans leur rituel. Ces sacrifices se font dans une salle spéciale et sont présidés par le chef de la famille qui immole une victime, ordinairement une chèvre ou un porc, offre des tasses de vin et encense les tablettes ; il boit ensuite le vin, comme gage de prospérité, brûle du papier qui a la forme de monnaie, pour servir dans l'autre monde, et partage les viandes entre les assistants. Outre ces cérémonies solennelles, il y en a d'ordinaires, sur les tombeaux, et dans la salle des ancêtres, à certains jours réputés fastes. Doit-on regarder ce culte comme religieux, ou comme simplement civil ? tel est, ou plutôt tel était, le premier point de la discussion.

Culte de Confucius. Chaque ville possède un ou plusieurs temples dédiés à Confucius ; l'autel orné d'étoffes de soie, de fleurs, de bâtonnets d'encens supporte une tablette dorée sur laquelle est écrit le nom du philosophe. Au printemps et à l'automne, le mandarin local vient, assisté des lettrés, y offrir un sacrifice ; il brûle une pièce de soie, puis, comme pour les ancêtres, immole une victime et offre du vin. Les lettrés, en recevant leur diplôme, et les mandarins, avant d'entrer en fonctions, sont obligés d'offrir ce sacrifice, mais avec moins de cérémonies.

Nom de Dieu. Pour désigner la divinité, des missionnaires employaient le mot de Chang-ti : être ou substance supérieure (beaucoup de lettrés entendent par là un dieu matériel et créé). D'autres l'appellaient Tien : ciel ; l'empereur Kang-hi s'était servi de cette expression, quand il donna aux pères jésuites, pour leur église de Péking, l'inscription : Kin-tien (adorez le ciel). Ces diverses expressions furent rejetées par Rome, qui en déclara le sens entaché d'idolâtrie, et ordonna d'employer le nom dont beaucoup de missionnaires se servaient depuis longtemps, Tien-tchou : maître du ciel.

Observations. On peut, au premier abord, s'étonner de voir que des missionnaires aient autorisé un culte aussi superstitieux, mais il faut remarquer que les partisans des rites ne permettaient ce culte qu'à certaines conditions : il fallait que les chrétiens y fussent obligés par leur position et qu'ils dirigeassent leur intention vers un honneur purement civil, tel qu'on le supposait avoir existé dès l'origine.

Les prostrations et autres cérémonies s'expliquaient, d'après les partisans des rites, par les usages analogues admis en Chine dans le commerce habituel de la vie ; ils regardaient la distribution des viandes offertes en sacrifice, comme une simple participation à un festin licite. En cela, ils se trompaient, comme les sages décisions de Rome l'ont prouvé depuis, mais leur erreur n'était pas alors aussi évidente.

Principal document. Le plus précieux document sur cette controverse est la bulle de Benoit XIV (*Ex quo singulari,* 11 juillet 1742). Cette bulle résume admirablement les faits, met fin à la discussion, et ne permet plus aucun doute sur la nature du culte rendu aux ancêtres et à Confucius ; elle contient la formule du serment que les missionnaires sont obligés de prêter avant d'exercer aucun pouvoir, et se termine par cette belle exhortation adressée aux partis qui s'étaient longtemps combattus :

« Nous avons, dit le Pape, pleine confiance que
» le prince des pasteurs, Jésus-Christ, dont nous te-
» nons la place sur la terre, accomplira notre désir,
» de voir la lumière de l'Evangile briller clairement
» et *purement* dans ces vastes contrées. Les pasteurs
» de ces pays, nous l'espérons, seront persuadés de
» l'obligation où ils se trouvent de nous obéir, ...
» ils ne craindront pas d'arrêter les progrès de la
» foi, par l'exécution de nos décrets. C'est sur la
» grâce divine qu'il faut, avant tout, fonder ses espé-
» rances, et cette grâce ne manquera pas à ceux qui
» annonceront les vérités de la religion chrétienne
» avec courage et *dans toute la pureté avec laquelle*
» *le Siége apostolique les leur transmet.* »

Cette pureté de doctrine fut en effet conservée, grâce à l'infaillible successeur de Pierre ; ses décrets sur les cérémonies chinoises sont devenus la règle uniforme et invariable sur laquelle les missionnaires ont, depuis, basé leur conduite. Suivons maintenant l'histoire de cette longue controverse.

Dès l'arrivée du P. Ricci, en Chine, il y avait eu diversité d'opinions sur le caractère des honneurs rendus à Confucius et aux ancêtres ; le P. Longobardi les regardait comme superstitieux, le P. Ricci les tolérait.

Décret d'Innocent X, d'après l'exposé du P. Moralés, 1645. Quand les pères dominicains parvinrent à se fixer dans la province du Fou-kien, ils crurent devoir étudier plus à fond les cérémonies que permettaient la plupart des jésuites. Le P. Moralés, dominicain de la province de Manille, voulut se rendre compte des faits, par lui-même, et interrogea les lettrés qui tous répondirent qu'on offrait les sacrifices pour en recevoir des biens temporels. Il rédigea alors un mémoire ou sommaire des difficultés, sous le nom de quinze doutes. Chassé par la persécution, il vint à Rome et obtint un décret d'Innocent X (12 Septembre 1645). Le Pape se prononçait dans le sens des dominicains, mais avec la clause : « *jusqu'à ce qu'il en soit décidé autrement,* » ce qui supposait la sentence réformable. De retour en Chine, le P. Moralés notifia cette réponse à tous les missionnaires, selon l'ordre qu'il avait reçu de la Sacrée Congrégation de la Propagande.

Décret d'Alexandre VII, d'après l'exposé du P. Martini, 1656. De leur côté, les pères jésuites firent un exposé de la question et envoyèrent à Rome le P. Martini. Alexandre VII publia un décret (23 Mars 1656) d'après lequel, supposant vrai l'exposé des faits, les cérémonies pouvaient être tolérées, pourvu qu'on protestât d'avance contre toute superstition qui s'y rencontrerait. Ces deux réponses étaient différentes, mais non contradictoires, parce que les mémoires des dominicains et des jésuites ne se ressemblant pas, Rome avait répondu aux uns et aux autres « juxta exposita. »

Décret de Clément IX, qui confirme les deux précédents, 1669. Cependant, les religieux des deux

ordres ayant suscité de nouveaux doutes, Clément IX (20 Novembre 1669) confirma la réponse de ses prédécesseurs et déclara que supposant vrais les exposés donnés par les uns et les autres, *les deux décrets étaient également obligatoires.* Malheureusement, comme le dit Benoit XIV dans la bulle *Ex quo singulari,*
« Ces décrets ayant été faits et promulgués, d'après
» les différents exposés de la question, loin de ter-
» miner la controverse, la rendirent plus ardente et
» plus vive. Les missionnaires se séparèrent de plus en
» plus en deux partis opposés, et amenèrent les choses
» à un état de contention plus opiniâtre qu'aupara-
» vant. D'où il résulta, non sans un grand scandale,
» une différence essentielle dans le mode de prédica-
» tion, dans les enseignements et dans la discipline
» des nouvelles chrétientés. »

Conférences de Canton. La persécution des régents, pendant la minorité de Kang-hy, ayant réuni beaucoup de missionnaires à Canton, il y eut des conférences sur la question des rites. Les jésuites persistèrent à tolérer le culte des ancêtres, alléguant que c'était un moyen indispensable pour la conversion du peuple chinois. Les dominicains convenaient que la voie était plus large pour les conversions, mais qu'on n'aurait ainsi que des chrétiens de nom, idolâtres de fait.

Le père Navarrette, qui était à la tête du parti des dominicains, vint à Rome en 1673, y exposa la situation des missions, fit part de ses observations, de ses travaux, de ce qui avait été dit aux conférences de Canton. La Sacrée Congrégation témoin de son savoir et de ses vertus, voulut l'élever à l'épiscopat, et le charger de la direction de toutes les missions de Chine, mais il refusa cette honorable et pénible fardeau, jugeant qu'à cause des discussions antérieures, il ne pourrait se concilier l'esprit des adversaires. Beaucoup d'historiens ont été trop sévères envers lui, à cause de l'ouvrage qu'il a publié, à son retour en Espagne, et dont on lui reproche l'esprit d'animosité, mais il reçut toujours de la Sacrée Congrégation de la Propagande et du Souverain-Pontife, des témoignages d'estime.

Opuscule de Grégoire Lopez, 1685. Un religieux du même ordre, chinois d'origine, Grégoire Lopez, évêque de Basilée (dont nous avons déjà parlé dans l'histoire du XVIIème siècle), composa un opuscule sur la question des rites. Ce petit écrit, de 20 pages, en chinois, atteste que l'on offre des sacrifices aux ancêtres, *pour obtenir leur protection*, et que tous, à part les lettrés de premier ordre, croient que l'âme des ancêtres est présente dans les tablettes, pour y jouir des dons qui sont offerts. Le prélat chinois atteste le fait, mais comme il n'était pas habile théologien, il se trompe sur la question de droit et conclut qu'on peut expliquer favorablement les rites, et en tolérer la pratique parmi les chrétiens.

Ces divergences d'opinions ne faisaient qu'embrouiller la question. Les prêtres de la Congrégation des missions étrangères et les franciscains qui venaient d'entrer au Fou-kien, se rangèrent du côté de ceux qui regardaient les rites comme superstitieux. Rome se réservait de prononcer définitivement, quand les raisons fournies, de part et d'autre, paraîtraient suffisamment élucidées.

Mandement de Monseigneur Maigrot, 1693. Monseig. Maigrot (vic. apost. du Fou-kien, de la congrégation des miss. étr.) fut chargé par Innocent XII de constater, sur les lieux, l'état de la controverse. Après un sérieux examen, il publia un mandement par lequel il déclarait les rites superstitieux, et or-

donnait à tous les missionnaires placés sous sa juridiction, d'observer les articles de ce réglement, jusqu'à ce que le S*t*. Siége en eût décidé autrement. Il ajoute: « Nous déclarons que l'exposé des demandes
» proposées à Alexandre VII par les R. Pères Jésui-
» tes, n'est pas exact en plusieurs articles, et qu'ainsi,
» les missionnaires ne peuvent pas s'appuyer sur les
» réponses que le Saint-Siége a faites à ces deman-
» des, pour permettre le culte des ancêtres, quoique
» ces réponses soient vraies et sages, vu les circonstan-
» ces exposées dans les doutes. »

Décret de Clément XI, 1704. La Congrégation du Saint Office fut chargée de prendre des informations en 1699, et fit l'examen avec lenteur, maturité, et très grand soin (selon l'expression de Benoit XIV). On entendit les raisons des deux partis, on leur donna la plus ample faculté de se défendre librement et Clément XI poursuivant l'examen commencé par ses prédécesseurs, rendit un décret solennel (20 Novembre 1704), par lequel il prohibait les cérémonies en l'honneur des ancêtres et de Confucius, ainsi que tous les termes autres que celui de Tien-tchou, pour exprimer la divinité. Rome avait parlé, la cause devait être terminée; malheureusement, il n'en fut pas ainsi, il y eut encore quarante années de discussions.

L'empereur Kang-hi, consulté par les Jésuites, sur la question des rites. Les Pères Jésuites de Péking s'adressèrent à l'empereur Kang-hi, qui décida que les rites étaient purement civils. Leur intention était qu'il s'expliquât comme simple témoin sur les faits controversés, mais l'empereur se regardant désormais comme juge et arbitre fut extrêmement froissé de voir son opinion condamnée par les décrets du Saint-Siége. Il en fut si irrité qu'il ne voulut plus recevoir que des missionnaires partisans des rites.

Légation de Mgr. de Tournon, 1705. Clément XI, par son décret de 1704, avait tranché les questions *principales*, mais comme il restait quelques difficultés *locales*, il jugea nécessaire d'envoyer un Légat *a latere*, chargé de publier ce décret et de régler les questions de détail. Mgr. de Tournon, patriarche d'Antioche, fut choisi pour remplir cette difficile mission. Il fut reçu par l'empereur Kang-hi, qui se regardant comme juge de la controverse, lui dit que les Européens ne pouvaient pénétrer le sens des livres chinois et l'esprit de leurs cérémonies, qu'il voulait voir les informations qu'on enverrait en Europe etc... Le Légat, ayant parlé de la science de Mgr. Maigrot, l'empereur demanda que celuici expliquât par écrit ce qu'il trouvait de contraire à la religion chrétienne, dans les écrits de Confucius. Mgr. Maigrot le fit aussitôt, en citant 50 textes des King (livres sacrés de la Chine); mandé plusieurs fois devant l'empereur, il eut le courage de lui résister, sans se laisser ébranler par les menaces. Kang-hi rendit alors un décret de bannissement contre lui et signifia au Légat l'ordre de se disposer à partir.

Arrivé à Nanking, Mgr. de Tournon publia le décret de Clément XI, sous la simple forme d'un mandement, pour ne pas mettre le Souverain Pontife en état d'hostilité avec l'empereur. Les PP. Jésuites en appelèrent du mandement du Légat au jugement du Pape, mais Clément XI déclara le mandement conforme au décret et le fit signifier aux généraux de la Compagnie de Jésus, des Dominicains, etc.

En même temps Kang-hi obligeait strictement tous les missionnaires à recevoir de lui des lettres patentes, avec la condition d'approuver les cérémonies. Ceux qui refusèrent ces patentes impériales furent chargés de chaînes, puis conduits à Macao et à

Revenant de l'habitat pélagique à l'habitat terrestre, qui ne sait que le désert moule le Touareg et le méhari; la jungle, les Manthras de Malacca, les Koubous de Sumatra, les nains négritos de Haïnam, des Philippines; la toundra circumpolaire, les Esquimaux, les Samoyèdes, les Koriaks, les Lapons, et que le genre de vie, le régime alimentaire, le vêtement et l'abri sont imposés par le milieu comme le type de société, le caractère des individus?

« La steppe, a dit avec raison Vidal-Lablache, fait les tribus nomades. La durée annuelle de la végétation décide du genre de vie des grandes familles humaines[1]. » Et l'on peut ajouter encore cette remarque pour les pays civilisés : la montagne fait les pâtres transhumans, la plaine les agriculteurs, quoique la race soit une.

Bassin du Tarim.

Le premier habitat des Chinois ayant été dans les temps préhistoriques le bassin du Tarim, il est bon de rechercher ici, par analogie

---

1. *La Terre*, p. 162.

et par induction, puisque l'observation contemporaine nous est interdite, en quoi il consistait très approximativement.

Certes, la vaste dépression du Tarim, dont l'altitude est de 700 à 800 mètres, n'a pas bougé de place; elle est toujours entre les monts Thian-Chan, prolongement septentrional du plateau de Pamir et les monts méridionaux du Kouen-Loun et de l'Altyn-Tag, vers le quarantième degré de latitude nord en commençant vers le quatre-vingtième degré de longitude est.

Mais peu de régions ont subi autant de vicissitudes de tout ordre.

En effet, les annales chinoises nous apprennent que ce pays était habité anciennement par une nation tartare et nomade, appelée *Youe-tchi*, qui fut soumise vers l'an 200 avant J.-C. par les *Hioungnou*. Beaucoup de réfractaires au joug nouveau descendirent au Tibet, et d'autres, remontant vers le nord-ouest, s'emparèrent du bassin de l'Ili, occupé par les *Sou*, qui durent se replier vers le Ferghana et l'Yaxarte; puis les *Youe-tchi* détruisirent les royaumes grecs de la Bactriane et du nord de l'Inde. Les Chinois ayant à leur tour défait les *Hioungnou*, l'an 121 avant notre ère, entrèrent en relations avec les rois et princes de l'Asie occidentale et devinrent leurs suzerains. L'empereur Wou-ti établit des colonies, fit bâtir des villes, nomma des gouverneurs pour administrer en son nom les nouvelles possessions situées au nord-ouest de l'empire, depuis l'extrémité de la province du *Chen-Si* jusqu'aux monts Kouen-Loun et aux Thian-Chan. Les *Youe-tchi*, pasteurs et agriculteurs, étaient-ils le résidu des premiers Chinois établis dans le Tarim, ou bien d'autres nomades devenus plus ou moins sédentaires au bas des montagnes et aux endroits naturellement humides, où un simple grattage du sol suffit à la reproduction du blé printanier, de l'orge, du lin? Les Chinois, revenant au Tarim, avaient-ils perdu tout souvenir de cette première patrie? Quoi qu'il en soit, ces derniers y reprirent racine et y dominèrent jusqu'à Gengis-Khan. Sous les Ming, les Chinois revinrent dans le bassin du Tarim, y ouvrant de nouvelles routes et en développant les richesses naturelles. Sous les Mandchous, en 1760, on y comptait six grandes villes : d'où son nom d'*Altichar*.

Mais au xixe siècle, l'islamisme, qui s'y était introduit dès le viiie siècle, a fomenté dans le bassin du Tarim plusieurs insurrections aboutissant au massacre des garnisons chinoises; à son tour, en 1877, le gouverneur du Chen-Si et du Kan-Sou, le célèbre Tso-toung-tang, a repris possession de ce territoire avec 25.000 hommes armés et dressés à l'européenne.

La Russie, qui vient de s'emparer de la Mandchourie, laissera-t-elle à la Chine la province des Tien-Chan, où elle peut pénétrer facilement par l'Ili et Kouldja? Un avenir prochain le dira.

Ce pays a éprouvé des changements physiques plus nombreux encore que ses dominations successives.

Ancien fond de mer desséché, dont il ne reste que des lacs, cet hémicycle d'environ 2.500 kilomètres de tour est comme à la merci des dunes. Leurs mouvements, en apparence capricieux et nulle part contrariés, en font varier l'aspect et influent sur le climat. Partout, ce ne sont que des villes détruites ou partiellement enfouies dans le sable, mais que la siccité ambiante maintient dans un état de conservation remarquable. La construction d'une voie ferrée à travers ces espaces amènera beaucoup de trouvailles à la surface : monuments d'une civilisation primitive, monnaies d'origine hindoue et grecque, produits céramiques, riches tissus, avec des ossements de races humaines et animales aujourd'hui disparues. Ce sera une résurrection pareille à celle effectuée naguère dans la Mésopotamie.

Même à l'époque relativement récente où les marchands grecs, les trafiquants arabes, les missionnaires bouddhistes et les aventuriers européens comme Marco Polo, ce n'était déjà plus qu'une grande voie vers la Sérique pour toutes sortes de caravanes[1] ; on y faisait halte, soit pour se reposer des longues marches antérieures dans les passes des montagnes et les steppes de l'Ouest, soit pour se préparer à franchir le désert de Gobi. Ce qui favorisait ces haltes, c'était le Tcherchend-Daria qui offrait des eaux abondantes vers sa source et puis de petites oasis; ailleurs, le sol altéré absorbait les

---

1. On arrivait de l'ouest dans le Tarim par deux itinéraires principaux : celui de Kokan à Kachgar, jalonné par les villes intermédiaires de Marghelan, Andidjan, Och, Goultcha et le col de Terek-Davan ; celui de Balk à Kachgar, passant par les localités du Hissar, du Karatéghine actuel et de l'Altaï. Le fameux pèlerin bouddhiste chinois Hiouen-Thsang, de 628 à 643 de notre ère, parcourut et décrivit au retour les pays d'Occident traversés par ces deux routes.

torrents des hauteurs voisines débouchant dans la plaine. Si déjà le Tarim ne se perd pas dans les sables, comme le vieil Oxus par exemple, c'est que des affluents venant du Cachemire et des Thian-Chan alimentent encore son cours et en fertilisent les rives immédiates; mais à défaut de l'envahissement des sables, les saignées des riverains en diminuent le débit d'aval jusqu'à sa disparition complète dans le Lob-Nor — marais de 2.000 kilomètres carrés, d'une profondeur maxima de 4 mètres et couvert de forêts de roseaux.

Le long des rives du Tarim et de ses affluents on trouve encore des bandes étroites de végétation et de cultures n'ayant que la largeur des canaux d'irrigation creusés perpendiculairement aux berges. Outre cette irrigation, les habitants, clairsemés, reçoivent du désert voisin de Takla-Makan une poussière impalpable très fécondante que les tourbillons des vents leur amènent en obscurcissant l'air à tel point, parfois, qu'on est forcé de s'éclairer en plein jour. C'est la combinaison de ces deux éléments, en apparence si contraires, qui entretient la vie végétale et animale le long des rivières d'Aksou, de Kachgar, de Yarkand, de Khotan et de

Tcherchen et dans les centres de population portant les mêmes noms, avec le Tarim pour canal collecteur et trait d'union.

Ce qui égaie un peu les oasis du Tarim, ce sont les oiseaux migrateurs qui passent de l'Inde en Sibérie par bandes de centaines de mille ; ils arrivent tellement exténués, qu'ils en sont aphones. Quant à la faune et à la flore locales, elles sont faiblement représentées : ainsi aux environs du Lob-Nor on trouve seulement le chameau sauvage et le daim musqué ; des céréales, le coton, le tabac, des arbres fruitiers, surtout le mûrier, même la vigne, poussent çà et là, et des troupeaux errent dans les pâturages des hautes vallées plus à l'ouest.

C'est de cette zone occidentale que notre grand géographe Élisée Reclus (*Géogr. univ.*, t. VII, p. 120) trace le joli croquis suivant :

« Grâce à l'irrigation, les jardiniers et les agriculteurs du Turkestan chinois ont autour de leur demeure une flore d'espèces cultivées beaucoup plus riche relativement que la flore des plantes sauvages. Des groupes de noyers ombragent les hameaux ; tous les jardins des pays de Khotan et de Yarkand ont leurs rangées de mûriers. Les poiriers, les pommiers, les pêchers, les abricotiers, les oliviers, les vignes grimpantes mêlent leurs branches dans les vergers et donnent d'excellents fruits. Des courges se suspendent aux arbres, diverses de formes et se prêtant à tous les usages auxquels veut les employer le jardinier; des melons se pressent sur le sol à côté du chanvre, du coton ou de céréales : riz, maïs, millet, orge ou froment. Des villes, des villages disparaissent en entier sous la verdure; les rues sont garnies de treillages, sur lesquels s'enroulent des pampres et des lianes, retombant sur les passants en nappes de feuilles, de fleurs et de fruits; les terrasses des maisons basses sont ornées de plantes fleuries et parfumées, et les jardins resplendissent de l'éclat des roses. Même les peupliers qui croissent dans ces oasis diffèrent singulièrement de ceux des forêts naturelles; quelques-uns deviennent gigantesques, et leurs troncs ont jusqu'à 3 mètres de tour. Le voyageur qui vient d'échapper aux formidables solitudes du désert croit entrer dans un lieu de délices, lorsqu'il pénètre sous les ombrages, dans les jardins odorants. »

Mais que le pays est pauvre et surtout appauvri, on peut le déduire de cette seule donnée qu'une superficie double de celle de la France ne compte qu'une population de 700.000 à 800.000 habitants ; c'est que, outre des massacres fréquents des indigènes par Mongols et Chinois, la quantité d'eau nécessaire à la production des substances alimentaires se raréfie par l'évaporation et l'irrigation continuelles. Or, sans eau abondante, dans l'Asie centrale plus qu'ailleurs, point de richesse agricole, malgré les dépôts de roches pulvérisées qui constituent le meilleur engrais minéral et qui expliquent la prospérité des régions du lœss, dans le bassin du Hoang-Ho. On peut en conclure à bon droit que si, à une époque très reculée, cent familles émigrèrent des vallées du Tarim dans le nord-ouest de la Chine, c'est que déjà l'équilibre entre les besoins des habitants et les ressources de l'habitat se rompit au détriment de ces dernières.

Les Kachgariens actuels nous donnent bien l'idée de ce que pouvaient être ces émigrants. Les voyageurs européens récents : anglais, russes et français, insistent sur les mœurs douces, les manières affables des Turkomans musulmans de Yarkand, de Kachgar, de Khotan et sur leur goût pour les réjouissances publiques; le bien-être et l'aisance frappent dans la plupart des localités, même dans celles qui confinent au désert. Ces mœurs et cette aisance se rattachent à l'activité industrieuse et commerciale des indigènes, qui ont des fabriques de soieries et de tapis, de feutre et de papiers, et font des ventes considérables de musc et de jade — deux produits fort prisés en Chine.

Telle est bien la condition normale du Chinois dans les régions des bassins des fleuves Jaune et Bleu, qui ne sont pas surpeuplées. Mais ce qui peut donner l'idée la plus exacte des habitants primitifs du Tarim lorsqu'il était abondamment arrosé et irrigué, c'est la vie, les mœurs, les cultures des habitants[1] de la plaine de Samarcande aujourd'hui même.

---

1. Cette plaine, jadis habitée par les Bactres, des blancs, l'est maintenant par les Ouzbegs, des Jaunes, auparavant nomades, comme ont été vraisemblablement les Chinois primitifs. Sous l'influence de la civilisation iranienne et grâce aux conditions d'existence plus avantageuses d'un sol cultivable, ces fils de la steppe se fixèrent dans les vallées du Ferghana, y devinrent puissants et prospères jusqu'aux incursions dévastatrices de Gengis-Khan et de Timour, qui se font sentir encore. Ici l'habitat a modifié l'immigrant au point de le rendre méconnaissable à ses congénères de l'Altaï et du Baïkal.

Ces deux vallées portent d'autant plus à la comparaison que l'une appartient au Turkestan oriental et l'autre au Turkestan occidental, que les cours d'eau qui les traversent proviennent également du même massif montagneux, et que leurs conditions géologiques sont pareilles comme les latitudes.

Or, voici ce qu'en dit le voyageur qui les a observées de plus près, Henri Moser :

« C'est avec admiration que j'ai contemplé ces antiques monuments — les canaux du Zérafchan — de l'activité de peuples disparus qui n'avaient nulle idée de la science hydraulique, non plus que des instruments dont nous disposons aujourd'hui. C'est avec les moyens les plus primitifs qu'ils parvenaient à recueillir l'eau des sommets lointains pour arroser et fertiliser les plaines ; ils creusaient des tunnels pour lui frayer un passage, la conduisaient le long des flancs des montagnes, la dirigeaient au travers des vallées pour la répartir sur toute une contrée par un réseau de petits conduits embranchés sur de grandes artères et s'étendant en éventail sur une oasis entière. Là, le voyageur peut voir un même filet d'eau franchir un grand canal au moyen d'une conduite creusée dans un tronc d'arbre pour aller desservir plus loin des champs d'un niveau plus élevé. Ces canaux, nommés *Ariks* par les indigènes, ont une pente très faible dans la plaine ; le sol argileux permet d'en établir qui ont 10 mètres de largeur et, comme digues, ils ont des murs en terre glaise d'un mètre de base sur 1^m,50 de hauteur. Ces réseaux hydrauliques dont l'Asie centrale est sillonnée ont une administration aussi antique que leur création ; elle ne possède ni cadastre, ni cartes, ni règlements, mais elle est fondée uniquement sur l'usage transmis de génération en génération. Les administrateurs sont élus par les cultivateurs des divers districts : ils s'appellent *Ariks Aksakals;* ils ont sous leurs ordres les *Mirabs* et sont rémunérés directement en nature par leurs électeurs proportionnellement à la récolte. C'est à eux qu'incombe la charge de distribuer les eaux et de faire exécuter les réparations nécessaires.

« En cas de différend entre les administrateurs et les administrés, c'est l'assemblée générale des intéressés qui juge en dernière instance.

« Quand il y a abondance d'eau, le travail

des *Aksakals* est aisé, mais en cas de sécheresse, par exemple avant la fonte des neiges au printemps, quand chaque goutte d'eau, valant de l'or pour l'agriculture, doit être mesurée et pesée, la tâche devient pénible : c'est à eux de répartir l'eau pour que les villages qui dépendent de mêmes *Ariks* soient arrosés régulièrement chacun à leur tour. Les jours de distribution étant fixés à l'avance, en cinq jours dix à quinze villages doivent être irrigués pour ne pas causer de préjudice à d'autres qui attendent impatiemment leur tour. Il y a des endroits où l'eau d'un canal doit fertiliser le pays sur un parcours de trente kilomètres; et chaque village, chaque champ, suivant la quantité d'eau en circulation, réclame ses jours et ses heures de cet arrosement.

« Quant à l'impôt foncier, il se prélève souvent, non suivant l'étendue du sol, mais proportionnellement à l'eau que les contribuables sont en droit d'exiger...

« Dans chaque village ce sont les cultivateurs eux-mêmes qui creusent et entretiennent leurs canaux; leur seul outil, c'est la houe; pour transporter la terre ils se servent soit d'un pan de leur *Khalat,* soit d'une claie de branches tassées ; quant aux digues, ce sont des amas de terre glaise, soutenus, dans les cas exceptionnels, par des treillis de branches de saule ; là où le courant de l'eau est très rapide, on établit deux treillis semblables entre lesquels on entasse de la terre. Mais le proverbe dit ici avec raison :

« *Plantez un bâton dans le sol jaune de la steppe, arrosez-le d'un filet d'eau et l'année prochaine vous aurez un arbre.*

« Voilà ce qui fera toujours la supériorité de la culture dans l'Asie centrale sur la nôtre. En Europe, toute l'année, la récolte de l'agriculteur dépend du temps : la sécheresse brûle ceci, la grêle ravage cela, l'humidité pourrit le reste. Ici rien de semblable : les pluies sont rares, la grêle est presque inconnue, la sécheresse est supprimée par l'arrosement, qui est, avec le soleil, l'unique facteur de la fécondité de la terre. Les canaux sont-ils bien entretenus, l'eau arrive-t-elle en quantité suffisante, chaque année les récoltes se suivront avec la même abondance et il en est ainsi depuis la plus haute antiquité.

« Au rebours de toutes nos rivières qui augmentent de volume à mesure qu'elles s'éloignent de leurs sources, le Zérafchan s'appauvrit sur son parcours; les *Ariks* finissent par l'épuiser complètement; à Kara-Koul ce n'est plus qu'un mince filet d'eau qui, par les grandes chaleurs, tarit entièrement; mais, comme les artères qui se ramifient à mesure qu'elles s'éloignent du cœur pour disparaître aux extrémités sans qu'une seule goutte de sang se perde, de même le Zérafchan coule en se divisant à l'infini dans l'oasis qu'il vivifie. Entre Samarcande et Boukhara, on voit des places vertes se détacher sur le sol jaune du désert; c'est la partie boisée, cultivée et habitée de la steppe. Cette verdure, ce sont les champs, les jardins, les villages; leur fortune et leur population dépendent de l'eau dont ils disposent.

« La vallée du Zérafchan est une série de villages, un long jardin; là où le territoire d'un village finit, les jardins et les champs de l'autre commencent. Vue de la hauteur, cette vallée présente l'aspect d'un ruban animé dans le désert. Les rigoles d'irrigation sont bordées d'amandiers, de pêchers et autres arbres fruitiers le long desquels la vigne grimpe comme en Italie. Plus loin, ce sont des champs de melons et de pastèques. Le trèfle, la luzerne se cultivaient ici avant l'ère chrétienne, de même que le coton, connu déjà dans les temps préhistoriques[1]..»

C'est donc, comme jardiniers émérites, excellents irrigateurs du sol, avec la vie communautaire que ce labeur implique ; c'est avec la connaissance particulière des textiles et de la sériciculture que les Po-Sinn s'aventurèrent, le long de l'Altyn-Tag et du Nan-Chan, vers le Kan-Sou actuel. C'est là qu'ils transportèrent les résultats de leur expérience acquise dans

---

1. Henri Moser, *A travers l'Asie centrale*, ch. V.
Postérieurement à M. Moser, un voyageur français, M. Gault, a visité la vallée du Zérafchan et l'a décrite minutieusement dans la *Revue de Géographie* (septembre 1893). Les deux observateurs concordent et se complètent l'un l'autre au point de vue de l'analogie topographique, climatérique et agricole des deux Boukharies ou Turkestans de l'ouest et de l'est. Comme le Tarim dans le Lob-Nor, le Zérafchan se termine dans le Kara-Koul, lac marécageux et couvert de roseaux. Le niveau du Zérafchan, comme celui du Tarim, a des variations annuelles dépendant de la fonte des neiges et des glaciers du Koksou : la première commence fin mars, la deuxième dure de fin mai à fin août. Le débit d'eau moyen du Zérafchan est de 803.049.984 sagènes cubiques. Sur la surface qu'il arrose, on cultive le riz, le sorgho, les céréales d'hiver, les plantes potagères, la luzerne, le coton, la vigne, diverses sortes de mûriers, les uns à baies noires, les autres à baies blanches. L'industrie consiste dans la poterie d'argile faite l'été par les femmes, le tissage de la mousseline, de la soie et du coton, des étoffes de drap et de poil de chèvre, des selles de bât. Le commerce, à peine local jusqu'en ces der-

tous les ordres de faits et d'idées et qu'ils s'adaptèrent au nouveau milieu, moins abrité des vents sibériens que le premier, mais mieux pourvu de ressources nouvelles.

Bassin du Hoang-Ho.

La seconde station de l'habitat chinois, c'est le bassin du Hoang-Ho, fleuve de la Chine septentrionale.

Quel que soit l'endroit précis où il sourd[1],

---

nières années, ne peut manquer de prendre l'essor grâce au chemin de fer transcaspien qui, depuis l'Amou-Daria, longe le fleuve au sud jusqu'à Samarcande. La population du Zérafchan est évaluée pour la partie territoriale russe à environ 400,000 âmes, pour la partie boukhariate à 350,000, ce qui donne une moyenne de 10,7 habitants par verste carrée. Cette population se divise en Ouzbegs et Turkmènes, en Tadjiks et Kirghizes, en Iraniens et Juifs.

Dans le haut Zérafchan, en amont de Pendjikent, le pays est pauvre, le climat rigoureux; aussi n'y compte-t-on que 6.000 demeures, soit 30.000 habitants. Ceux qui possèdent quinze arbres fruitiers sont tenus pour riches dans certaines vallées. Beaucoup se nourrissent d'aulx sauvages, de baies de mûrier.

1. Les Chinois sont plus avancés sur ce point que les cartographes occidentaux de nos jours. En effet, les Annales nous apprennent qu'en l'an 1280 l'empereur Houpili envoya des mathématiciens faire le relevé sur place du pays où est la source du Hoang-Ho.

entre le versant septentrional des monts Baïan-Kara et le versant méridional des monts Bourkhan-Boudga, c'est immédiatement au-dessous de l'intersection du 35° de latitude nord et du 95° de longitude est, qu'il s'accuse nettement après sa sortie des lacs presque contigus *Djaring-Nor* et *Noring-Nor,* sous le nom de Ma-Tchou ; de là, il contourne la pointe sud-est du long plateau de Tsaïdam, que parsèment des marécages salins, que coupent les ramifications du Kouen-Loun moyen au sol pierreux et sablonneux, aux flancs escarpés s'élevant jusqu'à leur rencontre avec les premiers gradins du Thibet oriental. Enfin, c'est au-dessus du grand lac Koukou-Nor, de 107 kilomètres de long sur 63 de large, à une altitude d'environ 3.500 mètres, par 36°58′ latitude nord, par 97°35′ longitude est, que le Hoang-Ho prend son nom définitif et son caractère vraiment chinois.

Grossi par les torrents de cette région lacustre, il s'échappe des montagnes par de profondes écluses, pénètre dans la province de Kan-Sou, puis longe une section de la Grande-Muraille, s'avance au nord parallèlement aux chaînes de l'Ala-Chan, contourne le plateau mongol des Ordos, puis redescend presque verticalement au sud en séparant les provinces de Chan-Si et de Chen-Si, et remonte par le nord de la province de Ho-Nan, d'où il allait, jusqu'en 1887, déboucher dans le golfe de Pet-chili. Depuis cette date, où il rompit ses digues, il s'est frayé une nouvelle route sud-est aboutissant au lac Nan-Tchan dans la province de Kiang-Sou, qui, elle, fait partie du delta du fleuve Bleu.

On évalue la longueur du Hoang-Ho, depuis les steppes d'Odon-Tala jusqu'au Pacifique, entre 4.500 et 4.700 kilomètres. Suivant les sections successives de son cours et l'apport de ses affluents, sa largeur varie de 600 à 1.200 mètres. Au sud-est du Koukou-Nor, où Prjévalski l'explora pendant 270 kilomètres, le Hoang-Ho n'a que 120 mètres de large aux basses eaux et un courant de 100 mètres par minute ; on ne peut cependant passer à gué ses eaux limpides.

Au pied des monts In-Chan, au nord du plateau de l'Ordos, le courant, toujours rapide, est de 90 mètres à la minute, et dans la ville de Baoutou, centre de cette région, le fleuve atteint une largeur de 433 mètres, mais ne peut porter que des jonques d'un faible tonnage.

Le Hoang-Ho ayant des rives plates, formées d'argile et de sable, son lit est instable comme celui de notre Loire[1]. A la suite de fortes crues, les eaux en excès ne débordent pas paisiblement comme celles du Nil. Elles dévastent les rives, détruisent les villes et les villages riverains, engloutissent les habitants par millions. On compte dix désastres de ce genre, parmi lesquels ceux de 1852-1853 et de 1887 ont laissé les plus sinistres souvenirs; aussi les Chinois du Nord-Est ont-ils appelé tour à tour le Hoang-Ho : *Fleuve incorrigible, Fléau des enfants de Han, Crève-Cœur de la Chine*[2].

Dans ces conditions, on peut se demander comment le fleuve Jaune, impropre à la navigation au surplus, a pu grouper pourtant, dans

---

[1]. Rien que la crue de ce fleuve en 1856 emporta des routes et des ouvrages de défense pour une valeur de 176 millions de francs.

[2]. Le Hoang-Ho a conservé depuis l'empereur Yu son cours actuel jusqu'au nord de Kaïfoung, capitale de la province du Honan. Du temps de Yu (2205 av. J.-C.), il entrait par là dans le pays de Tamingfou (Petchili), dans celui de Hokienfou et débouchait au golfe de Tien-Tsin dans la mer Jaune. Sous les dynasties des Han et des Tsin, le fleuve Jaune altéra un peu cette route ; puis, pendant plus de cinq cent soixante ans, il bifurqua en deux branches, l'une au nordest, l'autre au sud-est de la presqu'île de Chantoung. L'em-

son bassin d'environ 1 million de kilomètres carrés, de 75 à 100 millions d'habitants. Son régime hydrographique a-t-il été compensé au moins par le climat ?

Nullement, ce climat[1] est extrême : ce sont les influences sibériennes et mongoles adjacentes qui déterminent ses grands froids et ses grandes chaleurs pendant les deux seules saisons qu'il comporte : l'hiver et l'été. Point de température ni de saison intermédiaire. Des tempêtes de vent, des chutes abondantes de neige, peu de pluies : d'où des sécheresses et des inondations également terribles pour l'alimentation et la sécurité.

Le seul bienfait météorique et géologique à la fois, particulier au bassin du Hoang-Ho et à

---

perçur Chin-Tsoung ferma le canal du Nord et jusqu'en 1351, le Hoang-Ho eut le cours de la période des Han que Hialou rétablit. A cette date, sous le dernier empereur de la dynastie mongole, deux ministres se butèrent à ramener le fleuve Jaune dans le district de Tamingfou, malgré l'opposition judicieuse du ministre des travaux publics, qui soutenait que le recouvrement de l'ancien lit était impraticable et qu'on ruinerait le Chantoung. Le résultat fut un tel mécontentement des riverains, lourdement taxés pour la dépense ou dépossédés de leurs champs, que la dynastie y sombra.

1. M. Schrader a magistralement exposé la climatologie chinoise dans une de ses leçons à l'école d'anthropologie.

son complément septentrional le Petchili, c'est le *lœss*, un terrain de transport arraché au sol et aux chaînes contiguës de l'Asie centrale par l'action alternante du froid et du chaud, puis soulevé en poussière par les vents impétueux et secs du nord-est, et enfin déposé dans les plaines de la Chine septentrionale jusque vers le centre du pays. Ces dépôts, naturellement, sont d'inégale épaisseur. Ainsi dans la vallée du Weï-Ho, qui a une longueur de 1.000 kilomètres dans la province de Chen-Si, ils ont jusqu'à 600 mètres. Richtofen, qui a été le grand révélateur du lœss chinois, comme Maury celui du Gulf-stream, évalue l'étendue de ces strates de poussière argileuse, disséminées dans les provinces de Kan-Sou, de Chen-Si, de Chan-Si, de Ho-Nan, de Ngan-Hoeï et du Petchili, à près de 90 millions d'hectares, soit deux fois la superficie de la France.

Telle est la source de la fertilité et de la richesse exceptionnelle des plaines du Hoang-Ho : une poussière argileuse stérile tant que l'eau ne l'a pas pénétrée et diluée.

Cette poussière, accumulée dans le cours des âges, a exercé une influence profonde sur le milieu préexistant à ses apports. D'un terrain accidenté, elle a fait une vaste plaine légèrement concave; elle a exhaussé les vallées jusqu'aux collines, et ce n'est que grâce à quelques hauts sommets encore émergents qu'on reconnaît les roches de calcaire carbonifère, formant le substratum de cette région; de tous côtés, les pluies et ruisseaux ont facilement entraîné et désagrégé les couches de lœss, en creusant des ravins, des galeries souterraines, détachant d'énormes blocs isolés par des abîmes sans fond.

Ajoutant aux sédiments qu'il a détachés de ses rives ceux fournis par ses affluents, le fleuve Jaune porte à la mer tous les ans un surplus de 618.732.000 mètres cubes de boue, à raison d'un débit de 4.000 mètres cubes par seconde.

L'impression que cet étrange milieu inspire a été parfaitement résumée par le grand géographe allemand Richtofen :

« Tout est jaune, les collines, les routes, les champs, les maisons, les eaux stagnantes et courantes, enfin l'air lui-même, qui est chargé de particules jaunâtres. Dans cette contrée, le mot *hoang* est bien le symbole de la nature, et c'est avec raison qu'un des empereurs chinois du vieux temps prit le nom de Hoang-Ti, c'est-à-dire le maître de la Jaune (sous-entendu : terre). » Ce souverain, qui monta sur le trône 2.650 ans avant J.-C., fut d'autant plus fondé à prendre ce nom qu'il vécut en plein lœss, en amont du bassin du Yang-Tsé-Kiang.

Et, de temps immémorial, la couleur jaune elle-même a pris de là un caractère sacré, plus ou moins mystique au début, qui s'est répandu dans la Chine centrale et méridionale, et s'est perpétué jusqu'à nos jours, malgré les changements de dynastie, sur le costume de soie jaune du Fils du Ciel.

Ainsi donc, le Hoang-Ho, par ses alluvions de débordement, a créé un sol au moins aussi riche en éléments fertilisants que le tchernezien de la Russie méridionale ; et ce sol, renouvelé sans cesse, est inépuisable pour les cultures, sans aucun besoin d'engrais supplémentaire.

Aussitôt reconnu et expérimenté, il a retenu à sa surface les premiers occupants ou exploitants, et l'abondance de ses produits n'a pu qu'être très favorable au développement de la population. Le bassin du fleuve Jaune, en effet, a été appelé dès une date reculée le *grenier de la Chine*. Le blé et le maïs, l'avoine et l'orge y poussent dru et ont la meilleure venue ; mais c'est le sorgho qui est la principale nourriture des habitants, comme le riz ailleurs — le froment servant de préférence à la préparation des pâtes et les autres céréales à l'alimentation du bétail. Les arbres fruitiers prospèrent particulièrement sur le versant des montagnes du Ho-Nan et sur les collines du Chan-Toung. Grâce aux étés secs et chauds de cette zone, les bananes et les oranges, les grenades et les figues du Sud se mêlent aux pêches, aux pommes et aux poires locales. Le thé vert croît abondant sur les pentes rocheuses du Tsing-Ling, du Taï-Chan, du Founin-Chan et fournit la boisson quotidienne, correctif hygiénique d'une eau presque partout malsaine. Des légumes variés, des plantes textiles — depuis le coton jusqu'à l'ortie blanche, — des plantes oléagineuses et médicinales, le tabac enfin, complètent la flore utilitaire du pays. La consommation animale se borne à la viande de porc et à la volaille, surtout le canard; puis viennent les poissons d'étang, de rivière et de mer.

Assurées ainsi du vivre et du vêtement de coton ou de soie à bas prix, faut-il s'étonner que les « cent familles » d'émigrants primitifs se soient multipliées par millions? C'est le contraire qui serait inexplicable. La terre jaune ne pouvait avoir à sa surface qu'une race prolifique, car la vie y éclate partout comme des loges d'une vaste anthère le pollen fécondant — ce qui a du reste fait nommer la Chine « la fleur du Milieu ».

Malgré sa navigabilité défectueuse — dont le correctif efficace serait sans doute la construction de digues formidables qui en relèveraient le niveau, comme celles d'Assouan et d'Assiout celui du Nil — le Hoang-Ho n'a pas manqué de susciter une foule de grandes villes, centres d'échanges, de production manufacturière et de sociabilité humaine, aux gués, aux coudes, aux confluents, qui marquent son parcours. Il suffit, à cet égard, de citer dans la province du Kan-Sou, *Lan-Tchéou*, qui a une population de 500.000 habitants, des fabriques de draps, de lainages et de canons, et sert de point de jonction aux routes de l'ouest, du nord, du sud; dans la province du Chen-Si, *Taïyounan*, qui compte 250.000 habitants, dans une vallée célèbre par ses cultures et ses vignobles; *Youentchin*, centre d'exploitation de marais salants; dans la province du Chen-Si,

Si-ngan-fou, cité de 1 million d'habitants, ancienne capitale de l'empire avant Nankin et Pékin, dont le musée conserve les antiquités historiques les plus précieuses de la Chine, grand entrepôt commercial d'où partent les routes des caravanes vers l'ouest; dans la province de Ho-Nan, *Kai-foung-fou,* ville de 100.000 âmes à 15 kilomètres de la rive droite du fleuve, avec une colonie juive de changeurs, banquiers et brocanteurs, et pour annexes commerciales *Liou-youen-hao* et *Tchu-chen-Chen,* grands marchés pour les métaux, surtout pour le cuivre des sapèques, pour le thé, la laque, la porcelaine, les objets en bambou, le poisson du lac Toungsin; dans la province de Chantoung, *Tsinan,* dont le périmètre est plus grand que celui de Paris, avec *Lokao* pour port sur le fleuve Jaune, fabrique des soieries et de la joaillerie renommées; *Tchéfou* et *Tengtchéou,* ports ouverts aux Européens, font un grand commerce avec la Corée, le Japon et Hong-Kong; de même *Lintsing* et *Tchoungkia* trafiquent avec Pékin et la Mongolie; *Weï-hien* doit à sa position au centre du bassin houiller de la péninsule, d'être la ville la plus peuplée et la plus active de la province; elle est d'ailleurs reliée par des routes aux gisements miniers de la région et aux ports du littoral, et centralise les charbons, le fer, l'or, le tabac, les soies, les salpêtres de la contrée.

Cette partie extrême du bassin du Hoang-Ho semble l'aboutissant de la vieille civilisation chinoise pour l'agriculture, le commerce et la philosophie. Là se trouvent : *Taingan*, la cité sainte, objet de pèlerinages, avec la montagne sacrée de Taïchan dans le voisinage; *Kioufao*, patrie de Confucius, peuplée par ses descendants; *Tsou-hien*, lieu de sépulture de Mencius et de sa lignée. Mais, hélas! sur le littoral du *Chantoung* sont venus se fixer aussi les Anglais à *Weï-Haï-Weï*, les Allemands à *Kiao-Tchéou*, comme pour symboliser la civilisation des blancs, souvent plus brutale que celle des jaunes...

Le Hoang-Ho a, en outre, exercé sur cette race un effet moral particulier qui s'est empreint sur elle en traits indélébiles, où que se dirige tel ou tel de ses essaims : c'est l'habitude du labeur en commun, c'est la pratique presque inconsciente et automatique de la solidarité, c'est l'instinct de l'association s'étendant à tout, se traduisant en tout.

A l'inverse d'autres grands fleuves limoneux, tels que le Nil ou le Mississipi par exemple, le Hoang-Ho n'a pas eu un delta régulier, en éventail, en patte d'oie; il n'a pas eu devant lui un de ces plans inclinés qui rendent inoffensif l'épanchement vers la mer. Cela est si peu le cas, que ses alluvions, au contraire, se continuent au delà du littoral visible et que si le nord de la Chine s'exhaussait seulement de 25 mètres, le golfe du Petchili serait mis à sec et l'on pourrait considérer le fond de la mer Jaune comme la continuation de la plaine qui s'étend de Pékin à la Corée. Le Pacifique pousse en face du delta un arc convexe inarticulé, longeant une côte basse déjà peu propice au transport lointain des alluvions; de plus, vers le milieu de ce rivage, le cours du fleuve s'est heurté, à une époque reculée, contre les montagnes du Chan-Toung, ancienne île ou groupe d'îlots soudés au continent par les remblais successifs du fleuve.

Une fois cette soudure achevée, il y a eu des remous terribles de flots boueux qui ont dû se faire sentir à tous les affluents, Weï-Ho, Fouen-Ho, etc., et les faire déborder eux-mêmes; le Hoang-Ho, s'élevant sans cesse au-dessus de ses propres berges, est depuis lors à la recherche d'un lit, tantôt dans la direction du golfe du Petchili, tantôt dans celle de la mer Jaune, en sorte qu'il a, au-dessus et au-dessous du massif de Chan-Toung, deux deltas très étendus où il se précipite plutôt qu'il ne s'écoule, inspirant aux riverains les mêmes appréhensions que les tremblements de terre aux voisins des volcans actifs.

Il y a plus que des données géologiques à cet égard, il y a des mentions historiques positives.

Sous l'empereur Yao, une inondation quasi diluvienne se produisit dans le Petchili, le Chan-Si, le Chen-Si, le Chan-Toung, le Ho-Nan et une partie du Liao-Toung. Cette inondation, certifiée à la fois par le *Li-taï-Kisse* et le *Chou-King* (les deux livres les plus anciens de la Chine), eut lieu en l'an 2397 avant notre ère. Auparavant, le Hoang-Ho traversait le Petchili, au moins par un bras qui partait du nord-est du haut plateau d'Ordos et dont, au xviii° siècle encore, le père Gaubil, traducteur du *Chou-King* et du *Li-taï-Kisse*, vit des vestiges manifestes.

C'est un intendant de Yao, Yu, qui fut

chargé de faire écouler les eaux de la grande inondation, et le même savant jésuite constata aussi, dans plusieurs provinces, des restes des grands travaux accomplis par cet Hercule jaune : canaux et lacs creusés, montagnes percées, digues et jetées contenant les eaux et faisant communiquer les diverses terres.

Une remarque qui s'impose à propos de ce désastre, c'est que tous les peuples aryas ou sémites auraient vu là quelque punition des dieux ; les Chinois n'y virent qu'une perturbation naturelle punissant simplement leur ignorance de l'œuvre géologique accomplie par les crues ; et, au lieu de prières et de sacrifices, ils recoururent au travail pour mettre en défense les rives de leur fleuve Jaune, pour répartir plus régulièrement son débit annuel avec des rigoles d'arrosement, des bassins de colmatage, des laquets artificiels, suivant les dispositions topographiques du parcours des eaux.

Une seconde remarque non moins importante, c'est que les travaux publics présidés par Yu, sous les règnes de Yao et de Chun, s'effectuèrent par les intéressés directs — non au moyen de la main-d'œuvre esclave ou de dures corvées, comme en Égypte et en Assyrie — mais par un *consensus* général au moins tacite.

Dans le *Yu-Koung*, ou récit des travaux de Yu, on ne voit aucune trace de contrainte, qu'il s'agisse d'abatage d'arbres, de jonctions de rivières, de réparations d'anciennes digues, de desséchement de certains lacs, de la confection d'un cadastre. Ce Yu, d'ailleurs, préférait la persuasion à la force, même à l'égard de certains rebelles, partisans du régime politique et religieux antérieur à la grande inondation; il vint à bout de ces rebelles en les invitant à la danse et en faisant caricaturer les spectres de leurs meneurs, sortes de magiciens et de sorciers[1] en quête d'emplois rémunérateurs.

---

[1]. Les magiciens et sorciers qui veulent enrayer les progrès de la civilisation chinoise naissante et que, sous des noms divers, on retrouve à toutes les phases ultérieures de l'histoire, sont un résidu des *Chamans* mongols et sibériens que les tribus nomades venant s'adjoindre aux Chinois émigrés du Tarim traînaient avec elles. Peut-être aussi les aborigènes antérieurs du bassin du Hoang-Ho, chasseurs et pêcheurs, comme les autres étaient pasteurs et chasseurs, ont-ils fourni un contingent de superstitions primitives avec de premiers exploitants qui durent vite faire cause commune avec leurs congénères venus de la steppe. Si cet élément ne put prévaloir, c'est que déjà, du temps de Yao et de Chun, pré-

C'est du règne de Yu, troisième successeur de Yao, que date vraiment l'essor de l'agriculture chinoise. L'analyse des terres jaunes, faite en vue du rendement de chaque part labou-

---

décesseurs de Yu, les *Po-Sinn* avaient des collèges, cultivaient l'astronomie et la poésie, savaient rapporter aux étoiles les solstices et les équinoxes, disposer l'année en douze mois lunaires et, par intercalation, l'égaler à une année solaire de 365 jours un quart; c'est qu'ils savaient déjà travailler le cuivre et le fer, appliquer des vernis, teindre la soie et faire des jonques pour aller dans les îles de la mer orientale. Ceci n'est pas une hypothèse : le fait est consigné dans la première partie du *Chou-King*, écrite au xxııı° siècle avant notre ère.

Non seulement les *Po-Sinn* se passaient de *Chamans* pour leur compte, mais ils étaient organisés de façon à exclure leur action malfaisante dans la direction des affaires publiques; l'esprit profondément *laïque* de Yao, Chun et Yu est un phénomène remarquable à une date aussi reculée.

Maintenant, comment les *Chamans* s'imposèrent-ils ? Comme leurs confrères du bas Euphrate et d'ailleurs, par l'observation des astres pour se diriger la nuit avec les troupeaux à travers les steppes et, dans ces steppes, par la découverte des sources et des campements; puis, quand la vie sédentaire succède à la vie nomade, par le tracé des canaux d'irrigation et le choix de l'emplacement des villages. C'est une résultante, au début, de la division du travail, laquelle se greffe ensuite sur l'astrologie, l'hydrologie, la pneumatologie, l'animisme prêté à tous les êtres : d'où la genèse des incantations, des exorcismes, des sacrifices, des amulettes, des sorts par un personnel spécial; d'où, en Chine même, malgré les efforts des premiers empereurs historiques, l'empire du *Foung-Choui* sur les masses actuelles et les mille pratiques des taoïstes et des lamas — en sorte que l'œuvre de Yao, de Chun et de Yu est à y recommencer.

rable et de l'assiette de l'impôt, favorisa en outre l'extension de la poterie, de la briqueterie, et dut conduire à la découverte de la faïence et de la porcelaine avec les silicates d'alumine du lœss sous la main.

Bref, par le parti qu'ils ont tiré des alluvions du Hoang-Ho, les Chinois ont justifié ce mot du grand Torricelli : « Les limons sont plus précieux que les sables d'or. »

Bassin du Peï-Ho.

Le Hoang-Ho a au nord un voisin qui, comme lui, débouche dans le golfe du Petchili : c'est le Peï-Ho. Ce petit fleuve indépendant, qui n'a qu'un cours de 450 kilomètres, sourd dans la chaîne mongole du grand Khinghan, comme le Liao, qui se déverse dans le golfe de Mandchourie. Comme le Hoang-Ho, le Peï-Ho franchit la Grande-Muraille avant de se dégager du plateau mongol oriental, et est soudé au canal impérial, qui met en relations Pékin avec Nan-King et Canton, à Tien-Tsin, principal entrepôt du nord de la Chine en même temps que grenier et clef de la capitale. C'est à Tien-Tsin encore que le Peï-Ho mêle ses eaux à celles du Wen-Ho, du Tsou-Ho et du Yunting-Ho, qui descendent des terrasses septentrionales du Chan-Si et des contreforts de l'In-Chan, dont le déboisement croissant provoque des crues violentes et fréquentes de ces diverses rivières. Le Peï-Ho devient considérable à Toung-Tchéou, ville de cent mille âmes qui sert de port à Pékin ; puis il erre dans la plaine qu'il recouvre d'alluvions au taux de 2.825.000 mètres cubes par an, et finit dans une baie fangeuse par plusieurs embouchures dont la plus profonde, à marée basse, n'a pas plus de trois pieds d'eau sur une barre impraticable à la navigation.

L'importance relative du Peï-Ho est due à son bassin de 148.357 kilomètres carrés, peuplé par plus de 36 millions d'habitants, et à ce que la province du Petchili possède la capitale de l'empire depuis le xiii° siècle. Prise par Gengis-Khan en 1215, cette vieille cité chinoise, qui existait douze siècles avant notre ère, fut agrndie par Koubilaï-Khan, qui, en 1267, y fit bâtir la *King-Tching*, triple enceinte de palais, de jardins, de temples, que visita et décrivit Marco Polo sous le nom de *Kambalou*, ville des Khans. Les Mandchous y fixèrent aussi leur résidence en 1644, soit pour rester à proximité de leur pays d'origine, soit pour pouvoir mieux surveiller les attaques du dehors, et l'embellirent encore, une fois leur pouvoir bien affermi.

L'emplacement de Pékin fut bien choisi, entre deux cours d'eau, le Peï-Ho et le Wen-Ho, qui en sont respectivement distants de 17 et 14 kilomètres; au point d'intersection des routes stratégiques et commerciales de Mandchourie, de Mongolie et de Chine; à proximité de la mer et des montagnes; mais, ville officielle, elle est sans vie ni industrie propres. La partie chinoise, quoique très peuplée, végète dans la saleté et la misère, bien que les fournisseurs de la Cour et des grands dignitaires y aient de riches magasins. C'est comme la Rome des Papes dont la grande majorité des habitants vivait de l'exploitation des pèlerins et de mendicité dans l'intervalle des pèlerinages.

Merveilleusement arrosée, la plaine de Pékin pourrait être très fertile avec les alluvions qu'elle reçoit; seulement le drainage et la canalisation y laissent à désirer, et les cultivateurs, découragés par des inondations et des tremblements de terre, la délaissent pour les vallées de la Mandchourie. Le Petchili a des températures extrêmes: en janvier et février, le thermomètre descend à vingt degrés au-dessous de zéro, les rivières gèlent pendant trois mois environ ; en mai, on a 35° et de juillet à septembre une saison pluvieuse avec 40° de chaleur. Ce n'est qu'en juin et octobre qu'on a des journées tempérées et des nuits fraîches. Dans ces conditions, les rendements agricoles ne peuvent être qu'aléatoires. Cependant les céréales, les légumineuses, les arbres fruitiers des zones tempérées et semi-tropicales : châtaignier, poirier, grenadier, dattier, cerisier, vigne, y viennent comme le mûrier et les plantes médicinales et tinctoriales. A cause de l'abondance exceptionnelle des herbages, dans certains districts on a du lait et du beurre — ce qui est une rareté dans le reste de la Chine proprement dite. Les industries du Petchili portent sur les étoffes de soie, les toiles de chanvre, les nattes de bambou, les paniers d'osier; puis vient l'exploitation des salines, de gisements de charbon de terre et autres minéraux : quartz, cornaline, cristal de roche.

De toutes les villes de la province, c'est Tien-Tsin qui est à la tête des grandes affaires commerciales et cela est dû à la présence des Européens, fonctionnaires ou négociants, qui habitent le quartier des Bambous. Elle est le centre de la navigation à vapeur sur le Peï-Ho, elle possède le monopole de la vente du sel, une filature de coton, un arsenal et des ateliers d'armes, des tramways, une section de voie ferrée. Lord Macartney, en 1793, remarqua déjà les maisons de cette ville, qui étaient bâties à deux étages en briques bleues ou couleur de plomb, et le chiffre de la population qu'il estimait égal à celui de Londres. L'avenir de Tien-Tsin est assuré par son voisinage de la mer, des houillères de Kaï-Ping et de Tatoung-Fou, tandis que, selon toutes les probabilités, Pékin ira déclinant comme Versailles et en partie pour des raisons analogues.

Bassin du Yang-Tsé.

Une fois le bassin du Hoang-Ho approprié, cultivé et surpeuplé, les Chinois ont gagné et colonisé de bonne heure le bassin contigu du Yang-Tsé-Kiang par l'est d'abord, où les deltas des deux fleuves se rapprochent jusqu'à se confondre dans la province de Kiang-Sou; puis, au centre et à l'ouest, par les vallées de Min-Ho, de Kia-Ling, de Han, qui forment comme des ponts naturels entre les deux bassins; enfin, ils ont occupé le sud, avançant en même temps que le canal de Pékin à Canton.

De même que le Hoang-Ho, le Yang-Tsé naît sur les plateaux thibétains orientaux, dans une dépression que forment les monts Prjévalsky et Marco-Polo. Les deux fleuves coulent parallèlement à la chaîne Baïan-Kara, l'un au versant nord, l'autre au versant sud, mais pour prendre ensuite deux directions tout opposées. Dans cette première partie de son cours, le Yang-Tsé s'appelle *Mourou-Oussou;* il coule à une altitude de 4.000 mètres et a une largeur de 225 mètres.

Pendant sa descente rapide, à l'ouest du Ssé-Tchouen, on l'appelle, sur une longueur de 1.000 kilomètres environ, Kin-Cha-Kiang ou *fleuve au sable d'or;* à continuer cette descente, il prendrait jusqu'au golfe du Tongkin, la direction de notre Songkoï, ou fleuve Rouge. Mais entre les villes de Tali-Fou et de Si-Kiang-Fou, un massif montagneux lui barrant le passage, il s'incurve à l'est; après avoir reçu sur sa gauche le Ya-Loung, affluent puissant, originaire, lui aussi, de la chaîne Baïan-Kara, et, un peu plus bas, le Kien-Tchang, il s'élance et monte au nord-est, sous le nom de Yang-Tsé ou de Ta-Kiang, arrosant le centre et le sud de la Chine jusqu'au Pacifique, soit par lui-même, soit par des tributaires nombreux : le Min-Ho, considéré longtemps comme la véritable source du fleuve Bleu, le Kialing-Kiang, le Han-Kiang sur sa rive gauche; le Wou-Kiang, le Yuen-Kiang, le Sien-Kiang sur sa rive droite.

Si le Yang-Tsé[1] supérieur, avec un lit encaissé par de hautes montagnes, n'est qu'une voie d'écoulement et d'approvisionnement pénible ou dangereuse, le Yang-Tsé moyen et inférieur est une artère navigable de première utilité, un moyen de communication avec les provinces adjacentes et la mer, qui a peu de rivaux n'importe où.

A partir de la ville de Su-Tchéou, grand centre industriel de 300.000 habitants où

---

1. Voir *Le Fleuve Bleu*, par de Bezaure. Paris, 1879. — *Five months on the Yangtse*, by Blakidon. London, 1861.

débouche l'affluent Min, le fleuve Bleu est navigable en toute saison jusqu'à Nankin, où commence son estuaire — soit un parcours de plus de 2.000 kilomètres. Naturellement, cette navigabilité est inégale de par les accidents topographiques, la largeur et la profondeur du fleuve. Mais elle est énorme dans toutes ses sections pour les diverses catégories d'embarcations. La marée y remontant à 650 kilomètres, les Anglais et les Américains ont organisé des services de paquebots depuis Nankin jusqu'à Han-Kéou. Entre ces deux villes, le fleuve a parfois une largeur de 30 kilomètres et une profondeur à l'avenant pour les grands steamers.

A Han-Kéou s'arrête la navigation à vapeur hauturière et commence celle de fortes jonques, souvent amarrées, sur une longueur de plusieurs kilomètres, jusqu'à la ville de Tchoung-Tcheng-Fou, vaste entrepôt et centre métallurgique, où le Yang-Tsé est large encore de 700 mètres; de là jusqu'à Su-Tchéou, une batellerie plus réduite circule très activement et pénètre dans les cours d'eau latéraux jusqu'au voisinage des sources.

Il y a là trois sections du Yang-Tsé navigable, qui ont chacune leur physionomie propre, parce que, entre autres raisons, il y traverse trois zones bien tranchées : la première montagneuse, la seconde de plaine, la troisième maritime.

En aval de Tchoung-Tcheng-Fou, jusqu'à Y-Tchang, le fleuve Bleu rencontre plusieurs chaînes secondaires où ses eaux ont dû faire brèche pour passer à travers. Ces brèches sont dominées par des plates-formes rocheuses, flanquées parfois de châteaux forts ou couronnées de pagodes, à une hauteur de 200 mètres et plus. Dans ces gorges profondes, dont la largeur ne dépasse guère 140 mètres, le soleil ne luit jamais; le peu de profondeur et la rapidité de l'eau rendent la batellerie presque impossible; il faut haler les jonques et traîner les sampans sur les rochers. Les rapides succèdent aux rapides et de hautes murailles latérales descendent parfois en cascades des ruisseaux et des torrents, à travers lesquels apparaissent des marbres de couleurs variées, des lits d'ardoise et de houille. Elles s'entr'ouvrent pour laisser passer les produits de Ssé-Tchouen : soies, tabacs, huiles végétales, plantes médicinales et tinctoriales, thé et opium.

C'est en forçant les cluses grandioses et pittoresques de Loukan et de Mitan que le Yang-Tsé pénètre dans la zone des plaines basses du Hou-Pé, du Ho-Nan, du Kiang-Si, où alternent les marécages et les dépressions lacustres, qui rendent inoffensif dans les grandes crues le fleuve débordé. Tandis qu'au nord le fleuve Bleu ne reçoit que le Han-Kiang, originaire des monts Tsin-Ling, au sud, dans cette section, de nombreux affluents vont gonfler les lacs de sa rive droite, en rendant sur leur parcours les mêmes services que lui pour l'irrigation et le transport des denrées, à défaut des routes terrestres auxquelles suppléent les rivières; ce sont, d'abord, le *Yuen*, le *Sou*, le *Siang*, qui se déversent dans le *Toung-Tin*, lac d'une superficie moyenne de 5.000 kilomètres carrés et d'une profondeur de 2 à 3 mètres.

Ce vaste lac Toung-Tin offre beaucoup d'analogie avec le lac Mœris en Égypte. Comme celui-ci au Nil, il sert de régulateur au Yang-Tsé lors des crues. Un peu plus à l'est, presque sur la même ligne, le lac Poyang, qui a 4.500 kilomètres carrés, remplit le même office hydraulique à l'égard du même fleuve, auquel le relie un canal d'une longueur de 4 kilomètres, que domine la masse rocheuse dite *de l'Orphelin*. Lui aussi est le déversoir de plusieurs cours d'eau du sud-est et du sud-ouest : le *Kia*, le *Kin*, le *Tchang*. Ces deux lacs ont en commun des rives basses et noyées, où foisonnent joncs et roseaux, au débouché de leurs tributaires ; mais dès que le sol s'exhausse en aval ou en amont de leur cuvette, les plantations irriguées se multiplient ; sur les collines voisines poussent des bouquets de plus en plus rares de pins, et sur leurs plus hauts sommets s'élèvent des kiosques élégants et se dressent des tours bouddhiques de plusieurs étages.

C'est la section du Yang-Tsé, comprise entre Y-Tchang et ces deux lacs, qui arrose la région de la Chine la plus favorisée au point de vue agricole et industriel ; c'est par excellence le pays du riz et du poisson, du thé, du coton et de la soie. C'est là encore qu'on trouve les plus grandes agglomérations du monde jaune, les marchés les plus animés — par exemple, les trois villes de Ou-Tchang, de Han-Kéou et de Han-Yang, qui sont comme trois faubourgs d'une même cité au confluent du Han et du fleuve Bleu, et qui, avant la rébellion des Taïping, avaient une population de

8 millions. Les piétons et les portefaix sillonnent, pressés, les rues intérieures, bordées de boutiques et de magasins, remplis eux-mêmes de vendeurs et d'acheteurs; sur l'eau, les jonques et les diverses embarcations regorgent de passagers, comme nos bateaux-mouches de Paris et de Lyon, ou d'habitants à demeure; au milieu de ces multitudes affairées, les Européens et Américains de la vaste concession qu'ils ont à Han-Kéou vont et viennent, soit en palanquin, soit sur leurs chaloupes à vapeur — tout cela sans accroc ni désordre chez les indigènes.

Au sud du Yang-Tsé, la province de Ho-Nan ne le cède en rien à celle du Hou-Pé au nord. Elle a aussi une métropole de 1 million d'habitants, Siang-Tan, qui centralise toutes sortes de produits, notamment des drogues médicinales et des dépôts d'anthracite du Loin-Ho, du thé et du sucre, du chanvre et du tabac; dans le voisinage de Tchang-Ta est le célèbre collège de Yolo, où un millier de jeunes gens de vingt-deux à vingt-cinq ans sont autodidactes, c'est-à-dire ne recourent à des professeurs que pour des éclaircissements sur les questions difficiles, non pour des leçons.

Rien d'étonnant que le Hou-Pé et le Ho-Nan aient été traversés par les grandes routes impériales partant des points cardinaux extrêmes : Canton au sud, Chang-Haï à l'est, Tchoung-Tcheng à l'ouest, Tchin-Tou au nord ; ce croisement s'imposait par leur situation centrale, leur fertilité, leur commerce. Les voies ferrées futures y bifurqueront pour les mêmes raisons que les grandes routes de la dynastie mongole.

La zone maritime du Yang-Tsé commence dans la province de Kiang-Si, que complète à l'est celle de Tché-Kiang : c'est sa rive droite. Les provinces nord-est de Ngan-Hoeï et du Kiang-Sou sont sur sa rive gauche, et les quatre terminent son bassin vers le Pacifique.

Elles présentent la même fertilité, la même variété de produits, la même vitalité commerciale et des grands centres très populeux. Leur caractéristique particulière se résume ainsi :

Le Ngan-Hoeï et le Kiang-Si ont reçu une part inégale de loess ; mais, grâce à leur climat particulier, elles comportent les cultures des deux bassins, c'est dire qu'elles nourrissent une population très dense sur une aire restreinte : plus de 65 millions d'habitants dans 322.000 kilomètres carrés. De par son plus vaste lot de terres jaunes, le Ngan-Hoeï est resté surtout agricole; le Kiang-Si, qui n'a reçu que peu de lœss, à l'est des deux lacs Toung-Tin et Poyang, s'est adonné à des industries originales et intéressantes : la pisciculture, la fabrication de la porcelaine.

Si dans toute la Chine où coule et séjourne un peu d'eau, on a du poisson, c'est peut-être dans le Kiang-Si que l'élève s'y est systématisée et que, de là, elle a gagné les autres provinces. Dans ce pays d'étangs, on voit des marchands rouler devant eux une brouette chargée de tonnelets pleins d'une vase épaisse, et vendre cette vase par écuelles aux cultivateurs. Ceux-ci, pour quelques sapèques (1/2 centime) obtiennent du frai de poisson en quantité suffisante pour ensemencer une rigole dans leurs champs. Au bout de quelques jours, l'alevin éclôt. Dès qu'il a un peu grandi, on le nourrit d'herbe fraîche hachée menu; en un mois, il est plein de force. On le bourre deux ou trois semaines encore de cette herbe, qu'il dévore comme ferait un lapin; alors on a des poissons de 2 à 3 livres d'une chair fine, qui ont un grand débit dans les bourgs et les villes. On appelle ces poissons herbivores *kia you*, du genre cyprin; leur domestication, pour ainsi dire, dans les eaux même stagnantes, est fort ingénieuse, et constitue pour l'alimentation des masses chinoises une vraie ressource. Pourquoi n'en fait-on pas autant dans les fermes françaises avec des variétés approchantes, qu'ont d'ailleurs étudiées Soubeyran et Dabry de Thiersant?

Le siège de l'industrie des porcelaines est à Nan-Tchang, ville de 300.000 âmes, située au sud du lac Poyang, dans la vallée qu'arrose le Kan-Kiang; si on les fabrique dans les environs, à Kingtchin[1], à Yao-Tchéou, c'est là qu'existe le principal entrepôt, aujourd'hui bien déchu de sa splendeur d'autrefois, car, au siècle dernier encore, Nan-Tchang comptait 1 million d'habitants et 3.000 fourneaux. Il est vrai que les Taïping détruisirent les usines et portèrent ainsi un grand coup à l'industrie fondée en 1005 par l'empereur King-Té dans cette région où abondent les gisements de *kaolin*.

Dans la dernière partie de son cours, le

---

1. Le Père d'Entrecolles visita Kingtchin et les districts voisins en 1717; on lui en doit une intéressante description.

fleuve Bleu a un volume d'eau double de celui du Nil, et, comme l'Amazone, il entre en lutte avec la mer, dont il repousse les vagues salées et maintient la suprématie de ses eaux douces sur une large bande submergée du Kiang-Sou. A son embouchure même, le Yang-Tsé est gêné par des îles et des bancs de sable, qu'il modifie sans cesse avec des apports alluvionnaires. A marée basse, les passes n'ont guère que 4 à 5 mètres de profondeur, et de fréquents brouillards ajoutent aux difficultés de la navigation. Aujourd'hui, le fleuve débouche au nord-ouest du port de Chang-Haï, et sur sa gauche, résultat de ses innombrables coulées, ce n'est qu'un lacis inextricable de grands marais où filtrent des rivières naturelles, que des lignes de canaux artificiels de transport, qui vont rejoindre le cours le plus méridional du Hoang-Ho. Mais autrefois, le Yang-Tsé avait une autre issue maritime ; il tournait à droite et allait se perdre dans la baie de Hang-Tchéou. La grande dépression lacustre du Tahou est un vestige de son ancien lit.

A mesure que le fleuve Bleu s'approche de la mer, les grands centres se pressent sur ses bords : Wouhou (100.000 habitants) fabrique la corderie, la coutellerie, la papeterie, l'encre de Chine; Nan-King (450.000 habitants), ancienne capitale de l'empire, détruite en 1864 après l'écrasement des Taïping, produit des cotonnades portant son nom, des satins brochés à fleurs, est un siège d'examen pour les lettrés, une métropole intellectuelle par ses écoles, ses bibliothèques; Tchin-Kiang (130.000 habitants) est un vaste entrepôt de soies grèges et de marchandises étrangères; des canaux le relient à Chang-Haï.

Chang-Haï, simple sous-préfecture en 1850, est aujourd'hui le plus grand port de la Chine, le marché d'échanges par excellence avec l'Europe et l'Amérique pour le thé, la soie, le coton, l'opium. C'est là qu'aboutissent toutes les lignes de bateaux à vapeur, que se font toutes les expéditions concernant le bassin du Yang-Tsé-Kiang. Aussi, le chiffre des importations de 1896 y a-t-il atteint 520 millions, et celui des exportations 2.200 millions.

Rien ne lui présageait pareille destinée.

Malgré la ténacité britannique depuis 1842, les progrès du *settlement* furent lents comme la naissance avait été laborieuse; on y vivota tout au plus pendant les dix premières années en se demandant si l'on viendrait à bout de l'assainissement de ce sol marécageux et fiévreux, où le bois et la pierre manquaient également, où les constructions ne pouvaient s'effectuer que sur pilotis. De plus, la difficulté d'accès de la barre de Wousung pour les grands steamers occasionnait de grandes pertes aux armateurs et aux marchands de la première heure, et l'on regretta plus d'une fois le choix d'un emplacement malsain et incommode qui avait été signalé et recommandé à la légère, dès le milieu du siècle dernier, par des agents de la Compagnie des Indes.

Mais d'heureux hasards successifs favorisèrent la consolidation et l'essor de cet établissement. Le commerce de la soie s'étant avivé tout à coup dans le monde, d'autres étrangers arrivèrent et se fixèrent à Chang-Haï, notamment des Américains et des Français, qui obtinrent des concessions au nord et au sud de celles des Anglais, le long de la crique Wampoa. La demande de la soie aurait pu ne pas durer sur les marchés étrangers et la récolte de la Chine, en tout cas, n'y correspondre que par une offre inégale, en sorte que les transactions de Chang-Haï seraient restées ou stationnaires ou très aléatoires. La rébellion des Taïping et ses suites firent vraiment la fortune définitive de la ville.

Si le Hoang-Ho est un fléau fréquent pour ses riverains lors de la rupture de ses digues, le Yang-Tsé a eu, pendant douze ans, son bassin ravagé presque entièrement par la rébellion en question, dont il est utile ici de dire quelques mots.

Ce qui la détermina fut la série de traités qui suivit la guerre de l'opium. Ces traités ouvrant des ports chinois aux « diables étrangers », c'était, aux yeux des indigènes des provinces du Centre et du Sud, traîtreusement livrer leur pays par la dynastie mandchoue, et partant, une raison de déchéance pour elle. Le bombardement de plusieurs ports, la prise de Pékin et l'incendie du Palais d'Été pendant la campagne anglo-française de 1856-1860, ne purent que confirmer et rendre plus aiguës les premières impressions contre le gouvernement usurpateur du Nord. Une sorte d'illuminé, Houng-Seu-Tsouen, qui avait échoué aux examens et puis reçu l'initiation vaguement chrétienne d'un méthodiste américain, se fit l'apôtre d'une nouvelle foi politique et religieuse, associant aux rancunes du Sud contre le Nord les sentiments antidynastiques et une hostilité non moins marquée contre la classe des lettrés-mandarins. Il recruta bientôt de nombreux adhérents parmi les mécontents de tout ordre, les déshérités, les nomades, et il fut en état, avec leur appui, de tenir tête aux armées impériales, renversant sur son passage les temples et les pagodes, pillant les caisses publiques. Dès 1852, il était maître de Han-Kéou; dès 1853, proclamé souverain à Nan-King; guerrier génial, administrateur intègre, ennemi implacable, cet aventurier eût certainement supplanté la dynastie mandchoue réduite à ses seules forces; mais des mercenaires[1] blancs la sauvèrent avec leur tactique et leur stratégie supérieures et empêchèrent ainsi la résurrection de la *Cour du Sud*, c'est-à-dire la prédominance, comme sous la dynastie des Ming, du bassin du Yang-Tsé sur celui du Hoang-Ho.

Quoi qu'il en soit de cette éventualité, les Taïping ayant intercepté les bouches du fleuve Bleu, les transactions normales avec l'intérieur

---

1. Les Gordon, les d'Aiguebelle, les Giquel, les Ward, les Holland, etc.

de l'empire furent paralysées : le manque d'échanges fit s'élever à des prix exorbitants les objets usuels de l'alimentation, le sel entre autres. Les Européens de Chang-Haï profitèrent de l'aubaine pour expédier des jonques chargées de ces denrées, sous l'escorte de petits vapeurs, que les rebelles, pour éviter tout conflit avec les puissances étrangères, laissèrent passer sur les cours d'eau et les canaux, aboutissant soit à la mer, soit à la rive droite du Yan-Tsé. On réalisa des bénéfices énormes, le prix des terrains décupla dans les concessions : il s'ensuivit une spéculation effrénée tant que dura la rébellion.

C'est alors que s'édifièrent, avec leur fortune, les résidences somptueuses des princes marchands de l'Extrême-Orient, les monuments publics jusque-là modestement esquissés : églises, palais de justice, squares et promenades, théâtres et bibliothèques, en plus des banques, des entrepôts et des magasins privés.

C'est alors et depuis que les Anglais donnèrent leur forte estampille d'ordre, de luxe, de confort, à leurs factoreries, avec l'appoint des Yankees, dont les principales maisons de commerce se sont établies plutôt dans la concession britannique que dans la leur. Tandis que derrière l'enfilade des palais étalant leurs façades sur le quai et ayant vue sur le Wang-Pou, l'activité commerciale se manifeste à un haut degré dans les magasins et les boutiques, remplis des produits et des échantillons de l'industrie anglaise, absolument comme à Londres dans le quartier du Strand, l'activité sportive se donne carrière, à la fermeture des bureaux, dans le *Bund*, rendez-vous des riches équipages, des gigs, des cars irlandais, des cavaliers et des piétons, et ailleurs en jeux de course et de paume, de golf et de polo.

En un mot, c'est une ville anglaise adaptée à un milieu asiatique pour les exigences hygiéniques et les conditions du trafic. L'indigène jaune et le voyageur blanc ne manquent pas d'en recevoir une vive et durable impression de force et d'initiative, d'ordre et de régularité, soit qu'ils contemplent les maisons et villas pourvues de leurs vérandas protectrices, soit qu'ils voient vaquant à leurs affaires ou s'adonnant à leurs sports les habitants de la concession britannique.

Bien autre, hélas! est l'impression que laisse

la concession française contiguë. Dans ses *Promenades autour du monde,* le baron de Hübner l'a parfaitement rendue :

« Le *Bund,* ou jardin public, continue ; mais, à part l'activité qui règne autour des grands magasins des *Messageries maritimes* et de ceux de la *Chang-Haï steam navigation,* l'animation, la vie des affaires semble s'être arrêtée sur les limites du quartier anglais. Les maisons des résidents ne peuvent se comparer à celles de la ville britannique. En revanche, le somptueux hôtel du conseil général, la grande cathédrale et le palais municipal attirent les regards. La différence entre les deux quartiers est frappante ; d'un seul pas on s'est transporté d'une factorerie dans une colonie. Là les marchands, les résidents, sans aucun plan arrêté d'avance, et selon les besoins du moment ou leur plaisir, font le gros de la besogne. Ici le gouvernement, qui veille, qui pense, qui réfléchit, qui agit méthodiquement et bureaucratiquement, le gouvernement a tout conçu, tout ordonné, tout exécuté. Les résidents sont des administrés ; s'il y a de leur part des résistances, elles sont aisément brisées. Il est arrivé que la municipalité s'est montrée intraitable. Le consul l'a cassée, a mis en prison les conseillers les plus récalcitrants et a passé outre. »

Ces quelques lignes, très impartiales, expliquent notre stagnation relative à Chang-Haï. Notre commerce ne porte que sur les soieries et les vins, tandis que celui des Anglais s'étend, pour les importations, à l'opium, aux cotonnades, aux lainages, aux machines, au fer, à la houille, au pétrole et, pour les exportations, au coton brut et au thé. Dans le reste de la Chine, nous sommes tout aussi proportionnellement inférieurs aux Anglais. En effet, eux ont 374 maisons de commerce, nous 29; 4.929 négociants et résidents, nous 698; 21.149 navires transportant en Chine 21.900.000 tonnes, nous 464 navires transportant 423.000 tonnes. Les Américains et les Allemands ont un mouvement commercial déjà plus que double du nôtre, et que celui du Japon suit de près.

En résumé, notre avenir dans les bassins du Yang-Tsé-Kiang inférieur et moyen, qui pouvait être considérable, vu notre établissement à Chang-Haï dès 1862, est médiocre. Seulement, au lieu de nous immobiliser à Chang-Haï nous aurions dû, de là, rayonner, comme les Anglais, dans les provinces voisines et faire profiter davantage notre concession, qui ne reçut pour appoint de population que des fugitifs taï-ping, de la ruine des énormes cités voisines de Nan-King, de Sou-Tchéou, de Hang-Tchéou, de Hou-Tchéou, Kiahing, Lanky, etc. Notre commerce ne tira qu'un parti infime de notre campagne de Chine sous le second Empire, soit par ignorance, soit par indécision, et nous en portons et porterons longtemps la peine. Notre place est prise par d'autres.

Si comme véhicule de denrées, de marchandises et de voyageurs, comme distributeur de richesse, le Yang-Tsé est un grand facteur économique, son importance n'est pas moindre comme facteur géologique et climatérique, comme facteur agricole et social.

En effet, la longueur du fleuve, de ses sources à son embouchure, est évaluée à 5.000 kilomètres, et la masse de ses eaux n'est dépassée que par l'Amazone et le Rio de la Plata en Amérique, que par le Congo en Afrique. Par seconde il roule environ 27.200 mètres cubes de liquide, et par an il porte à la mer 192 millions de mètres cubes de boue. L'aire de son bassin est de 1.877.500 kilomètres carrés, soit les 3/8 de la surface de la Chine proprement dite; le chiffre de la population de ce bassin s'élève à 180 millions d'habitants. Rien que ces derniers chiffres permettent d'avancer que le bassin du fleuve Bleu a une étendue, une valeur, une population doubles de celui du fleuve Jaune. Si celui-ci est le fleuve terrestre par excellence pour les Chinois, celui-là est le fleuve céleste, de par la couleur azur de ses eaux : l'un dépose des alluvions jaunes, l'autre des terres brunes, qu'il entraîne des montagnes de son cours supérieur.

Ces terres brunes, réduites en bouillie par une irrigation minutieuse, constituent le sol par excellence pour les rizières, comme l'est le lœss pour le froment, le maïs, le millet, le sorgho.

Outre les rizières à perte de vue dans les plaines, on voit dans le bassin du Yang-Tsé de vraies forêts de mûriers, des champs de tabac et de canne à sucre, dont on tire plusieurs récoltes chaque année; des plantations de coton dont on fabrique le nankin jaune. En même temps que des épices et des fruits, c'est en outre la zone favorite du pavot et du thé. Le meilleur opium s'élabore au sud et au nord de la province de Koeï-Tchou; le meilleur thé se prépare sur le littoral du Tché-Kiang et du

Fou-Kien, sur la rive droite du Yuen-Kiang, au sud de Han-Kéou; mais celui du Ssé-Tchouen est justement renommé, car là le précieux arbuste trouve un sol déclive et rocheux, un climat alternativement moite et sec qui lui sont très favorables.

Les cultures qui précèdent diffèrent notablement de celles du bassin du Hoang-Ho; il a fallu que les Chinois s'y soient appliqués longtemps pour les conduire à leur degré actuel de perfection. Ils y ont été aidés, en dehors de leurs facultés d'observation, par la flore spéciale du centre et du sud de la Chine, flore suscitée elle-même par un sol et un climat particuliers.

Le bassin du fleuve Bleu ne connaît pas plus les grands froids que les grandes chaleurs caractéristiques de celui du fleuve Jaune. Les hauts plateaux du Thibet l'abritent des vents désertiques de l'Asie centrale et sibérienne à l'ouest, et lui fournissent en même temps une abondante provision régulière d'eau dans la direction sud-est; de leur côté, les moussons du Bengale, les vents du Pacifique lui apportent des pluies copieuses et tièdes; de là un milieu tropical ou semi-tropical, suivant la latitude et l'altitude, et des produits et des cultures en conséquence.

Outre les plantes alimentaires, certains végétaux jouent un grand rôle dans la vie chinoise : cinq à six douzaines de variétés de bambous, l'arbre à cire, l'arbre à suif, l'arbre à vernis, le camphrier, le jujubier, le cormelier, le bibacier, l'anis étoilé, le bétel et le genseng, le nénuphar et la rhubarbe, dont l'exploitation est très rémunératrice.

Mais si l'afflux liquide ou vaporisé de l'eau est un grand bienfait à peu près continu, son utilisation sur les pentes des parties montagneuses, et le drainage dans les vallées basses ont donné lieu à de grands travaux communs où la solidarité chinoise, déjà existante dans le bassin du fleuve Jaune, n'a pu que s'entretenir et que se développer dans celui du fleuve Bleu — les faits historiques, les données statistiques, confirment cette induction.

Bassins du Min et du Si-Kiang.

Au sud-est de la grande vallée du fleuve Bleu, le sol se relève en chaîne non interrompue, formée par les massifs principaux de l'Yunnan, de Nanling et de Tayuling, sur tout le pourtour de la mer de Chine méridionale et orientale. Deux fleuves côtiers, le Si-Kiang et le Min, arrosent cette zone littorale qui s'ajoute, comme dans la Chine septentrionale le bassin du Peï-ho à celui du Hoang-Ho, au bassin plus vaste encore du Yang-Tsé et de ses nombreux affluents.

Cette zone a bien fini par subir la pénétration des Po-Sinn et de leurs descendants, à partir de Tsin-chi-Hoang-ti; mais les éléments ethniques antérieurs, plus compacts et grossis d'ailleurs par des Malais des archipels voisins, y ont résisté davantage et acquis un tempérament et une physionomie à part. Il n'y a pas jusqu'à l'influence européenne qui ne se soit exercée sur les ports de cette zone, depuis la période hispano-portugaise jusqu'à nos jours, où Chang-Haï, qui fait face au grand port japonais de Nangasaki, centralise les affaires du trafic international.

La province de Fou-Kien, toute en longueur, entre les monts Tayuling et la mer, n'a qu'une superficie de 120.000 kilomètres carrés, mais une population de 22 à 23 millions d'âmes — soit le double de celle de l'Espagne sur une aire moitié moindre. Cette population, robuste et entreprenante, fournit un fort contingent à l'émigration moderne après avoir colonisé jadis, en grande partie, les îles de Formose et de Haïnam. Sur le bord de la mer, les habitants sont de hardis marins, des pêcheurs ingénieux et, à l'occasion, des pirates, surtout avant l'installation du service des douanes par sir Robert Hart. Sur la terre ferme, où le climat est salubre et les vallées fertiles, l'agriculture et l'industrie sont prospères. Grâce aux facilités de l'irrigation, le riz pousse jusque sur les collines et les premiers plans du versant oriental du Tayuling dont la ligne de faîte atteint jusqu'à 3.000 mètres d'altitude. La canne à sucre, le thé noir, les fruits les plus variés, poussent sur le sol, et le sous-sol renferme du fer, du cuivre, de l'argent, de l'or.

La capitale de cette province est Foutchéou sur le Min; c'est à la fois un port marchand très actif par ses exportations d'étoffes de soie de cotonnades, de papeterie, de poterie, de bois de pin, de fleurs artificielles, de pierres précieuses, d'objets en laque, aux Philippines, à Java, au Japon; et un port militaire, avec école de marine et de torpilles, un arsenal organisé en 1869 par des officiers français et détruit par l'escadre de l'amiral Courbet en 1884 pour être édifié de nouveau par nos ingénieurs maritimes. A cet arsenal étaient annexés des chantiers de construction et de radoub pour des navires de 2.000 tonnes. L'entrée dans le Min est dominée par des escarpements, fortifiés à *Kinfao* et *Mingan :* ces forts, en des mains européennes, assureraient la défense du fleuve et rendraient impossible l'accès de Foutchéou, qui est à 56 kilomètres en amont de l'embouchure, entourée d'une enceinte de 100 kilomètres de tour, dans laquelle grouillent 650.000 habitants. Mais si le fleuve côtier Min a des avantages défensifs pour Foutchéou, son peu de profondeur est un obstacle à la navigation hauturière et au refuge aisé pour des escadres indigènes traquées par des croiseurs et des torpilleurs ennemis; aussi a-t-on songé à transférer ailleurs son arsenal. Ce qui assure à cette ville une prospérité croissante, c'est son énorme entrepôt de thé à destination de l'Angleterre, de l'Australie, de la Russie, et les produits de ses fabriques; elle est en outre un foyer d'instruction publique où affluent de nombreux lettrés et offre quelques monuments qui, avec la végétation et le site, des eaux thermales dans le voisinage, la rendent un séjour agréable à une colonie européenne où dominent les Anglais et les Allemands.

Au-dessus de Foutchéou, le Min a sur ses rives Yungpin et Tsongan, deux grands marchés de thé de 200.000 et 100.000 âmes. Au sud du Min, sur la côte maritime, le Fou-Kien possède un port à eau profonde, avec une rade vaste et sûre : c'est celui d'Amoy, situé au fond d'une baie partagée par plusieurs îles. Au moyen âge, cette ville était en relations commerciales suivies avec la Malaisie, le Siam, l'Hindoustan et la Perse, et au xvi° siècle les Portugais y furent admis sans difficulté. Comme Foutchéou, Amoy exporte beaucoup de thé et de sucre, et importe de l'opium ; depuis son ouverture officielle au trafic européen par le traité de Nan-King, elle a une colonie de blancs qui s'est établie dans l'îlot de Koulangsou. Les relations d'Amoy avec Formose sont aussi étroites qu'anciennes.

A l'ouest d'Amoy se trouve l'importante ville de Tchang-Tchéou, qui compte 500.000 habitants : c'est l'antique Zaïtoun des Arabes, autrefois capitale de la province. On prétend que le satin y fut inventé et tire de là son nom.

C'est entre le Fou-Kien et Formose que sont les îles *Pescadores,* qui, après 1884, auraient valu à la France une situation prépondérante dans ces parages si elle les avaient conservées.

Si le Min n'a qu'un faible parcours, le Si-Kiang, au contraire, en a un d'environ 2.000 kilomètres : c'est le principal cours d'eau de la Chine méridionale. Il se forme des torrents des montagnes de l'Yunnan et des massifs du Kouei-Tchéou méridional. Il a deux branches principales : le Houng-Choui au nord et le You-Kiang au sud; mais il ne prend des allures vraiment fluviales qu'après avoir reçu le Kouei-Kiang, grosse rivière qui traverse le Quang-Si du nord au sud. Le débit d'eau du Si-Kiang est très variable : pendant la saison sèche, il n'a guère que 2 mètres de profondeur, tandis que lors des crues le niveau atteint de 8 à 10 mètres là où des bancs de sable n'obstruent pas son cours. La marée s'y fait sentir à plus de 300 kilomètres de l'embouchure : c'est la section navigable pour les vapeurs; en amont, les jonques indigènes peuvent seules circuler vers la frontière de l'Yunnan. Le Si-Kiang n'arrose pas des plaines plus ou moins considérables comme les autres fleuves de la Chine; il coule resserré entre des montagnes, des défilés et des cluses jusqu'à la rencontre d'un dernier affluent, le Pékiang, qui vient du nord sur sa rive gauche, et met en rapport, par les passages du Meïling, la vallée du Han avec Canton. Mais, à peine réunis, le Pékiang et le Si-Kiang se divisent, se ramifient en canaux naturels, auxquels vient s'ajouter le Toung-Kiang, rivière du Fou-Kien qui est une route marchante de premier ordre pour le transport des produits du delta et des estuaires du Quangton oriental.

La province de l'Yunnan (*Midi neigeux*) a une superficie de 367.000 kilomètres carrés et une population de près de 14 millions d'habitants — soit l'équivalent de la péninsule ibérique en Europe. On pourrait appeler cette province la Suisse chinoise à cause de ses montagnes renommées — le *Bleu d'Azur*, le *Dragon de Jaspe*, le *Pied de Poule*. De grands cours d'eau y naissent ou le traversent, les uns charriant du sable d'or, les autres du jade noir et blanc et du cristal de roche : Salouin, Mékong, Song-Koï, Yang-Tsé.

Ce n'est que 109 ans avant J.-C. que l'empereur Wouti annexa l'Yunnan, précédemment principauté indépendante, dite *des Barbares de l'ouest,* où ont habité toujours des peuplades diverses, peu ou point soumises : Miaotsé, Toto, Chân, Peï, Kokien, les unes autochtones, les autres refoulées dans les hautes vallées parallèles, qui s'étagent du nord au sud. C'est à cette diversité ethnique probablement qu'il faut attribuer la crémation des morts dans certaines localités, la liberté de mouvements des femmes et leur accession à la société des hommes — deux traits de mœurs non chinois.

Dès les premières années de l'hégire, il pénétra dans l'Yunnan des musulmans en assez grand nombre pour avoir pu, en ce siècle, reconstituer un État indépendant de la Chine, après une insurrection victorieuse qui éclata en 1855 à la suite de différends dans les districts miniers de Tali-fou, entre Chinois et Panthays.

Il y eut un premier massacre des musulmans ordonné par le gouverneur de la province en 1856; mais, deux ans après, les Panthays, conduits par Mahsien, s'emparèrent de la capitale et s'allièrent aux révoltés des provinces voisines du Chan-Si et du Kan-Sou. Leur chef se laissa circonvenir par le gouvernement de Pékin, qui le nomma général de brigade et pacificateur de l'Yunnan, et il s'ensuivit une répression sanglante, des ruines, une émigration forcée vers le haut Laos, dont le pays se ressent encore.

L'Yunnan a toujours passé pour un pays de mines, surtout de cuivre et d'étain, de rubis et de saphirs, de plomb argentifère et de houille; mais les facilités ou difficultés d'extraction et d'exportation au point de vue européen n'ont pas encore été étudiées sérieusement sur place : on n'a que des indications générales, fondées sur la géologie, dues à l'ingénieur Leclère. Ce n'est pas suffisant pour y engager à l'aveugle les capitaux français. Une voie ferrée reliant le Tonkin à l'Yunnan n'est-elle pas prématurée en vue de gisements encore problématiques, et la pénétration française dans l'Yunnan, que les Anglais prétendent rattacher à la haute Birmanie, ne va-t-elle pas retarder d'autant le développement du pays annamite, bien plus connu de nous et tout à fait digne de notre sollicitude?

Quoi qu'il en soit, les principales villes à mentionner dans cette province, extra-chinoise par la géographie et l'histoire, sont : *Yunnan-*

fou, située au nord du vaste lac de *Tien,* à 100 kilomètres au sud du fleuve Bleu; elle ne compte aujourd'hui que 50.000 habitants s'occupant à la fonte du cuivre, à la fabrication de tapis, de feutres, de couvertures; *Tchinkiang* et *Kat-Hoa,* en aval de la capitale, qui exploitent le tabac, le pavot, le riz et des minerais de fer et de cuivre dans le voisinage; *Talifou,* à l'ouest du grand lac de Tali, au centre d'une zone fertile, à proximité de carrières de marbre, de dépôts de sel, se relève lentement des suites de la guerre civile, de même que *Chumingfou, Semao,* qui furent rasées ou incendiées. Une partie de l'Yunnan appartient au bassin du fleuve Rouge tonkinois et à Laokaï est établie la douane chinoise de notre frontière.

Le Quang-Si est dans les mêmes rapports de dépendance orographique et hydrographique à l'égard de l'Yunnan que l'Yunnan à l'égard du Thibet. Cette province a 281 lieues de l'est à l'ouest, 296 du midi au nord, soit 200.000 kilomètres carrés et une population de 15 millions d'habitants. C'est un pays de montagnes couvertes de forêts dans la partie septentrionale. Dans ces montagnes habitent des tribus de Miaotsé, qui vivent du pillage des plaines méridionales qu'arrosent des rivières nombreuses issues des chaînes du Nanling.

Les gisements du Quang-Si sont les mêmes que ceux de l'Yunnan avec le mercure en plus; mais l'exploitation en est infime à cause de la difficulté des transports.

La capitale de cette province est Koeïlin, presque à la source du Siang, qui va se jeter au nord dans le lac Tounting, et du Tsongko qui coule au sud jusqu'à la rencontre du Si-Kiang dans son cours moyen. Cette situation à l'entrée du col par où passe le canal reliant le fleuve Bleu au Si-Kiang en fait un lieu de transit entre les deux bassins. Les remparts de Koeïlin furent construits sous les Soung et les Mongols, et ont un air européen moyen âge.

Woutchéou, au confluent du Tsongko et du Si-Kiang, ville de 200.000 âmes, est un grand entrepôt de minerais, de bois et de riz. Nanning et Sintchéou se trouvent dans le bassin du You-Kiang, un affluent de droite du Si-Kiang, qu'on remonte par jonques jusqu'à Pesé; cet affluent met en relations le Tonkin et le Quang-Si par le Nam-Ho, qui réunit à Langtchéou les eaux venant de Caobang, That-

Ké et Langson, postes de notre frontière orientale.

C'est par ce lacis de rivières, inconnues de notre corps expéditionnaire, que se ravitaillaient les troupes chinoises du Quang-Si en 1884-1885 ; c'est aussi, fait également ignoré de nos résidents à Hué, dans le département de Taïping (province du Quang-Si) que se trouve le célèbre *Tchin-nân-Kouan,* par où ont passé les invasions chinoises dans le Tonkin et les ambassadeurs annamites porteurs de tributs au Fils du Ciel.

Le Quangton est la troisième province chinoise du bassin du Si-Kiang. Autant l'Yunnan et le Quang-Si ont un sol peu propre aux cultures, des voies de communication difficiles, une population clairsemée, autant le Quangton est favorisé de la nature à tous égards, abrité contre les vents du nord par le prolongement du Nanling en cinq chaînes de montagnes, les Ouling ; abondamment arrosé par les pluies des moussons et pourvu de nombreux cours d'eau qui servent de canaux à une innombrable batellerie et de débouchés vers la mer, il constitue un delta très fertile en productions tropicales plus variées qu'au Bengale, qu'il rappelle par son climat et sa flore. Outre la canne à sucre et le mûrier, les fruits d'Occident et ceux d'Orient, le Quangton a des bois odoriférants très recherchés ; ses chaînes secondaires renferment de l'or, du cuivre, de l'étain, du fer, du mercure, des pierres précieuses : d'où une industrie intense dans les villes et une exportation considérable dans le monde entier. L'alimentation étant encore rendue plus facile par une quantité inépuisable de poisson, il en résulte que sur une surface de 259.000 kilomètres carrés on compte plus de 30 millions d'habitants.

Cette population remuante, affairée, fait contraste avec le Chinois placide du centre et du nord de l'empire. C'est qu'elle diffère des enfants de Han par l'origine ethnique, par un long métissage avec des éléments extérieurs venus par mer, et par le dialecte qui, avec celui du Fou-Kien, constitue un parler à peine compréhensible pour les habitants d'au delà le Nanling et le Tayuling. Les Cantonais et les Foukienais se rapprochent bien davantage des Annamites pour l'entrain et certaines habitudes aquatiques — telles que les cités flottantes de bateaux où l'on naît, vit et meurt, à côté des villes de terre ferme. A cela rien d'étonnant car le Song-Koï et le Si-Kiang sortent de deux lacs voisins de l'Yunnan, coulent parallèlement de l'ouest vers l'est et ont des rivières traits d'union des deux bassins, telles que le You-Kiang, le Ki-Koung et le Nam-Ho.

L'histoire confirme ces indications géographiques.

En effet, les Cantonais, qui ont des annales remontant à 23 siècles, reconquirent leur indépendance vers le milieu du III° siècle de notre ère et formèrent un État neutre qui payait un simple tribut annuel, comme le Tonkin. Lors de l'invasion mandchoue, ils prirent fait et cause pour la dynastie des Ming, ce qui coûta à leur capitale la vie de 700.000 habitants et l'incendie des édifices publics et des maisons privées.

Les principales villes du Quangton sont : *Kouangtchéou* sur la rive gauche du Si-Kiang, qui se subdivise en plusieurs bras enfermant des îlots : *Hoang-pou, Houan, Haddington.* Cette capitale de la Chine méridionale compte 1.600.000 habitants, à l'étroit dans son enceinte et ses faubourgs. Les soieries, les teintureries, les broderies, les sculptures sur bois et sur ivoire, les laques, les porcelaines, les meubles, les objets d'art, les éventails, les tapis, les fonderies de métaux, les raffineries de sucre, constituent les établissements et objets de son industrie ou ses principaux articles d'exportation. Les Européens ont une concession dans l'île de *Chamin,* moins insalubre que les autres quartiers de Canton, où l'hygiène publique est à peu près inconnue; les indigènes ne leur laissent qu'un rôle d'intermédiaires dans les transactions.

Canton a pour avant-port sur la rivière des Perles: *Whampoa,* qu'enrichit la contrebande de l'opium, facilitée par les traficants anglais, et qui a de vastes entrepôts, des chantiers de construction, des bassins de carénage; c'est là que s'arrêtent les grands steamers. A deux kilomètres à l'ouest de Whampoa se trouve Fochan, ville de 200.000 âmes, succursale de Canton pour l'industrie et le commerce.

En amont de Canton, sur le Si-Kiang, *Tchi-Kao,* qui surveille la dernière gorge des contre-forts des monts Nanchan; *Sanchoui* et *Saïnan,* qui dominent le confluent du Si-Kiang et du Lekiang, sont d'autres ruches humaines de plusieurs centaines de mille habitants, qui s'adonnent à la fabrication de soieries, d'étoffes diverses et d'ouvrages en métal.

Si la mer fait affluer à Canton des marchands et des matelots de tous les pays, la province du Quangton est rattachée à l'intérieur de la Chine jusqu'à Pékin par le grand canal impérial; mais avant d'atteindre ce dernier, il faut franchir le fameux passage de la montagne Meïling, qui mène à Nanganfou, ville du Kiang-Si. Il y a là une route pavée en larges pierres de taille, dont une partie creusée dans le roc avec des murs de soutènement, tout à fait remarquable et bien digne du canal impérial lui-même, qui a 2.700 kilomètres de long d'une seule traite.

CHAPITRE III

LES INSTITUTIONS ET LES MŒURS CHINOISES

> Les institutions d'un peuple sont l'effet de ses mœurs et de ses croyances religieuses. Ses mœurs et ses croyances religieuses sont l'effet de son caractère.
> (Th. Ribot.)

Quand une race, une nation a un long passé, sa physionomie collective se manifeste par les institutions qu'elle s'est données suivant ses besoins successifs et par ses mœurs qui sont la conséquence de ses instincts permanents. Les Chinois étant des humains civilisés depuis très longtemps, leurs institutions et leurs mœurs n'ont rien qui étonne le sociologue philosophe : les unes et les autres, à de certaines phases, sont identiques ailleurs. Ce qu'on y observe de particulier, c'est une tendance marquée vers un équilibre moins instable après des ébranlements parfois considérables.

La famille, le régime agraire, le gouvernement central et provincial, aussi bien que la philosophie elle-même, vont montrer cette tendance, que les mœurs, à leur tour, achèveront de confirmer.

En zoologie, on appelle « famille » un couple parental avec sa progéniture coexistant avec des couples pareils. Cette définition convient à la famille humaine, puisqu'elle se compose d'animaux dioïques supérieurs, tels que les mammifères et les primates. Toutes les familles débutent par la promiscuité complète, que l'hétaïrisme rappelle et perpétue indéfiniment dans les sociétés les plus policées; après la promiscuité première, la sélection opère et l'on a la polygamie avec le patriarcat, la polyandrie avec le matriarcat, jusqu'à ce qu'on arrive à la monogamie, que nous n'avons pas plus inventée que la polygamie et la polyandrie, puisque ces trois formes de famille existent chez certains animaux. Et la monogamie elle-même n'est probablement pas le dernier terme de la famille, car les fourmis et les abeilles font élever et éduquer les jeunes de leurs républiques, non par leurs progéniteurs directs, mais par une sorte de caste spécialisée à cette fin et s'acquittant fort bien de la tâche.

Que les Chinois ont pratiqué la promiscuité, on en a une preuve dans la mention que font les *Annales* de l'institution du *mariage* par l'empereur Fou-hi, « aux grands applaudissements de tout le monde ».

Précédemment, en effet, les indigènes nous sont représentés errant dans le Chen-Si, ignorant le feu, la hutte, la flèche et autres rudiments des progrès futurs; se nourrissant de chair crue et de fruits, comme les aborigènes d'Australie naguère encore.

Mais il s'agit là, plutôt, de l'état dans lequel trouvèrent les autochtones les cent premières familles d'immigrants chinois.

Ce qu'a pu être ce mariage primitif de Fou-hi, on l'ignore, mais on peut supposer que c'était un vague compromis entre la polyandrie et la polygamie de la vie nomade antérieure, où les enfants dérivent de plusieurs individus adultes.

Ce qui n'a pas duré longtemps dans la Chine primitive, c'est le *Matriarcat*, qui est pourtant en honneur, même de nos jours, au Boutan et au Thibet, qu'ont toujours habités de vrais Mongols. Nous voyons, en effet, le dernier empereur mythique, Ti-Kou, établir la polygamie en même temps que le rite des morts. Or, qui dit polygamie et rite des morts, dit *Patriarcat*. Et cette forme de la famille, groupant autour d'un foyer les personnes et les biens, est facilement expliquée par la connaissance qu'on en a pour le monde aryan [1], où elle a prévalu pendant de longs siècles, soit dans l'Asie centrale, soit en Europe, avant la constitution de la cité antique [2].

L'originalité sociale de la Chine ne consiste donc pas dans sa famille patriarcale; ce type de famille s'est vu ailleurs et il y a évolué. En Chine, au contraire, il semble avoir été si fortement organisé et si bien adapté au tempérament de la race dès l'origine, qu'il est resté immuable dans ses traits fondamentaux.

---

1. La différence radicale entre les familles védique et brahmanique de l'Inde et les familles chinoise et mulsumane, c'est que, dans les premières, la jeune fille a toujours été maîtresse du choix de son époux — monogame ou polygame d'ailleurs ; ce libre choix au grand jour s'appelait le *swayamvara*. Dans les secondes, la jeune fille est toujours, plus ou moins, un article de vente donnant lieu à un contrat mercantile.

2. Voir à ce propos le beau livre de Fustel de Coulanges portant ce titre.

C'est ce livre qui servit de modèle à mon excellent ami, Eugène Simon, lorsqu'il publia dans la *Nouvelle Revue* sa monographie de la famille Ouang-Ming-Tsé, point de départ de ce qui est devenu la *Cité chinoise* du même auteur.

Aucune révélation soi-disant divine n'est venue changer l'idéal primitif que les Chinois se sont fait de la vie, aucune influence du dehors n'a été assez forte pour agir sur eux en ce point; le plus superficiel examen de leurs annales prouve plutôt que les hordes tartares qui les ont envahis se sont trouvées vite conquises par les mœurs et les institutions chinoises.

Nous avons donc, dans la famille chinoise, un exemple unique sur la terre, d'une institution qui n'a pas varié depuis cinquante siècles et qui a dominé toutes les coutumes, tous les rites, toutes les relations sociales et jusqu'à la nature des occupations privées.

C'est parce que le Chinois tient tant à son cercle familial qu'il est réfractaire à tout ce qui l'en tire, comme la grande industrie et la grande propriété.

La Chine est, avant tout, un peuple de petits artisans et de jardiniers; le reste est un accessoire.

Le champ patrimonial, qui est le cadre de la famille, est divisé en autant de portions ou jardins qu'il y a d'hommes mariés dans la famille. Mais il est inaliénable en ce sens qu'il ne peut être ni saisi ni vendu. Si une famille devient trop nombreuse pour l'étendue du domaine patrimonial, la communauté d'intérêts peut être rompue avec le consentement de tous les membres. Dans ce cas, celui qui l'a sollicité va chercher fortune dans le commerce ou dans l'industrie avec l'argent[1] que lui donnent ceux qui restent en possession du domaine et continuent de représenter la famille. Les absents ont toujours le droit d'y reprendre leur place s'ils n'ont pas réussi ailleurs.

Ces domaines familiaux contiennent toujours une maison principale occupée par le chef de la famille, et d'autres maisons plus petites, bâties et meublées, à frais communs, pour chaque fils nouvellement marié. Dans les familles pauvres, plusieurs couples habitent souvent sous le même toit. Mais dans les deux cas, toute la famille est hiérarchisée, selon l'âge et le sexe.

Le chef, qui est le père ou le frère aîné, remplit les offices de magistrat, de juge, de prêtre pour le culte des ancêtres. Son pouvoir sur sa femme, ses descendants ou collatéraux

---

1. L'argent ainsi prélevé ne provient jamais du fonds lui-même, que l'État seul peut reprendre en cas de non-culture, mais de sa plus-value réalisée par la communauté pendant tel ou tel laps de temps.

est à peu près illimité, bien qu'en cas de crime ou de délit, il doive appliquer les punitions dans la mesure indiquée par la loi, qu'il est tenu de connaître[1]. Il est rare d'ailleurs qu'il fasse acte d'autorité privée ; tout est débattu dans le conseil de famille, composé de tous les hommes mariés. Ce conseil se réunit, toutes les demi-lunes, dans la salle des ancêtres dont les tablettes nominatives reposent sur une sorte d'autel. La première partie de la cérémonie est consacrée au culte. Le père et la mère commencent par une invocation au ciel, puis ils évoquent l'âme des ancêtres dont les assistants entonnent l'hymne. On leur consacre des victuailles qui figureront au repas par lequel se termine la cérémonie. Ensuite, chacun s'assied à une table portant le registre de la famille. Ce registre contient les actes de la vie civile, et ces actes font foi en justice, puis l'éloge des morts, leurs biographies et les testaments. Le père inscrit les événements survenus depuis la dernière réunion ; lit quelque biographie d'an-

---

[1]. On peut appeler de la sentence de la famille ; il y a des tribunaux à cet effet, mais les appelants sont peu nombreux et ordinairement de la pire sorte.

cêtre, la commente pour en tirer un enseignement moral et, enfin, ouvre la séance du conseil en demandant à chacun s'il s'est acquitté de l'impôt public. Le contrepoids du pouvoir des aînés de la famille est leur responsabilité. On considère comme un déshonneur pour tous ses membres d'attendre une réclamation de l'État. Si un retardataire n'a pas d'argent, la communauté le lui avance. On règle de même tout délit, litige ou différend. Les fonctionnaires eux-mêmes, qui échapperaient aux lois pour les actes de leur vie publique, n'échappent pas à cette juridiction de famille qui peut prononcer la peine de mort ou le bannissement, presque aussi redouté, car le Chinois excommunié de la famille devient un paria dans son lieu natal et par suite dans tout le pays.

Cette organisation est rendue possible par la vénération pour les aînés et la solidarité familiale, traditions devenues ataviques chez le Chinois, façonné depuis tant de siècles par ses institutions[1].

---

1. Le développement du commerce et de l'industrie dans les villes a suscité des rapports réciproques de patronnat et d'apprentissage qui sont encore et toujours un décalque de la famille. L'autorité et la responsabilité du patron se substi-

D'après ce qui précède, on comprend aisément que l'idée que se fait le Chinois du bonheur et de l'honorabilité soit incompatible avec le célibat.

Il faut quelque infirmité terrible pour éloigner le Chinois du mariage. Il ne se sent la vie assurée que le jour où il a des fils qui, plus tard, lui donneront l'aide et les honneurs que lui-même accorde à ses ascendants. Cela lui paraît tellement indispensable au déroulement normal de son existence, que, s'il n'a pas de fils, il ne manquera pas d'en adopter un. Cet état d'esprit dispense la Chine de trois variétés d'êtres qui encombrent nos sociétés européennes : le célibataire viveur, la vieille fille délaissée et les bâtards abandonnés, parmi lesquels se recrute l'armée des miséreux et des criminels.

---

tuent entièrement à celles du père pendant les trois années d'apprentissage après lesquelles l'apprenti est libre de se placer ailleurs. Mais, devenu commis, il entre dans la hiérarchie des commis de sa maison, analogue à celle des frères d'une même famille. Et s'il ne reste pas chez le patron qui lui a fait faire l'apprentissage, il reste lié envers lui : il doit lui marquer sa reconnaissance par des cadeaux aux époques rituelles de l'année, il doit l'aider même de sa bourse, le soigner, assister à ses funérailles. (Voir *En Chine*, par Maurice Courant, qui décrit la vie commerciale avec autant de minutie qu'en met Eugène Simon à décrire la vie rurale.)

Les Chinois marient leurs enfants très jeunes sans les consulter ni les faire se connaître d'avance, comptant pour rien la dose de jugement et de psychologie dont les jeunes gens pourraient faire usage à ce sujet. En revanche, les parents pensent longtemps à cette union, observent le caractère de leurs enfants et de ceux avec qui ils désirent une alliance. La stabilité des familles chinoises, ne quittant pas leur champ patrimonial et ayant ainsi les mêmes voisins, diminue les chances d'erreur. D'ailleurs, la question se simplifie par le fait que la femme chinoise, presque toujours inculte, accepte l'état de dépendance avec aussi peu de révolte que l'acceptait la femme roturière française il y a cent ans, et que l'accepte encore la petite bourgeoise provinciale ou la paysanne. Cependant, en Chine, comme dans nos sociétés européennes, les mœurs, qui découlent, non du préjugé ou de l'égoïsme de l'homme, mais de la force des choses, se chargent de démontrer que la femme doit avoir une place importante dans la famille, puisque cette place, que la loi ne lui donne pas, l'usage la lui reconnaît très vite.

Si vous consultez la plupart des livres sur la

Chine, vous y lirez que les Chinois sont polygames, qu'ils ont des droits absolus sur leurs femmes, que celles-ci, veuves, tombent sous la dépendance de leur fils aîné, qu'elles n'héritent pas et ne comptent en rien. Mais si vous habitez la Chine assez longtemps pour observer de près quelques familles, comme l'a fait Eugène Simon, vous constatez d'abord que la polygamie est un luxe que peu de Chinois peuvent ou veulent s'offrir. Il y a peut-être moins de ménages polygames en Chine que de ménages à trois en Europe, avec cette supériorité, en Chine, que le sort de la femme et de l'enfant y est toujours assuré.

D'ailleurs, la femme légitime a tous les droits sur la concubine et ses enfants.

Vous constatez encore qu'en fait, la femme est respectée et consultée par son mari dans la mesure où elle le serait chez nous. Elle l'est surtout dès qu'elle est mère et, si elle doit l'obéissance aux femmes aînées de la maison, l'avenir lui donnera son tour d'autorité sur ses enfants et ses brus ; plus elle vieillira, plus elle sera servie, entourée et vénérée. Le chef de la famille, quel qu'il soit, ne prendra aucune décision importante sans son avis. Et si, en quittant sa famille pour se marier, elle n'emporte qu'un trousseau et un mobilier proportionnés à sa richesse, si elle perd tous ses droits sur l'avoir familial, c'est que sa vie est assurée dans la famille de son mari, qu'elle ne quittera plus[1].

De plus, vous verrez cette femme, qui n'a aucuns droits légaux, tenir la bourse et la défendre avec autant d'autorité et d'âpreté que pourrait y mettre une ménagère normande ou franc-comtoise.

Maintenant, d'où vient l'aisance presque générale qui donne au Chinois la gaîté, la sérénité, l'humeur douce et pacifique que l'on constate là où la vie chinoise est normale[2]?

---

[1]. La Chinoise a le droit de se remarier, mais c'est mal vu et les enfants nés de ce second mariage seront moins considérés que ceux d'une concubine.

[2]. Trop souvent on juge les Chinois sur la population des ports de mer que fréquentent les étrangers. Or, c'est là précisément que viennent s'échouer beaucoup d'excommuniés de la famille; cette lie de la population vit de travail irrégulier et de mauvais coups, elle fournit le principal contingent à la criminalité et à l'émigration lointaine, aux sociétés secrètes et à la piraterie. Le contrôle de la police des mandarins des ports, suscitée et développée par la présence simultanée de ces *outlaws* et des étrangers, est loin d'avoir la même efficacité que celui de la famille à l'intérieur du pays.

Rappelons d'abord le domaine patrimonial inaliénable, qui offre un refuge à tout Chinois. Pour ce terrain, l'impôt n'est que d'environ 3 fr. par tête et cet impôt est à peu près unique. Les patentes, les octrois, les frais de mutations n'existent pas en Chine. Avec quelques francs d'outils, pour la plupart en bois, il a son matériel de jardinage et, comme tout se fait à la main, le matériel industriel n'est jamais bien coûteux non plus. Les mêmes individus sont souvent, à la fois, cultivateurs et industriels, car ils produisent et fabriquent chez eux à peu près tout ce qu'il leur faut et, par la variété de leurs occupations, ils évitent les chômages et les arrêts de travail causés par les mauvaises saisons.

Ils ont gratuitement le terrain et l'eau, si importante pour le jardinage. La Chine possède, depuis une haute antiquité, le système de canalisation et d'irrigation le plus merveilleux du monde. Restent la main-d'œuvre et l'engrais. La densité de la population a, peu à peu, supprimé les pâturages et par suite, la plupart des bêtes de trait et de somme. Le Chinois n'a donc d'autre engrais que le stercoraire humain, qu'il trouve naturel de rendre à la terre, comme il lui a pris sa nourriture. C'est avec une sorte de solennité que l'un des livres sacrés de la Chine prescrit la façon dont il faut conserver, diluer et ménager cet engrais duquel dépend la récolte.

Quant au travail, on peut dire qu'il ne coûte rien au Chinois, dans tous les sens du mot. Il a beaucoup d'enfants, et il pratique l'aide mutuelle de manière à doubler ses forces en réduisant ses frais. Puis, selon la juste remarque d'Eugène Simon, le culte familial a développé, chez le Chinois, l'amour du travail, à l'encontre de presque toutes les religions, qui présentent le travail comme un châtiment et une malédiction.

Ceux qui ont connu, avant la guerre de 1870, quelque coin de France où régnait la petite propriété — la Normandie par exemple — peuvent se faire une idée de la famille chinoise. Beaucoup de paysans, en effet, vivaient à leur aise de quelques hectares de terre. Une partie était réservée au blé qu'on échangeait chez le boulanger contre du pain, ou chez le meunier contre de la farine, si on faisait le pain à la maison. On semait encore du grain pour nourrir des poules, parfois un cheval ou un âne. Le resté était en pâturages, plantés de pommiers. Les vaches alimentaient la maison de lait, de beurre, de fromage, dont les déchets nourrissaient un ou deux porcs, salés ensuite pour la consommation.

La vente des veaux était la grosse recette de l'année, celle qui servait à payer l'impôt.

Les pommes fournissaient la boisson. Les plus beaux fruits, quelques volailles, des légumes de choix étaient vendus quand on allait au marché pour en rapporter de l'épicerie et quelques hardes. On trouvait donc chez soi le laitage, le pain, les légumes, les fruits, la boisson, la viande de porc, la volaille, les œufs et le bois de chauffage — car toutes les haies en fournissaient et presque toutes les propriétés comprenaient un taillis. Les échanges d'argent étaient ainsi presque nuls. Et l'on vivait avec peu de besoins, mais pas de gêne; les enfants étaient mieux élevés, parce qu'on pouvait les garder à la maison en les occupant, soit aux champs, soit au jardin, soit à faire de la toile ou du drap. L'argent que l'on tirait de ce dernier travail constituait la réserve pour établir les enfants. Dans ce temps-là, les femmes raccommodaient encore; elles avaient de l'attachement pour le linge et les habits qu'elles avaient tissés elles-mêmes.

Aujourd'hui, les fabriques sont venues tirer les jeunes filles et les jeunes gens de la maison. On avait si peu l'habitude de l'argent que le moindre salaire a ébloui nos ruraux, mais ils ont appris à dépenser l'argent encore plus vite qu'ils ne le gagnent. Toutes les qualités d'économie s'en sont allées. On vit de conserves, de friandises et de boissons frelatées ; on s'habille avec de la camelote criarde, et bientôt on vend son champ et on loue quelque bicoque près de la fabrique, pendant que la grande propriété se reforme. Des fromageries mécaniques viennent débarrasser de leur laitage les rares petits propriétaires qui restent, de sorte que leurs femmes, n'ayant plus rien à faire chez elles, passent des heures à l'épicerie, à boire et à bavarder.

Quand le mal sera assez grand pour que le premier venu puisse constater que le machinisme et la division du travail, en faisant répéter au même individu éternellement le même geste, atrophient ses facultés de toutes sortes, nos économistes permettront peut-être alors que l'on examine si c'est un progrès réel et s'il vaut la peine que l'on aille l'imposer aux Chinois à coups de canon. Au lieu de les troubler, ce serait tout profit pour nous de les étudier, non pas seulement pour reconnaître que le Chinois est, dans sa moyenne, un être plus ingénieux, plus heureux, plus moral que la moyenne de nos ouvriers et de nos paysans, mais au point de vue économique. Nulle part la population n'est aussi dense et aussi aisée relativement. C'est que le cadre rural est resté le même chez eux, leurs goûts sont toujours simples; les bénéfices de leur culture, de plus en plus perfectionnée, peuvent nourrir de nouvelles bouches, tandis que dans nos sociétés occidentales, l'augmentation des salaires est bien moindre que l'accroissement de toutes sortes de besoins matériels, qui sont loin de développer l'homme moral et intellectuel.

Quand on parle de la prospérité d'un pays, le chiffre de ses productions industrielles et celui des salaires peuvent en donner une idée très fausse. Toute la question est de savoir si le régime de la petite propriété familiale et du travail à la main ne produit pas un plus grand nombre de gens heureux et aisés.

La Chine semble le prouver. D'ailleurs, même

au point de vue du rendement, jamais la culture mécanique et scientifique ne donnera ce que donne la culture du champ qui est le domaine assuré d'une famille : ce champ est d'autant mieux cultivé qu'il n'est pas grand, qu'on l'embrasse et le surveille d'un coup d'œil

Le même grain de blé qui, chez nous, donne un épi, en donne jusqu'à soixante en Chine; un pied de luzerne donne douze à quatorze coupes au lieu d'une. Devant ces résultats, qu'importe que leurs machines extraient un peu moins de farine ou d'huile de certains grains?

La description de la culture chinoise n'est plus à faire depuis Robert Fortune et Eugène Simon; rappelons seulement qu'en procédant par repiquages, les Chinois épargnent la semence, le terrain, et peuvent établir, dans la même année, un roulement continuel de récoltes. Puis ils fortifient et modifient la plante, selon les besoins du sol et les exigences du climat local.

Un sociologue contemporain fort distingué, M. Ch. Mismer, a remarqué qu' « un État où la famille est en proie à la dissolution et à la désagrégation est un édifice sans consistance et sans durée; c'est en vain qu'on lui prodigue les étais et les arcs-boutants ; si l'on ne se résout à le reprendre en sous-œuvre, sa ruine n'est qu'une affaire de temps[1] ».

A l'appui de cette remarque aphoristique générale, le même auteur cite l'exemple de Rome, qui s'écroula, moins sous le choc des Barbares comme on le croit d'ordinaire, qu'en vertu de sa propre décomposition, le jour où le culte de la famille en disparut avec le culte des dieux.

L'exemple de Rome, ici, est d'autant plus probant que la vieille famille italique, la *gens romana*, et la famille chinoise, bien plus ancienne encore, sont non pas analogues, mais identiques pour la religion du foyer, l'inaliénabilité de la terre, l'indivisibilité du patrimoine, la *patria potestas*, le *status* d'éternelle minorité de la femme, la condition des clients volontaires, des serviteurs, généralement esclaves affranchis ; la survie dans le tombeau même de la famille sous le nom de mânes, lares, génies, ancêtres, héros.

La famille chinoise, par le maintien de son organisation, religieuse au premier chef, s'étendant du foyer au tombeau commun et se prolongeant à l'infini par le culte des ancêtres,

---

[1]. *Principes sociologiques*, pp. 184-186. Paris, 1898.

qui rattache le présent au passé comme à l'avenir le plus lointain, suffirait à expliquer la durée, unique dans l'histoire, de la Chine. Il est vrai de dire que ce maintien a trouvé aussi des conditions de milieu, des facultés ethniques très favorables. Mais il y a une raison de cette durée qui l'emporte sur toutes les autres : c'est qu'en Chine, la famille, au lieu de s'effacer et de se fondre dans la cité, comme en Grèce et en Italie, a eu assez de virtualité et de fécondité pour créer, sur son patron et d'après son cadre, l'État chinois dans toute son ampleur et sa complexité.

Le Gouvernement.

Si j'ai insisté sur la famille chinoise, c'est que par sa structure, par son fonctionnement, elle est une miniature exacte de l'État. Celui-ci, en effet, ne saurait mieux se définir à la fois que comme un agrégat de familles formé autour d'un noyau central à la façon des cristaux, et que comme une synthèse vivante et supérieure de cet agrégat. Ce qu'est pour la famille le chef assisté de ses membres adultes, l'empereur et ses grands conseils le sont pour l'État.

On peut en dire autant des gouverneurs avec leur petit nombre de sous-ordres pour les provinces.

On se ferait une idée très fausse de la Chine, si on voyait en elle un vaste empire unitaire et centralisé, avec un souverain absolu à sa tête, tels qu'ont été l'empire romain, les régimes de Louis XIV et de Napoléon I*er*.

Ce type de souverain n'a existé en Chine que quelques années comme un accident, en la personne de Thsin-hoang-ti. Avant et après lui, l'empereur a été un patriarche dans le sens élevé du mot, mais un patriarche dont ceux de la Bible donneraient la plus fausse idée, puisqu'ils étaient nomades et ne commandaient, en dehors de leurs fils et de leurs filles, qu'à un certain nombre de gardiens de troupeaux. Le patriarche de la Chine a toujours gouverné une population sédentaire nombreuse, où les clans primitifs ont persisté.

Pourquoi, malgré leur pouvoir presque illimité en théorie, les empereurs chinois ne sont-ils pas despotes dans la pratique? Parce que ce pouvoir a pour correctifs deux devoirs impérieux chez un prince : être le père de ses sujets et placer son idéal dans l'humanité. (*Ta-*

Hio, ch. XXIII.) Il y a loin, on le voit, de ces deux devoirs *au bon plaisir* servant de règle aux souverains absolus ; mais ce qui est mieux encore, c'est que la plupart des dynasties chinoises se sont efforcées de réaliser cet idéal de justice et de bonté envers leurs sujets, que recommandent les plus anciens sages et, après eux, Confucius, dans sa *Grande Étude*. Le résultat de leur conduite a été de gagner le respect affectueux des gouvernés au lieu d'avoir au-dessous de leur trône des esclaves à l'obéissance contrainte et hypocrite. En France, le roi Louis XII, *Père du peuple*, qui réduisit, à son avènement, les impôts de 200,000 livres tournois et, pendant tout son règne, s'appliqua à rendre ses sujets heureux, est le souverain qui se rapproche le plus du type impérial tel que le conçoit l'opinion éclairée et populaire en Chine.

Si la Chine a été présentée le plus souvent, comme je viens de le dire, avec un souverain absolu à sa tête et surveillée par des sortes de *missi dominici* appelés mandarins, c'est que les missionnaires catholiques du xviie siècle, l'esprit rempli des traits du régime de Charlemagne et hanté de souvenirs de l'empire romain, ont pris et répandu cette vue de la Chine en Europe.

On ne l'a abandonnée peu à peu que depuis que des explorateurs récents, convenablement préparés et dépourvus de préjugés, en ont reçu et donné une autre plus exacte.

En effet, d'une part, l'empereur est si peu absolu, qu'il n'existe aucun droit d'hérédité en faveur de ses fils. D'un souverain régnant, nul ne connaît d'avance le successeur, théoriquement le plus digne de la famille — d'ordinaire l'enfant de la femme préférée du harem — souvent aussi l'élu des hauts mandarins composant le *Net-Ko*. Les Chinois attachent peut-être beaucoup moins d'importance réelle au *Tien-Tsé* (Fils du Ciel), qui est fort loin de leur portée, qu'à de simples fonctionnaires, ses délégués, tels que les *Tché-Hien*, avec qui ils ont journellement affaire dans leur arrondissement. Pourquoi? Parce que ces mandarins de rang inférieur ont des attributions étendues au point de vue civil. Ils perçoivent les impôts et sont responsables des rébellions dans leur ressort administratif. Ils interviennent donc, bien plus que les grands mandarins, dans la vie familiale et locale.

Mais ce n'est pas seulement le pouvoir du souverain qui est précaire en Chine ; l'existence même d'une dynastie quelconque ne l'est pas moins que celles des majestés européennes par la grâce de Dieu ou la volonté nationale.

L'empereur étant supposé un délégué du Ciel, et le Ciel ne pouvant vouloir que l'ordre et la prospérité dans l'empire, s'il arrive que les choses aillent mal, c'est pour eux un signe manifeste que l'occupant du trône est indigne et que le Ciel va lui retirer son mandat. C'est dans ce cas que l'empereur, qui se sent responsable et menacé d'insurrection, fait son *mea culpa* et promet de s'amender dans de longues colonnes de la *Gazette officielle* de Pékin. Il se rappelle qu'il est dit dans l'ancien livre des *Annales :* « Le mandat du Ciel qui confère la souveraineté à un homme ne la lui confère pas pour toujours. »

Et pourtant, ce qui devrait diminuer sa responsabilité, c'est que, comme nos rois constitutionnels d'Europe, il ne fait guère que promulguer, d'après les précédents ou des règles fixes, les propositions des conseils[1] ou grands

---

[1]. La dynastie actuelle, tout en maintenant les rouages gou-

tribunaux du *Ta-Tsing-Houeï-Tien*, du Collège-académie *Hanlin*, du Censorat public ou *Tou-tcha-Yoen*, et des six ministères : Intérieur, Finances, Rites ou Cultes, Guerre-Marine, Justice et Travaux publics — *Li-Pou, Hou-Pou, Yo-Pou, Ping-Pou, Hing-Pou, Kong-Pou.*

Seuls, les chefs de dynastie nouvelle et leurs successeurs immédiats prennent une initiative législative et réformatrice qui justifie leur accession au trône. « Bref, le Fils du Ciel peut tout, à condition de ne rien vouloir que de déjà

---

vernementaux actuels, créa pour son usage, en 1730, le *Kioun-ki-Tchou*, sorte de conseil privé qui se réunit tous les matins dans l'enceinte du palais impérial interdite au public. Sans attributions précises, sans un nombre fixe de membres, ce conseil est pour ainsi dire le souverain confectionnant des édits et ordonnances en vue de leur exécution ultérieure, examinant les affaires secrètes d'État, telles que les opérations militaires en temps de guerre, les listes de promotion des grands mandarins aux plus hauts emplois, distribuant des cadeaux aux rois et princes des pays vassaux. C'est aux dépens du vénérable *Neïko*, ou Conseil des ministres, que se sont faits les empiétements successifs du *Kioun-ki-Tchou*. Le *Neïko*, dont neuf membres sont Mandchous et Mongols et six Chinois, ne s'occupe essentiellement que de l'exécution des lois de l'État, de la transmission aux mandarins provinciaux des proclamations et ordonnances impériales pour les cérémonies publiques, sacrifices, etc. C'est encore de ce conseil que relèvent les six ministères.

connu et approuvé ». (De Gobineau, *Inégalité des races humaines*, p. 480.)

Un rôle traditionnel du souverain chinois, qui ne subit pas d'atteinte, c'est celui de sacrificateur au Ciel et à la Terre pour tout l'empire, puis à la mémoire de Confucius, que les diverses dynasties considèrent comme leur précepteur à toutes.

C'est en cette qualité de pontife qu'il publie des instructions morales à peu près comme un pape lance de temps à autre des encycliques ; comme ce dernier encore béatifie et canonise, l'empereur de Chine décrète l'apothéose d'un personnage de mérite, civil ou militaire, et détermine la sorte de culte qu'on lui rendra dans les temples confucistes, vrais panthéons de grands hommes.

Que la Chine a un gouvernement décentralisé, cela ressort clairement de l'autonomie administrative et fiscale dont jouissent les dix-huit provinces en lesquelles elle est divisée.

Ainsi, sauf l'impôt foncier dont la quotité est fixée à Pékin, pour tout l'empire, d'après un édit de l'empereur Kang-hi, les autres contributions sont établies et levées par les autorités provinciales.

A ce propos, la Chine est dans la situation où se trouverait l'Angleterre si les employés du comté y percevaient les contributions indirectes, les droits de timbre et de douanes, et si ces sommes étaient dépensées dans le comté même, après remise à Londres d'un tant pour cent pour les dépenses générales de l'Angleterre et de la cour. En effet, c'est le gouvernement civil de la province, non le Trésor de Pékin, qui paye les travaux publics et les frais d'examen pour le mandarinat, les garnisons, une flottille de jonques de guerre et de canonnières.

Quand une province a une source particulière de revenus, comme le Yun-Nam ses mines, le Ssé-Tchouen son sel, c'est encore le gouvernement provincial qui en afferme le monopole au profit du trésor provincial.

Les bourgs et villages n'atteignant pas un certain chiffre de population sont administrés par les chefs de famille qui en sont à la fois les maires, les juges de paix, les agents voyers, fonctionnant gratis, à tour de rôle.

Le gouvernement provincial n'envoie quelque agent parmi eux que pour prélever les impôts ou connaître d'un crime qui échappe à la juridiction familiale.

On conçoit aisément par ce rapide aperçu qu'en l'absence de moyens de communication rapides entre la circonférence et le centre de l'empire, l'action de la capitale sur telle ou telle province est presque nulle, si on la compare aux empires romain et assyrien dans l'antiquité, à notre France depuis Richelieu.

Cependant, cette action s'accentue depuis que les gouvernements étrangers ne traitent plus avec le vice-roi du Quang-Tong ou du Fou-Kien, comme avant la guerre de l'opium, et rendent responsable de ce qui se passe, ici ou là, le gouvernement central. Et ce dernier, grâce au rendement des douanes dans les ports ouverts au commerce international, a des ressources financières nouvelles qui rendent son action plus efficace qu'autrefois.

Et maintenant que dire des gouvernés par rapport au gouvernement chinois? Sont-ils aussi passifs, aussi dénués de droits qu'on le suppose en Europe? Nullement. Ils n'ont pas, il est vrai, la parlotte de nos Chambres pour soi-disant discuter les affaires du pays; ils n'ont pas encore une presse quotidienne ou périodique pour soi-disant signaler les abus administratifs, dénoncer les méfaits de grands coquins impunis. Mais, de temps immémorial, les Chinois, comme l'a remarqué Davis, tiennent des réunions publiques dans le but précis de s'adresser aux grands mandarins pour telle ou telle revendication et ils usent largement de placards anonymes pour flageller les magistrats prévaricateurs. (*The Chinese*, p. 19.)

Ce droit coutumier a si bien l'assentiment général, que les fonctionnaires le respectent, sachant que les administrés reconnaissent volontiers, par des remerciements et des souvenirs collectifs, la bonne gestion d'un mandarin lorsqu'il quitte une localité pour une autre. Le peuple chinois a également l'habitude d'intervenir dans toute occurrence grave. Dès la dynastie des Tchéou, il formait, en matière de justice criminelle, des sortes de jurys spontanés qui décidaient de l'exécution ou de la grâce d'un condamné. (*Tchéou-li*, II, p. 323.) Dans les maisons à thé, équivalentes à nos cafés, les Chinois s'occupaient avec chaleur de leurs affaires communes, autrefois; mais les débits d'opium, qui les supplantent çà et là, ne sont que des lieux d'abrutissement public et privé dont l'Angleterre peut se glorifier vraiment.

Quand les moyens pacifiques sont insuffisants auprès des mandarins, la fermeture des magasins, la suspension du commerce, sont l'avant-coureur d'exécutions sommaires, comme *ultima ratio*. On le voit donc : les Chinois acceptent bien la fiction de l'autorité paternelle chez leurs gouvernants, à tous les degrés de la hiérarchie ; mais quand cette autorité dégénère en arbitraire, en favoritisme, en ce que les Anglais appellent *misgovernment*, ils se rebellent contre elle pour la redresser. (Voir à ce propos l'important ouvrage de T. T. Meadows : *The Chinese and their rebellions, viewed in connection with their national philosophy, ethics, legislation and administration*. London, 1856.)

Régime agraire et agriculture.

Les Chinois, en parlant d'eux-mêmes, se nomment souvent les « Cent-familles ». Les traces de cette tradition sont trop nombreuses dans leurs annales pour ne pas répondre à quelque chose de réel. Ces cent familles, venues de la vallée du Tarim, furent probablement les premiers Mongols sédentaires, ceux qui, afin de cultiver la terre, firent les premiers essais pour régler le cours des eaux. D'autres, restés plus longtemps pasteurs, creusèrent des puits et s'établirent tout autour.

Sur la période semi-historique, remontant du xxvii° au xxxv° siècle avant J.-C., on ne sait rien de précis. Les empereurs appartenant à cette période représentent plutôt des âges durant lesquels tel ou tel progrès a été accompli. L'un d'eux, par exemple, nommé l'*empereur de l'agriculture,* et appartenant sans doute aux Cent-familles, passe pour avoir entrepris les premiers travaux de canalisation et d'endiguement, mesure indispensable à l'agriculture dans un pays où les cours d'eau sont les distributeurs de la fertilité et les premiers chemins de communication.

Un successeur de celui-ci fut l'*empereur Jaune,* qui inventa, dit-on, les costumes, l'ameublement, les instruments à vent, les armes, les voitures, les navires, les monnaies, créa un observatoire, publia des préceptes de médecine et organisa les premières divisions administratives de l'empire[1], divisions pour lesquelles

---

1. Ce fut la femme de l'empereur Jaune qui éleva les premiers vers à soie.

les puits, établis par les nomades, servirent de points de repère.

Une réunion de huit maisons formait un *puits*. Trois puits formaient un *ami*. Trois amis composaient un *village*, cinq villages une *sous-préfecture*, dix sous-préfectures un *département*, dix départements un *district* et dix districts une *province*.

La période nettement historique va commencer avec Yao, 2337 avant notre ère.

Les confins de l'empire étaient déjà : la Tartarie au nord, la Cochinchine au sud, le désert de sable à l'ouest, la mer à l'est.

Les actions et les dires de Yao, de Chun et de Yu, réédités par Confucius, forment la matière du *Chou-King* et sont nécessairement proposés en exemple à tous les autres empereurs.

La propriété, en Chine, comme dans la plupart des pays, devait subir de nombreuses transformations.

Le côté curieux, pour nous, Occidentaux, habitués à trouver, à l'origine de presque toutes les Annales, le chef de tribu ou le seigneur possesseur du sol, c'est de voir la Chine, 2200 avant J.-C. (environ l'époque d'Abraham), avec un régime agraire fort démocratique.

L'empereur, représentant du Ciel et père de ses sujets, est l'unique maître du sol. Il l'est en tant que représentant l'État. Donc, la terre est en commun ; ses produits ont deux destinations : faire vivre les familles, auxquelles on en distribue un lot chaque année, et pourvoir à l'entretien du gouvernement et de la défense nationale. On ne reconnaît à personne le droit d'accaparer cette source commune de richesses. Il ne peut y avoir ni terres en friche ni usages fantaisistes détournant la terre de sa destination naturelle. Elle ne doit être qu'entre les mains de celui qui la cultive, et tous ceux qui sont en état de la cultiver ont droit à une part.

On verra par la suite que ces premiers principes, que l'on trouve en vigueur sous les premiers empereurs historiques, survivent à toutes les convulsions politiques qui défont ou refont la centralisation et rendent la propriété plus ou moins individuelle.

Les empereurs de la première dynastie historique[1], celle des Hia, distribuent donc une

---

1. Fondée par Yu, qui fixe la loi de l'empire, en rendant le pouvoir héréditaire, d'électif qu'il était auparavant.

part de terre à chaque famille, qui la cultive, moitié pour son compte, moitié pour celui de l'empereur. Celui-ci, en revanche, est responsable de la sécurité de tous. Le peuple est resté dans l'épouvante d'une inondation telle, qu'on a pu la confondre avec le déluge mentionné par la Bible. L'empereur est le directeur de travaux hydrauliques gigantesques, destinés à prévenir le retour de la catastrophe et moyennant lesquels l'agriculture se développe. On classe les terres et l'on fixe l'impôt.

Les annales du temps de Yu représentent l'empire par six carrés concentriques. Celui du milieu, le plus petit, figure la résidence de l'empereur et de ses colons; il est entouré par la première zone, dite impériale; la seconde est celle des États feudataires[1]; la troisième, dite domaine de la paix, est cultivée trois cinquièmes au profit de l'instruction publique et deux cinquièmes au profit de la police; la quatrième zone est occupée par les maraudeurs faits prisonniers; la cinquième par les condamnés indigènes. Enfin, la dernière, dite du com-

---

1. Distribués à ceux qui avaient secondé Yu dans ses travaux contre l'inondation.

merce, est habitée par les étrangers du Midi et les exilés.

Cette première dynastie offre le spectacle que l'on pourra observer chez toutes les autres. Les premiers empereurs sont remarquables, leur activité confond; toute initiative semble venir d'eux. Chacun est comme un grand propriétaire avec des millions de métayers à surveiller. Puis, la vie fastueuse de la cour, les tentations du pouvoir absolu, amènent la dégénérescence de la dynastie, que détrônera quelque feudataire ambitieux et osé. Mais celui-ci sait qu'il ne peut légitimer son usurpation qu'en agissant de telle sorte qu'il sera, aux yeux du peuple, comme le mandataire du Ciel.

Ce fut un prince de l'État de Chang qui fonda la seconde dynastie et lui donna le nom de son État (1766). Il diminua l'impôt en augmentant la part de terre de chaque famille. Des communes se formèrent avec des groupes de neuf familles, appelées *tsing*. Ces groupes cultivèrent en commun la part représentant la redevance à l'empereur, c'est-à-dire l'impôt. De nouvelles lois intervinrent sur l'agriculture et l'irrigation; la centralisation fut diminuée par la création de principautés d'abord simples tributaires, puis presque indépendantes après deux ou trois générations.

Cette dynastie fut l'une des plus effacées qui régnèrent en Chine. Cependant son fondateur, Tching-tang, tient une grande place dans les Annales et dans les œuvres de Confucius. Sept années de sécheresse et de famine désolèrent son règne comme il arriva en Égypte vers la même époque. L'empereur fit une confession publique et les Annales rapportent qu'il avait à peine fini de parler que la pluie commença à rafraîchir la terre.

Ses successeurs ne tardèrent pas à perdre leur autorité sur les États tributaires; ceux-ci cherchèrent, vers la fin de la dynastie, à s'affranchir de l'impôt.

Les excès de luxe, de débauches, de cruautés des derniers Chang ressemblent fort à ceux des derniers Hia. Cette fois, c'est un prince de l'État de Tchéou qui, au nom du Ciel, détrône les Chang et fonde la troisième dynastie (1122).

Le nouvel empereur, Vou-vang, décrète une réforme, consignée dans le *Tchéou-li,* document sans analogue dans l'histoire des peuples et qui jette un jour curieux sur la façon dont

tout est réglé et prévu dans ce vaste empire[1].
On voit aussi, à chaque changement de dynastie, que l'idée de réforme et de progrès se confond avec le remaniement de la loi agraire.

La décentralisation, commencée sous les Chang, fut fixée, mais aussi réglementée par les Tchéou. Sous les premiers règnes de cette dynastie, les princes feudataires ne sont guère que de grands fonctionnaires, tenus d'observer tout ce que prescrit le *Tchéou-li*, et très surveillés par les inspecteurs impériaux. Vis-à-vis de l'agriculteur, la loi agraire reste la même, sauf que chaque chef de famille reçoit 100 *méou*[2] de terre au lieu de 70 sous les Chang et 50 sous

---

[1]. Ferrari dit du *Tchéou-li* : « Qu'on se figure un almanach impérial détaillé, avec toutes les places, les charges et les fonctions de l'empire ; en même temps, un formulaire à demi ecclésiastique pour les cérémonies, les sacrifices et l'étiquette du palais ; une exposition complète des charges divisées d'après les six ministères, sans oublier les infimes tâches des domestiques minutieusement dénombrés, gradués, hiérarchisés ; un manuel d'industrie donnant des ordres aux inspecteurs, aux fabricants, aux laboureurs, avec les préceptes les plus techniques sur l'art de faire les tambours, les cloches, les chars, les épées, l'arc, la pique, le vin, le vinaigre, la soie, le chanvre ; qu'on se figure une géographie, une statistique des métiers, avec des règles pour apprécier les mœurs, garder les archives, vider les procès, distribuer les terres, etc. »

[2]. Arpent.

les Hia. La redevance en nature varie suivant la fertilité des terres.

Les chefs sont classés en cinq catégories; ils fournissent un certain nombre de chars de guerre, suivant l'étendue de leur principauté. Vou-vang en créa soixante et onze, dont il donna le gouvernement à des membres de sa sa famille et à des descendants des empereurs les plus fameux[1].

Après ce bouleversement, quelques siècles s'écoulent sans secousses; la civilisation est en progrès, les villes se construisent; l'empereur établit sa capitale à Lo-Yang.

Le développement naturel du nouvel ordre de choses devait accroître le fractionnement de l'empire et amoindrir les prérogatives de l'empereur, qui devient peu à peu impuissant à se faire obéir. Les Annales étant rédigées au nom du Fils du Ciel, il est naturel qu'elles poussent au noir le tableau de cette période; les deux grands philosophes qui illustrent cette dynastie contribuent à accréditer la croyance que la Chine est alors en décadence; ils vivent d'ailleurs à l'époque la plus troublée. Lao-tseu

---

[1] L'État de Tchéou prend alors le nom d'État du Milieu.

voit surtout le mal engendré par les guerres ; Confucius, qui s'est fait l'historien des premiers grands empereurs, ne voit le salut que dans la centralisation.

Cependant les Tchéou règnent neuf cents ans, c'est-à-dire plus longtemps qu'aucune autre famille, et si l'empereur n'est pas toujours assez puissant pour repousser les Tartares au nord, les Youéi au sud, les princes apanagés y réussissent et la Chine, dans son ensemble, n'est nullement amoindrie, bien qu'elle arrive, vers l'époque de Confucius, à former jusqu'à cent cinquante-cinq États.

Sans doute ce fractionnement multiplie les révolutions et les guerres, mais aussi centuple l'initiative, pousse à la recherche du nouveau, et cet affranchissement d'une règle commune appliquée par une bureaucratie étroite, fut peut-être très féconde. A lire les Annales des États, autonomes pour la plupart, on sent que, si les princes ou rois n'accordent plus grand respect à l'empereur, chacun aspire à devenir lui-même un souverain d'après l'idéal chinois ; aussi tous gardent-ils les traits principaux qui ont donné à la Chine sa physionomie. Chez tous, même préoccupation de la question agraire ;

même respect du culte des ancêtres, qui maintient la forte cohésion entre les générations passées et futures.

Les deux philosophes qui apparaissent au temps où l'abus des guerres fait que décidément le mal l'emporte sur le bien, personnifient les deux courants simultanés qui ont emporté la Chine durant ces neuf siècles de décentralisation. Lao-tseu, tout en blâmant son époque, se fait l'apôtre de la liberté à outrance; ni l'autorité ni la sagesse des anciens ne comptent pour lui. Les maximes morales et politiques de Confucius, au contraire, incorporent si bien la tradition historique de l'ère des grands empereurs, que lui et ses disciples préparent, par leur influence, le retour définitif de leur pays à la centralisation première. Avant même la chute officielle de la dynastie des Tchéou, on sent cheminer ces idées. Les philosophes prêchant la vertu aux princes et aux peuples le respect de l'autorité sont à la mode. Beaucoup de petits États se rangent d'eux-mêmes sous l'égide des princes qui ont une bonne renommée; le fractionnement multiple est déjà réduit à huit États quand le roi de Thsin usurpe le titre d'empereur (249) et subjugue les autres États. Le nouvel empereur, Thsin-chi-hoang-ti, resté fameux dans l'histoire par sa proscription des livres et des lettrés de l'école confuciste, dut cependant à un philosophe de cette école : Koung-siun-yang, l'idée qui lui permit de réaliser l'unité de la Chine.

Cette fois encore, la réforme de la loi agraire devait décider des événements.

Cette réforme consista à fixer la propriété familiale au lieu de renouveler les partages chaque année. L'expérience, inaugurée (364 avant J.-C.) d'abord dans l'État de Thsin, y attira bientôt beaucoup de nouveaux sujets qui formèrent les armées avec lesquelles les États voisins furent conquis, bien que tous se fussent ligués contre Chi-hoang-ti. L'âme de la résistance fut un autre lettré de l'école de Confucius, Soutsin, et en dépit de la conquête, cette résistance devait préparer la chute de la courte dynastie des Thsin, après la disparition de son fondateur.

Dès que sa conquête fut assurée, il ordonna le désarmement de la Chine, remplaça les anciens fiefs royaux par une division administrative de l'empire en trente-six provinces et fit établir dans chaque canton une statistique des productions, qui permit de remettre au point la perception d'un impôt équitable.

Avec l'aide du ministre révolutionnaire, Li-ssé, celui qui conseilla l'incendie des livres et la persécution contre les lettrés, défenseurs des traditions, l'empereur renversa tous les anciens usages, renouvela la face de l'empire et imprima si profondément ses réformes, qu'en dépit de plusieurs périodes de réaction, la Chine devait toujours y revenir.

Cette époque est véritablement le nœud de l'histoire chinoise.

Du jour où Thsin-hoang-ti ne tient plus l'empire dans sa main puissante, l'anarchie se déchaîne avec une violence inouïe. Tout semble compromis; la situation est confuse au point que l'on voit les divers partis qui ont influencé la Chine jusque-là agir en sens inverse de leurs traditions. Les Tao-ssé, qui ont mission de prêcher le mépris du pouvoir, la passivité, la tolérance, ont été les protégés et les inspirateurs du tyran. Les Confucistes, dont le programme est basé sur la centralisation, ont combattu celui qui la réalisait. C'est qu'il eût fallu là clairvoyance du maître pour distinguer sous le demi-Tartare fastueux, cruel, impatient d'effacer un passé qui lui semblait limiter son présent, l'organisateur de génie qui repétrissait une Chine justement dans le sens de l'idéal de Confucius.

Mais les lettrés comprennent si peu cela, que, sous Thsin-hoang-ti, ils insistent pour le rétablissement des apanages et, après sa mort, se reprennent au jeu mesquin qui les avait occupés sous les derniers Tchéou : chaque lettré, conseiller d'une petite cour, pousse le prince aux conquêtes et à l'intrigue, dans l'espoir de devenir le ministre d'un plus grand État.

Pour que les lettrés reprennent leur rôle de conservateurs et adoptent l'œuvre nouvelle, il faudra que celle-ci leur apparaisse continuée par un empereur bienveillant et respectueux des cérémonies et des traditions historiques.

La nouvelle dynastie[1], celle des Han (202), allait réconcilier les deux courants ennemis et ouvrir une ère si brillante dans l'histoire nationale, que les Chinois se donnent volontiers le nom de fils de Han.

---

1. La nouvelle dynastie établit sa capitale à Si-Ngan-Fou, qui devait rester l'une des plus belles villes de la Chine.

Les Han furent essentiellement bienveillants; leur fondateur d'ailleurs dut sa fortune à une troupe de prisonniers qu'on l'avait chargé de conduire en exil et qu'il délivra. Un de ses successeurs, l'empereur Wen-ti (179), réforma, en l'adoucissant, tout le Code pénal, encouragea l'agriculture et fonda beaucoup d'œuvres de bienfaisance. Il rétablit les cérémonies chères aux lettrés et leur rendit le droit de remontrances que leur avait enlevé Thsin-hoang-ti. Un peu plus tard, Wou-ti invite les gens éclairés à donner leur avis sur les affaires publiques et accepte qu'on l'engage à se réformer lui-même.

Pendant près de deux siècles le pouvoir reste paternel, l'expansion de la Chine se fait presque sans guerres et sa civilisation s'accroît.

D'où viendra l'orage qui renversera cette première branche des Han? D'une nouvelle crise de la question agraire.

Le droit de propriété avait produit les effets que nous lui voyons avoir eus partout; malheureusement il avait été conféré au chef de famille sans que les droits des membres de la famille fussent bien définis.

Les plus forts et les plus habiles ne tardèrent pas à arrondir leurs domaines aux dépens des autres. Les chefs de famille qui avaient eu l'imprudence de céder ou de réduire leurs domaines se voyaient obligés de vendre leurs fils; certains riches commandaient à des milliers de cultivateurs rivés à une sorte de servage. Tous les expédients tentés pour améliorer la situation échouaient. Allégeait-on l'impôt, cela ne profitait qu'à ceux qui avaient accaparé les terres. Défendait-on de vendre, cela augmentait la détresse de ceux dont le domaine était trop réduit pour les faire vivre.

Enfin, un homme du peuple, arrivé par la force de son ascendant à dominer l'empereur et bientôt à le remplacer, Wang-mang, allait remanier encore une fois la loi agraire; sans supprimer la propriété, il la limitait à un zin [1] de terre par personne, quel que fût son rang. Le reste était donné aux villages pour nourrir les orphelins, les veuves, les vieillards et les infirmes. Puis il limitait le servage. Les propriétaires ne pouvaient plus garder que huit hommes, ce qui supprimait une quantité de petites armées privées prêtes à la guerre civile.

---

1. Un peu plus de cinq hectares.

La propriété ainsi réduite devenait inaliénable. Cette réforme, qui améliorait celle de Thsin-hoang-ti et devait être reprise plus tard, lésait trop d'intérêts puissants pour n'être pas l'objet d'une furieuse réaction. Tant que le peuple fut pour l'usurpateur, on n'arriva pas à le détrôner; mais des guerres contre les barbares créèrent de grands besoins d'argent, et l'établissement de douanes sur beaucoup de denrées, fut un prétexte pour soulever la multitude contre Wang-mang, qui fut tué dans son palais (23 ans après J.-C.).

Cette victoire des grands propriétaires devait, pour longtemps, rejeter dans l'ombre la question agraire.

Pendant six siècles, la Chine est en proie à une sorte de jacquerie causée par les abus de la grande propriété. Une branche des Han, remontée péniblement sur le trône, après les troubles amenés par l'insurrection des Cils-Rouges, n'arrive pas plus que les petites dynasties qui vont lui succéder à rétablir la paix.

Deux cents ans après J.-C., la Chine se trouve même divisée en trois royaumes (Weï, Han et Chou), sans que l'état social en soit amélioré.

Du temps des Thsi (v⁰ siècle), il y eut une Chine du Sud et une Chine du Nord. En 485, l'empereur du Nord se reprit à la réforme agraire; il donna à tout homme valide 40 méou, à chaque femme 20 méou, pour la culture des céréales, et il ajouta 20 méou par feu pour les mûriers. Les partages se refaisaient tous les ans. C'était un recul sur la réforme de Wang-mang; mais cela arrêtait la monopolisation des terres par les riches. La réforme, d'ailleurs, fut abandonnée, puis reprise plus tard comme machine de guerre contre la cour du Sud.

Une autre expérience fut tentée en vain par l'empereur Wen-ti (581). Il s'agissait de diviser la population en quatre castes calquées sur celles de l'Inde. Cela allait contre toutes les traditions chinoises et on ne s'y conforma pas longtemps.

Au vii⁰ siècle, la dynastie des Thang refit l'unité et releva la Chine. L'empereur Taï-tsoung (627) reprit la tradition chinoise des souverains paternels et pontifes. Il chercha à remédier à la misère générale par tous les moyens philanthropiques: créations charitables, allégements d'impôts, et fit tout le bien que peut faire une personnalité active et bienveillante; mais la question agraire restait à résoudre et il laissait en germe des désordres futurs en créant quelques apanages et en en promettant l'hérédité.

L'un de ses successeurs, Ming-hoang (713), procéda d'abord par des exemptions progressives de taxes, puis rétablit la propriété.

Les désordres ne tardèrent pas à renaître, ramenant la jacquerie et les luttes de dynasties. Cinq se succèdent en un demi-siècle et l'unité se refait par les Soung (960). L'empereur Taï-tsou et ses successeurs rendent la paix à la Chine. Grâce à la civilisation plus avancée, aux notions d'agriculture partout répandues et aux échanges mieux organisés, les abus de la libre propriété rétablie par les derniers Thang ne furent pas aussi grands qu'après les Thsin; néanmoins la misère était grande quand parut (1069) un réformateur, le plus fameux de la Chine. Wang-an-chi, premier ministre de l'empereur Chin-tsoung, était le chef d'une école philosophique qui tenta de synthétiser toutes les philosophies et les religions de la Chine. L'empereur donna tout pouvoir au philosophe et à ses disciples d'entreprendre une refonte générale de la loi agraire et de l'administration chinoise.

D'après le P. Amiot, voici un aperçu des idées directrices de Wang-an-chi : « Le premier et le plus essentiel des devoirs d'un souverain est d'aimer ses peuples, de manière à leur procurer les avantages réels de la vie, qui sont l'abondance et la satisfaction. Pour arriver à ce but, il suffirait d'inspirer à tout le monde les règles invariables de la rectitude ; mais, comme il ne serait pas possible d'obtenir de tous l'observation exacte de ces règles, le souverain doit, par de sages règlements, fixer la manière de les observer. »

Et comme le ministre est un lettré, versé dans tous les textes officiels dont il connaît le prestige en Chine, il s'appuie sur le *Tchéou-li* pour rétablir les tribunaux qui, d'après les Annales, avaient « une inspection immédiate sur les ventes et les achats de toutes les choses qui sont pour l'usage de la vie. Ces tribunaux mettaient chaque jour le prix aux denrées et aux marchandises. Ils imposaient des droits qui n'étaient payés que par les riches. L'argent qu'on retirait de ces droits était mis en réserve dans les épargnes du souverain, qui en faisait la distribution aux vieillards, aux pauvres, aux ouvriers sans travail. »

On établit dans chaque ville des bureaux pour percevoir les droits de l'empire en les proportionnant aux bonnes et aux mauvaises récoltes.

Les terres incultes furent distribuées aux pauvres, auxquels on donnait le moyen de les cultiver en leur distribuant les grains de la semence au printemps, à la seule condition de les rendre après la récolte.

Enfin, on créait une monnaie d'État qui remplaçait celle en lingots d'un poids uniforme, qui prêtait à la fraude sur la valeur.

Cet ensemble de réformes enlevait donc aux riches toutes sortes de monopoles fructueux, supprimait l'usure qui, plusieurs fois déjà, avait dévoré la petite propriété, et cherchait ouvertement à atténuer les inégalités sociales.

Dans quelle mesure le réformateur s'empara-t-il, au nom de l'État, du sol, de l'industrie et du négoce, c'est assez difficile à décider. Les tendances très socialistes de Wang-an-chi font que beaucoup des écrivains qui mentionnent sa réforme n'en parlent pas de sang-froid, et donnent une idée plus claire de leur désapprobation que de la réforme elle-même. Et, comme le fait remarquer Biot, l'histoire officielle de cette tentative a été écrite par les ennemis du ministre, par les lettrés, qui lui en voulaient surtout d'avoir imposé sur les *King* un commentaire de sa façon.

D'ailleurs, qu'on se rappelle que son pouvoir ne dura qu'autant que régna l'empereur Chin-tsoung, c'est-à-dire quinze ans. Or, quand on considère l'énormité de la réforme, l'étendue de l'empire chinois, les résistances qui se sont sûrement produites, on peut en inférer que, sans doute, elle n'eut pas le temps d'être appliquée partout, et que, où elle le fut, les résistances en faussèrent l'application. D'ailleurs, il semble bien que l'État se trouvait chargé de trop de choses, et que l'industrie et le commerce devaient souffrir des règlements qui les entravaient; mais, si les grandes fortunes s'en trouvaient réduites, la condition du peuple n'était-elle pas plutôt améliorée? L'expérience ne fut pas assez prolongée pour qu'on puisse en porter un jugement définitif.

La mort de l'empereur Chin-tsoung (1185) laissait le pouvoir à une régente qui prit comme ministre l'ennemi de Wang-an-chi, l'historien Ssé-ma-Kouang. Celui-ci annula toutes les institutions nouvelles, en révoqua tous les fonctionnaires. A travers le vague récit des Annales, on devine cependant que la réaction ne put pas rétablir certains privilèges, et, comme les disciples de Wang-an-chi revinrent deux fois au pouvoir, on peut en conclure que c'est grâce à son influence que la grande propriété ne devait plus se reformer d'une façon durable et oppressive en Chine[1].

Les dynasties mongoles qui, d'abord, règnent simultanément avec les Soung, puis arrivent à dominer la Chine pendant deux siècles, établissent, il est vrai, une sorte de régime féodal. Mais ce régime ne doit pas avoir aggravé la condition du peuple, à en juger par le soin que prirent les Mongols, à peine victorieux, de publier des édits en faveur des agriculteurs et des artisans.

Avec les Ming (1368) s'établit peu à peu le régime actuel, qui est celui de la petite propriété, presque toujours indivise entre les membres d'une même famille, d'un clan, ou des habitants d'un village[2]. Les grands domaines

---

1. Les Annales, jusqu'à la fin de la dynastie des Soung, font de fréquentes mentions de la continuation de la lutte entre les deux écoles.

2. Dans son livre récent : *En Chine*, M. Maurice Courant

appartenant aux écoles, aux hôpitaux, aux temples ou à la couronne, sont cultivés, à demi-profit, par des métayers.

Les Mandchoux, arrivés au pouvoir en 1616, vont se rendre responsables de la décadence actuelle de la Chine en désorganisant son mandarinat et, par suite, son administration; mais ils n'ont rien changé au régime agraire.

Mœurs et coutumes.

La Chine comprenant des zones de climats aussi variés que possible : froids, tempérés,

---

dit à ce propos : « La commune, plus récente que le clan, abonde dans les régions septentrionales, plus souvent envahies, plus proches aussi du pouvoir central; elle a assez de plasticité malgré sa cohésion, pour n'en pas gêner, pour au contraire en aider l'action. Le clan, plus antique et de texture plus serrée, n'a subsisté pleinement que loin de l'autorité centrale; survivant de l'âge féodal et aristocratique, il est en lutte au moins latente avec l'État chinois qui empiète sur lui par l'impôt, par le tribunal, par le code; il s'accommoderait encore bien moins d'un État de forme plus moderne, exigeant plus de soumission, plus d'uniformité. L'autorité qui s'y est maintenue, presque aussi forte que dans la famille, en fait un corps résistant, capable d'une action prolongée toute locale; mais il n'est susceptible que d'une croissance interne et lente, et sa constitution lui rend difficile de s'unir, même passagèrement, au clan voisin. »

tropicaux, ainsi que des races différant autant entre elles que celles qui peuplent l'Europe, les mœurs chinoises diffèrent de même selon l'endroit où elles sont observées. Néanmoins, des traits communs à tous les Chinois sont les plus nombreux. Parmi ceux-là, il faut citer d'abord leur respect de tout ce qui est ancien. Ils ont toujours demandé leurs enseignements au passé, comme l'attestent leur philosophie officielle, la forme du gouvernement et de la famille. Mais ce respect de ce qui est vieux, en s'appliquant à l'homme, a une énorme influence sur les mœurs privées; l'habitude crée une hiérarchie naturelle qui est une véritable discipline et qui a fait de la Chine le peuple le plus poli de la terre — trop poli peut-être: les révérences, les génuflexions, les épithètes hyperboliques jouent un rôle qui semble fastidieux aux gens blasés de politesse; mais, si vous considérez les milieux où, en Europe, l'absence de politesse engendre la violence, vous trouvez qu'en Chine, dans les milieux correspondants, il en reste encore assez pour maintenir une extrême douceur de mœurs.

Nos cochers et charretiers, toujours prêts à régler leurs différends avec des jurons, seraient surpris de voir deux paysans dans un marché, ou deux coolies dans une ville, s'ils se sont heurtés par mégarde, se mettre à genoux l'un devant l'autre, s'excuser et s'entr'aider pour remettre les choses en ordre.

Les rixes sont à peu près inconnues; les duels, d'ailleurs très rares, consistent à se placer en face l'un de l'autre et à s'accabler publiquement de reproches.

Avant d'en finir avec l'article politesse, ajoutons que le propos le plus flatteur qu'un Chinois puisse vous adresser est de vous déclarer que vous portez le double de votre âge et de vous traiter de « grand frère », en s'intitulant lui-même votre « petit frère ». Ou bien il remplace notre « monsieur » par « vieil aïeul ». Les Chinois sont glabres tant qu'ils sont jeunes; il ne leur pousse quelques poils de barbe qu'avec la vieillesse ; aussi en sont-ils fiers comme d'une décoration qui leur assure le respect.

Un autre trait commun à tous les Chinois est une extrême sociabilité; ils sont gais et faciles dans leurs relations, portés à s'associer dans leurs plaisirs, dans leurs travaux et dans leurs affaires. Entre le riche et le pauvre, entre le paysan et le citadin, on sent moins de distance que chez les autres peuples et la confiance mutuelle y est plus grande; aussi le crédit y est-il à la portée d'un plus grand nombre. Les banques chinoises remettent à leurs clients jusqu'au double de la somme inscrite à leur compte, moyennant l'intérêt courant et pour un délai pouvant aller jusqu'à six mois. Et le crédit moral est tellement dans les habitudes, qu'il s'applique à n'importe quel besoin privé ou public, sans garanties ni formalités. L'étudiant qui n'a pas le premier sou pour ses études, le paysan qui a besoin d'un buffle, le commerçant qui a besoin d'avances, trouvent facilement dix, vingt petites bourses qui se cotisent pour leur faire les fonds. De sorte que le même individu, sans être riche, peut avoir un peu d'argent dans plusieurs affaires différentes et a intérêt à les voir prospérer[1]. Ces petites commandites ou associations pullulent en Chine et y favorisent une multitude d'intérêts privés et de travaux publics faits à frais communs[2]. De

---

1. Il n'y a pas d'autres placements d'argent en Chine; le rentier inactif y est inconnu.
2. Les corps de métiers jouent aussi un rôle important;

même, beaucoup de travaux, surtout à la campagne, se font avec l'aide des voisins, à charge de revanche, et sont considérés comme des fêtes plutôt que comme des corvées. La cueillette du thé est la fête du travail la plus populaire en Chine, la seule occasion où les femmes se joignent aux hommes dans les champs. Cela correspond à ce qu'était en France la cueillette du lin et à ce que sont encore les vendanges. Le thé se cueille à plusieurs reprises dans l'année ; les premières feuilles, enlevées dès qu'elles pointent, forment un thé supérieur, très cher. Les autres cueillettes se font deux ou trois fois, selon les climats, à chaque nouvelle pousse de feuilles. Le thé vert n'est que séché au soleil et peu pressé, de sorte qu'il garde plus d'arome et de sucs excitants que le thé noir, légèrement torréfié et plus fortement pressé pour la dessiccation.

L'État chinois ne s'occupe de l'instruction publique que pour faire passer des examens. Toutes les écoles et collèges sont créés et en-

---

en Chine, et ils ne se contentent pas de défendre les intérêts de leurs membres, ils les surveillent, empêchent les fraudes et tout ce qui pourrait nuire au bon renom de la corporation.

tretenus par l'initiative privée, soit par quelque fonctionnaire ou commerçant enrichi qui se fait une gloire de fonder une école ou une bibliothèque dans son village natal (où il revient d'ailleurs, au moins une fois dans l'année, pour célébrer le culte des ancêtres), soit par un groupe de familles. Et il n'y a guère de village qui n'ait son école, sa bibliothèque et son caravansérail, ou sa pagode servant, à la fois, de marché, de refuge pour les voyageurs, de lieu de culte, de club, de bourse et de théâtre.

Les Chinois adorent le théâtre, surtout le théâtre historique. L'histoire nationale[1], apprise à l'école et entretenue dans la mémoire par le théâtre et des lectures en famille, est connue au point que, dans beaucoup d'endroits on ne désigne la date de tel ancêtre ou de tel événement privé que par quelque fait historique ou quelque règne de date correspondante.

Nous avons vu que les deux traits principaux de la vie chinoise sont : le respect, d'où résulte une discipline privée; une grande liberté d'action, qui favorise tous les domaines

---

1. On voit dans les carrefours des lecteurs publics enseignant les classiques et l'histoire nationale.

de l'activité productrice. Dans l'ordre politique, on retrouve ces deux traits : beaucoup d'empressement à payer l'impôt, beaucoup de politesse vis-à-vis des rares fonctionnaires, mais une résistance qui prend toutes les formes pour s'affranchir de la tyrannie ou rappeler à l'ordre un mandarin qui sort de son droit plus que la mauvaise administration mandchoue ne l'y autorise.

Si l'on est mécontent d'un fonctionnaire, on emploie souvent un moyen prouvant le respect dont les maîtres d'école sont entourés. On va parfois chercher très loin l'instituteur de village qui a été le premier maître du fonctionnaire dont on a à se plaindre et on le charge de faire des remontrances, toujours écoutées respectueusement par l'ancien élève, si haut placé qu'il soit. D'ailleurs, l'empereur ne donne-t-il pas l'exemple en gardant près de lui des censeurs et en plaçant, dans son palais, une table sur laquelle le premier venu a le droit d'aller écrire des critiques sur le gouvernement?

Un autre usage, assez fréquent, à l'arrivée d'un fonctionnaire mal famé, est de le recevoir à la porte de la ville avec mille politesses, sous une tente où des rafraîchissements lui sont offerts; après quoi, on le remet non moins poliment sur la route et on l'engage avec fermeté à s'en retourner.

Ou bien encore, si l'on ne peut se débarrasser d'un mandarin tyran et prévaricateur, ni par des placards, ni par des plaintes adressées à l'empereur (le plus souvent interceptées), ni par des grèves qui ferment tous les magasins vendant les choses les plus nécessaires à la vie, quelques hommes résolus se dévouent pour tuer le mandarin au prix de leur propre vie. Le coup est fait par le premier des conjurés qui en trouve l'occasion, et tous les autres se cotisent pour élever ses enfants et donner à sa famille des moyens de vivre.

La Chine a reçu, des pays voisins, le nom de « terre des fleurs ». La passion des fleurs est commune à tous les Chinois. Elles sont, avec quelques épingles, le seul ornement qui distingue la toilette des femmes de celle des hommes. La corbeille d'une mariée contient toujours un lot de fleurs artificielles. Les fleurs naturelles décorent les jardins, les maisons et aussi les bateaux qui, aux abords des fleuves, tiennent lieu de maisons à des familles nombreuses.

Beaucoup de femmes portent des noms de fleurs.

La décoration intérieure des maisons est gaie et claire; les meubles de bois laqué et les nattes y jouent le principal rôle. La plupart des logis comportent une salle d'honneur, où une table, placée contre un mur, figure une sorte d'autel; elle est couverte de fleurs et surmontée de pencartes portant des inscriptions morales. Un bahut contient les registres et archives de la famille. Un sopha est la place d'honneur où l'on fait asseoir le visiteur et près duquel on lui apporte, sur une table légère, le thé de l'hospitalité.

Les maisons sont presque toujours disposées en fer à cheval, avec un toit assez large pour former une véranda sous laquelle les femmes et les enfants passent une grande partie de la journée à travailler ou à jouer.

Les Européens sont facilement choqués de la lenteur des Chinois, de leur inconscience de la fuite du temps. Mais n'est-ce pas un trait du paysan de partout? Et la grande majorité des Chinois sont des paysans ou bien ont été élevés à la campagne, occupés à des travaux de jardinage qui demandent de l'attention, de l'adresse, du goût, de l'observation et sont incompatibles avec l'agitation fébrile des milieux industriels.

On leur reproche encore d'être bavards, comme le sont volontiers les gens gais, ayant la vie facile.

Leurs superstitions sont innombrables, sans être de nature cependant à devoir nous étonner, car leurs superstitions, comme leurs fêtes, s'adressant aux astres et aux forces naturelles, sont celles du monde païen, dont il y a encore des traces chez nous. Toute la différence est qu'ils les ont conservées un peu plus que nous et combinées avec les superstitions apportées par le bouddhisme.

Le dragon, qui a joué un rôle dans l'imagination de presque tous les peuples[1], intervient à chaque instant dans la vie du Chinois et s'étale, à titre d'emblème, sur les vêtements de l'empereur, sur les draps mortuaires et sur une

---

1. Ainsi, les Grecs en ont fait le gardien du jardin des Hespérides. Les Perses et les Romains l'ont représenté sur les enseignes de certaines cohortes. L'Église catholique en a fait le symbole de Satan terrassé par saint Michel ou par saint Georges. Il figure dans les cathédrales sous forme de gargouille et dans les processions comme tarasque.

foule d'édifices et d'objets. Le dragon est évidemment la réminiscence de quelque saurien ou de quelque ptérodactyle doué de la faculté de voler et de nager. L'imagination populaire en a fait le fétiche divinisé de l'eau sous toutes ses formes et le symbole d'un empereur dont le règne est bienfaisant et fécond.

Les livres sacrés de la Chine ont accueilli cette réminiscence et, dans la sphère qu'ils divisent en quatre parties, ils consacrent l'est au dragon, emblème du printemps; ils lui donnent la prééminence sur le tigre blanc, l'oiseau rouge et la tortue, figuratifs de l'ouest, du sud et du nord.

Les géomanciens et sorciers, qui jouent un si grand rôle dans la vie privée des Chinois, n'ont pas manqué de s'emparer des attributs du dragon, pour exploiter la crédulité publique. Veut-on construire ou creuser une tombe? Le terrain nécessaire ne recevra les influences célestes que s'il est choisi de façon à ce que les quatre emblèmes y convergent. Quand la direction réelle des points cardinaux ne s'y prête pas, on y supplée par une colline, un arbre, un monument; le géomancien, penché sur sa boussole, arrange tout; car il faut qu'un édifice ait un dragon à gauche, un tigre à droite, une tortue derrière, un oiseau par devant. Le tigre représente les vents comme le dragon les eaux.

Mais le rôle du dragon est capital dans les superstitions. On lui attribue les tremblements de terre, les inondations, les sécheresses. C'est pour ne pas le troubler qu'on exploite si peu les mines et qu'on ajourne beaucoup de travaux publics. On procède à son égard tantôt par des menaces comme en cas d'éclipse, quand il est censé avaler l'astre qui se voile et qu'on l'effraie par un tapage effroyable; ou par des prières. En cas de sécheresse, les sorciers trouvent toujours quelque lézard, qui passe pour le dragon, auteur de la calamité et devant lequel s'agenouillent les mandarins. Il y a quelques années, le Peï-Ho ayant rompu ses digues et inondé les environs, Li-Hung-Chang dut se prosterner devant un petit serpent qui passa pour avoir causé les dégâts.

Pour fléchir le dragon, les mandarins prescrivent parfois une abstinence plus ou moins sévère selon la gravité des cas.

Il arrive que l'empereur lance contre le dragon des édits suivis de prières ou de remerciements.

Les éclairs passent tantôt pour l'avertissement d'un dragon mécontent, tantôt pour un acte de justice, quand un coupable est foudroyé.

Le dragon a horreur de la ligne droite : de là la forme arquée et contournée des toits chinois.

Le dragon est censé résider au confluent des rivières, dans les airs et un peu partout[1].

Sur la cheminée de toutes les cuisines, outre l'image du patron que se choisit chaque famille, on trouve les images de plusieurs génies familiers, sortes de dieux lares protégeant le foyer. Dans la soirée du 23e jour du dernier mois de l'année, ils sont censés monter au ciel, rendre compte de la conduite des gens de leur logis. Ils reviennent dans la nuit du premier jour de la nouvelle année. Pendant leur absence, on renouvelle leur image et l'on se hâte de faire un grand nettoyage, puis on réveillonne la nuit de leur retour. Et ces bons génies, à l'instar du bonhomme Noël ou du grand saint Nicolas, ne manquent pas de rapporter aux enfants une foule de petits présents.

---

1. Voir *The Religious System of China*, de de Groot, et *Superstitions, crimes et misère en Chine*, du Dr Martignon.

Avant de quitter le logis, disons qu'on s'y nourrit beaucoup mieux et avec beaucoup plus de variété que nous ne le croyons généralement. Outre la volaille, le chien et le porc, les Chinois mangent toutes sortes de fruits et de légumes ; ils tirent grand parti des bêtes qui vivent dans l'eau ou près de l'eau. Le poisson foisonne dans leurs canaux et bassins ; ils ont de véritables troupeaux de canards qu'un coup de sifflet fait rentrer le soir dans des cages, au bord de l'eau.

Pour leur habillement, les Chinois emploient peu la laine, filée seulement dans quelques districts de l'Ouest. Les robes ou tuniques sont faites de coton ou de soie. En hiver, on y ajoute des fourrures, ou bien on porte des effets ouatés quand on ne met pas plusieurs vêtements l'un sur l'autre.

Ces vêtements ne se lavent pas et se raccommodent rarement[1]. Ils ne comportent pas de poches ; on place les mouchoirs, peu usités d'ailleurs, et autres menus objets, dans la ceinture. Les chaussures sont peu pratiques ; la se-

---

1. Les Chinois en sont, pour l'hygiène et la propreté, où en étaient les Européens il y a deux siècles.

melle, en papier, se détrempe facilement dans la boue, qu'aucun service vicinal ne s'inquiète d'enlever des rues chinoises.

Les moyens de chauffage sont à peu près nuls. Dans les villes de la côte, on trouve quelques braseros d'importation étrangère et, au nord, quelques poêles de maçonnerie sur lesquels on couche, à la mode russe. On n'a guère que des branchages et des herbes sèches pour alimenter les poêles ou fourneaux, les forêts étant presque détruites et le sous-sol carbonifère à peine exploité en Chine.

L'intérieur des maisons est assez sombre, car les vitres de verre sont encore d'un usage rare; le papier huilé ou une sorte de coquille amincie et vaguement transparente en tiennent lieu.

Les véhicules en usage sont le palanquin, la chaise à porteurs, la brouette et la charrette du style le plus primitif. Dans les villes, ce n'est pas une petite affaire que de circuler dans des rues qui sont plutôt des ruelles et qui servent de déversoir à toutes sortes de débris et d'immondices.

Quand j'ai insisté sur la vie facile et heureuse des Chinois, il s'agit surtout de la vie rurale qui est celle de la grande majorité en Chine, celle qui explique sa prospérité et l'accroissement constant de sa population. Dans ce cadre rural on trouve plutôt plus de confort que n'en présentent nos campagnes. Mais il n'en va pas de même dans les villes, que l'incurie de l'administration mandchoue emplit de ruines. Enserrées dans leurs murailles, surpeuplées, on y note l'absence de propreté, d'hygiène et de confort de nos villes d'il y a quelques siècles[1] et, comme dans toutes les grandes villes du monde, les vices et la misère s'y donnent rendez-vous. C'est aussi dans les grandes villes que l'on peut observer les ravages du jeu, jadis innocente distraction, et ceux de l'opium, imposé à la Chine par une nation qui a la prétention d'exporter de la civilisation là où vont ses navires. Mais dans les campagnes ces deux passions se trouvent combattues par la discipline familiale et par le travail méticuleux au grand air.

En somme, la race chinoise est une des plus

---

[1]. Les noms même des rues de Péking font songer à ceux des rues de nos villes moyennageuses : « Rue de la Corne-de-Bœuf, rue de la Patte-de-Poule, rue de l'Œil-de-Poisson, rue du Point-du-Jour, etc.

sobres et des plus laborieuses du monde : deux qualités qui sont, à elles seules, une garantie de durée et de prospérité, en dépit de crises plus ou moins prolongées, comme celle que la Chine traverse depuis un demi-siècle.

On peut ajouter que, dans presque tous les ordres d'idées ou de travaux, ils seraient d'une concurrence dangereuse pour les Occidentaux. Leur mémoire et leur faculté d'assimilation ont étonné les professeurs qui ont eu affaire à des indigènes encore jeunes; et l'habileté, la souplesse, la variété d'aptitudes de leurs ouvriers est incomparable. Si l'art chinois ne va pas très haut, on peut dire que la menue monnaie de l'art est bien plus répandue en Chine que chez nous. Il n'y a guère d'ouvrier chinois qui ne soit capable de décorer un objet ou une maison. Et presque tous les domestiques jouent de plusieurs instruments de musique.

En revanche, la civilisation chinoise étant fondée sur la tradition, et l'esprit de famille étant un peu oppressif, l'initiative, qui mettrait en valeur les qualités du Chinois, lui fait presque totalement défaut.

C'est ce même respect de la tradition dans l'ordre intellectuel qui fournit l'explication du peu de science que les Chinois ont dégagé de leur longue expérience et du peu de fécondité de plusieurs de leurs découvertes importantes.

On sait que l'emploi de l'aiguille magnétique date, chez eux, des empereurs préhistoriques.

Deux mille ans avant notre ère, ils connaissaient l'année solaire, dont il n'a été question en Europe qu'au ix° siècle après Jésus-Christ, ce qui n'empêche que leur astronomie ne soit, comme leur médecine et leurs autres sciences, toute empirique.

Dès les premiers temps de leur histoire, on voit qu'ils savent fondre des cloches, faire des ponts et amener l'eau sur les plus hautes terrasses.

L'incubation artificielle des œufs, la pisciculture, l'emploi des cormorans à la pêche, des pigeons voyageurs pour la transmission des nouvelles, résultats d'examens, prix des denrées dans les ports, sont très anciens en Chine. La poudre et l'imprimerie y ont été en usage pendant des siècles, sans provoquer les conséquences sociales qu'elles ont eues ailleurs.

Au moyen âge, eux seuls nous renseignent

sur la géographie de l'Asie; mais, depuis, leur géographie n'a guère progressé.

Pour circuler dans les mines, ils avaient, des siècles avant Davy, une torche incandescente, sans flamme et sans danger, et cependant, l'exploitation de leurs mines est restée insignifiante.

Longtemps avant l'Europe, ils avaient une organisation postale qui est restée la même depuis l'origine. Il est vrai que leurs coureurs sont relayés de telle sorte qu'une lettre parcourt en vingt-quatre heures la distance que parcourrait un piéton en dix jours.

En tête des legs du passé faisant obstacle à tout progrès figure leur écriture idéologique. Un lettré a plusieurs milliers de caractères graphiques à apprendre, outre tous les classiques à savoir par cœur. Cet encombrement de la mémoire doit forcément atrophier les autres facultés. Pour le lettré chinois, faire ses études n'est pas, comme chez les autres peuples, un point de départ, un instrument pour l'action ou la découverte, c'est un but en soi et, approfondir ses études, en Chine, c'est remonter de plus en plus vers le passé. Plus que toute autre, cette tendance de sa classe dirigeante met la Chine à part des autres nations poursuivant toutes, avec une activité fiévreuse, la nouveauté, qui seule les distrait, et la découverte, qui est censée augmenter leur bien-être.

La Chine constitue un monde spécial qui se suffit à lui-même et a déjà fait pour son compte la plupart des expériences politiques et sociales par où passent les autres peuples : de là son peu d'empressement à les imiter ou à leur demander ce dont elle n'a que faire chez elle.

Les Chinois ne sont pas pour cela hostiles aux étrangers, comme on le répète trop souvent. Il n'y a qu'une incompréhension très marquée, d'ailleurs réciproque.

Quand des étrangers se promènent en Chine, les choses se passent sensiblement comme elles se passent chez nous. Les galopins des villes ou les habitants des coins très arriérés montrent une curiosité souvent malveillante. Et cependant, même dans ces milieux bas, rappelez-leur que Confucius a prêché l'hospitalité, immédiatement l'hostilité se change en respect. Plusieurs voyageurs en ont fait l'épreuve. L'un d'eux, M. Pumpelly (*Across America and Asia*), ne semble pas sûr qu'une foule analogue, dans un pays chrétien, serait tenue en respect par le rappel du *Sermon sur la montagne*.

D'autre part, on reproche aux Chinois leur manque de patriotisme collectif. C'est qu'on oublie ou qu'on ignore que l'empire chinois n'est qu'une sorte de fédération de provinces, lesquelles ne sont qu'une fédération de districts formés par une fédération de familles presque autonomes. Et puis en Europe *patriotisme* veut presque toujours dire : désir de dominer les autres peuples. Les Chinois sont guéris de cela depuis longtemps.

Mais s'ils sont pacifiques, ils sont parfois froidement cruels, ce qui n'est que l'envers de leur mépris de la souffrance et de la mort.

Les Chinois, comme la plupart des humains, sont dissolus quand ils en ont le temps et les moyens; seulement, à l'encontre des Occidentaux, ils ont mis leurs lois d'accord avec leur tempérament. On a vu que le concubinage est légal. Il y a toute une classe de femmes qui ont été élevées ouvertement pour la vie galante. Cela n'empêche qu'en Chine la chasteté ne soit hautement estimée[1], et l'une des plus

---

1. Un mandarin rencontré dans un mauvais lieu est cassé.

anciennes légendes du pays raconte que, la première femme ne se résignant pas à sacrifier sa virginité, les dieux permirent qu'elle fût fécondée d'une manière toute spirituelle par la seule ardeur de son compagnon.

Beaucoup d'auteurs répètent aussi que les Chinois sont le peuple le plus athée du monde — ce qui ramène à la question toujours ouverte du sens de *Chang-Ti*. Le culte des ancêtres comporte une invocation au Chang-Ti et il est plaisant de la part de chrétiens, croyant à l'immortalité de l'âme personnelle, de taxer le culte des ancêtres de matérialisme. En fait, c'est le seul culte que les Chinois prennent au sérieux et il semble avoir fait d'eux le peuple le plus moral du monde; celui qui pratique la fraternité à un degré inconnu des chrétiens. Beaucoup de témoignages rendent cette justice aux Chinois; nous citerons celui de M. Little (*Through the Yang-Tse gorges*). Il dit :

« Leur système éthique, basé sur la piété
« filiale et la tradition, a de bons effets et les
« entreprises tendant à le détruire ne peuvent
« faire que du mal dans le présent, quel que
« soit le bien à en attendre plus tard. Malgré
« leurs fautes et même leurs défauts radicaux,

« ils possèdent beaucoup de vertus. Ils sont
« faciles à vivre, portés à la bonté vis-à-vis les
« uns des autres. Ils ont l'esprit de famille et
« s'entre-supportent; ils sont hospitaliers, atta-
« chés à ceux qui les emploient et capables,
« une fois leurs sentiments éveillés, de s'inté-
« resser à la chose publique dans une mesure
« inconnue en Europe. »

Ceci dit, il faut convenir que les Chinois sont singulièrement illogiques vis-à-vis des bonzes bouddhistes et des prêtres taoïstes. Le bas peuple est encore excusable de vouloir des prêtres, car il croit en leur savoir et pouvoir. Mais la majorité de la société chinoise les appelle dans les circonstances solennelles de leur vie par pur snobisme. On me dira qu'en cela les Français ne sont pas très différents, mais les Chinois sont, sans contredit, le peuple qui a montré de tout temps le plus grand mépris des prêtres. A l'origine des sacerdoces chinois, il fallut les recruter parmi les condamnés. Car la vie de ces prêtres ne comporte ni mariage, ni travail, deux choses que les Chinois honorent le plus. D'autre part, si un prêtre se marie, il est passible de cent coups de bambou et il est mis hors du sacerdoce.

Enfin, le législateur moderne, instruit sans doute par l'histoire nationale qui, si souvent, mentionne les plaies engendrées par le pullulement des prêtres et des bonzes, leur a interdit d'accepter un disciple avant d'avoir atteint l'âge de quarante ans, et ce disciple, âgé d'au moins seize ans, doit avoir trois frères robustes pour que la continuité de la famille soit assurée[1].

Nous avons vu quelle place proéminente tient le culte des ancêtres dans la moralité et la religiosité des Chinois. Les rites relatifs à la sépulture et au deuil sont l'objet d'une grande sollicitude dans leur législation et ce qui constitue pour eux la respectabilité. Il n'est pas rare de voir des fils vendre tout ce qu'ils possèdent pour subvenir au luxe des funérailles et de la sépulture de leurs parents. Pour eux la sépulture de famille est un second habitat où chaque membre doit être placé selon le rang qu'il a occupé dans sa famille. Et l'emplacement de cette sépulture est si important à leurs yeux, qu'on hésite parfois, pour enterrer un mort,

---

1. Alabaster, *Notes and Commentaries on Chinese criminal law.*

toute une année, durant laquelle les géomanciens, interprétateurs du *Foung-Choui*, entrent en scène. D'après eux, la prospérité future de la famille dépendra de la satisfaction que les morts éprouveront de leur sépulture. Et pour parer à tout reproche dans l'avenir, leurs oracles ont soin d'avertir que le choix fait ne saurait toujours convenir à tous les frères.

La longue préservation des tombeaux, dont le chef d'une famille est responsable, fait que la place occupée en Chine par les sépultures privées et les cimetières devient de plus en plus menaçante pour les intérêts des vivants, de même que le rigorisme du deuil entrave toute leur activité pendant des années.

Là encore on retrouve la forte discipline de la famille chinoise, pour tous ses membres; le deuil le plus long va au chef et non au parent le plus proche. Confucius dit, à ce propos, que le deuil doit être commandé d'abord par le respect, le chagrin ne passant qu'après.

Dans l'ancienne Chine, les grands de l'empire devaient porter le deuil de l'empereur comme étant le père et le chef suprême.

Finissons en disant que, si la Chine est une et homogène de par ses institutions et ses mœurs comme aucune nationalité ne l'a jamais été peut-être; et si les Chinois semblent tous coulés dans le même moule, ce résultat psychique et plastique est tout moral et ritualistique.

CHAPITRE IV

LE LANGAGE ARTICULÉ ET LE CHINOIS

L'ÉCRITURE ET LA LITTÉRATURE CHINOISES

> Le centre nerveux de la parole est le premier que nous voyons se tracer chez l'enfant. Le sens de l'ouïe est son point de départ nécessaire.
>
> Dans l'éducation des organes de la parole, il s'établit entre la sensation auditive et le mouvement vocal, un véritable circuit nerveux qui relie les deux phénomènes dans un but fonctionnel commun. (Claude BERNARD.)

Plus encore que la *religiosité* et la *moralité*, le langage *articulé* est l'attribut caractéristique de toutes les variétés de l'espèce humaine.

Il va sans dire que ce langage articulé n'est *humain*, toutefois, qu'à la condition d'être corrélatif à des perceptions, à des concepts, à des volitions d'ordre humain, car le perroquet, par exemple, reproduit bien nos mots, mais à la façon de l'écho : nous sommes pour lui la source sonore et il est pour nous la surface réfléchissante. En sa qualité d'être vivant et mnémonique, le perroquet, en plus de l'écho, a la faculté d'imiter nos inflexions de voix et de les reproduire ensuite à volonté, comme d'autres oiseaux imitent et répètent des airs qu'on leur sifflote ; mais là s'arrête la singerie de notre langage par son gosier.

Langage articulé.

De ce langage, tout à fait unique dans la série animale, quelle est l'origine, quelle est la nature ? Pour les religions, pour les écrivains influencés par ces religions, c'est une institution surnaturelle, c'est une révélation divine. Les inventeurs et propagateurs du langage chez tous les peuples ont été des dieux, témoin Toth, Hermès, Ogmios, Apollon. Les Aryas ont fait de *Vak,* la voix, l'évocatrice et la mère des dieux. L'Évangile dit de Jean n'est que l'écho de Platon et de Philon lorsqu'il dit : *In principio erat Verbum,* à cette différence près, que le *Logos* des seconds signifiait *discours-raison,* et le *Verbe* du premier une identification de l'Homme-Dieu Jésus, bien postérieur au commencement des choses.

M. de Bonald, qu'on peut regarder comme l'un des plus forts penseurs de l'orthodoxie ultramontaine, attachait une telle importance à la révélation du Verbe aux hommes, que, dans sa *Législation primitive,* il en fait la seule preuve positive de l'existence de Dieu et des lois fondamentales de la société[1].

« Si la parole est d'invention humaine, déclare-t-il, il n'y a plus de vérités nécessaires. » Cela est d'une logique rigoureuse, car le dieu révélateur devient dès lors inutile, et les règles et lois divines deviennent humaines comme le langage qui les formule.

En rendant compte du livre de M. de Bonald, Chateaubriand, quoique soi-disant frais converti au christianisme, ne put s'empêcher de faire quelques objections, probablement suggérées par ses voyages et ses observations en Amérique autant que par ses réminiscences d'incrédule de la veille. Ces objections, qui portent la date de 1802, valent d'être citées, car

---

[1]. Le clergé français contemporain prit sous sa protection cette opinion d'un laïque et l'éleva presque à la hauteur d'un dogme. (Garnier, *Facultés de l'âme,* tome II, p. 431.)

elles mettent sur la piste de la formation naturelle du langage :

« Supposons un homme sauvage, ayant tous
« ses sens, mais point encore la parole. Cet
« homme, pressé par la faim, rencontre dans les
« forêts un objet propre à la satisfaire ; il pousse
« un cri de joie en le voyant ou en le portant à sa
« bouche. N'est-il pas possible qu'ayant en-
« tendu le cri, le son tel quel, il le retienne et
« le répète ensuite toutes les fois qu'il aperce-
« vra le même objet, ou sera pressé du même
« besoin? Le cri deviendra le premier mot de
« son vocabulaire, et ainsi de suite jusqu'à l'ex-
« pression de ses idées purement intellec-
« tuelles.

« Il est certain que l'idée ne peut sortir de
« l'entendement sans la parole, mais on pour-
« rait peut-être admettre que l'homme, avec la
« permission de Dieu, allume lui-même ce *flam-
« beau du Verbe,* qui doit éclairer son âme ; que
« le sentiment ou l'idée fait naître l'expression
« et que l'expression à son tour rentre dans l'in-
« telligence, pour y porter la lumière. Si l'au-
« teur disait que, pour former une langue de
« cette sorte, il faudrait des millions d'années, et
« que J.-J. Rousseau lui-même *a cru que la pa-*

« *role est bien nécessaire pour inventer la parole,*
« nous convenons aussi de la difficulté ; mais
« M. de Bonald ne doit pas oublier qu'il a af-
« faire à des hommes qui nient toutes les tra-
« ditions et qui disposent à leur gré de l'*éter-*
« *nité* du monde.

« Il y a d'ailleurs une objection plus sérieuse.
« Si la parole est nécessaire à la manifestation
« de l'idée et que la parole entre dans les sens,
« l'âme dans une autre vie, dépouillée des or-
« ganes du corps, n'a donc pas la conscience
« de ses pensées ? Il n'y aurait plus qu'une res-
« source, qui serait de dire que Dieu l'éclaire
« alors de son propre Verbe et qu'elle voit ses
« idées dans la divinité : c'est retomber dans
« le système de Malebranche. » (*Mélanges litté-*
raires, pp. 116-117.)

A son insu peut-être, mais très certainement, Chateaubriand, dans ce passage, fait un compromis des vues de Platon, pour qui le langage humain s'est développé à mesure des idées et des besoins, et de celles de Condillac, pour qui la parole est le corps de la pensée et mieux encore la décomposition successive des sensations simultanées au moyen de signes imitatifs, fortuits, conventionnels.

Chez Condillac, le sauvage de Chateaubriand est figuré par deux enfants postdiluviens, qu'il suppose abandonnés quelque part, et qui, éprouvant certaine sensation qu'accompagnent certains gestes, cris, mouvements de la langue, dont la répétition fréquente est remarquée et comprise, puis reproduite intentionnellement à propos de sensations correspondantes, finissent par adopter les uns pour évoquer et signifier les autres. (Voir *Essai sur l'origine des connaissances humaines,* II° partie.)

Les métaphysiciens plus ou moins platonisants du xviii° siècle, ceux plus ou moins éclectiques du xix° siècle, c'est-à-dire les Herder, les J.-J. Rousseau, les Court de Gébelin, les Jouffroy, les Franck, les Ad. Garnier, n'ont guère fait avancer la question de l'origine et de la nature du langage.

Maine de Biran a dit avec un bon sens tout français : « Les difficultés sont à peu près les mêmes pour expliquer comment l'homme naissant en société, mais *table rase,* a pu acquérir ses premières idées, que pour expliquer comment il aurait pu inventer les langues en recevant les idées. »

C'est l'aveu ingénu de l'impuissance de la métaphysique à expliquer ce double *comment*. Ce philosophe se rabattait sur notre activité pour donner naissance aux signes et changer nos impressions en idées, car, ajoute-t-il, tout acte qui accompagne une impression ou un mode en devient le signe. (*Essai sur les fondements de la psychologie*.) Cette tentative d'explication ne vaut pas plus que les fameux aphorismes de de Bonald : « L'homme *pense* sa parole avant de *parler* sa pensée ; — L'homme ne peut *parler* sa pensée sans *penser* sa parole », et celui de l'école sensualiste : « Sans les signes, point de pensée. »

Le subtil Renan, hétérodoxe très indépendant, a-t-il été plus heureux en disant que le langage est un fait de conscience, dû à une sorte de *révélation intérieure?* Révélation de qui, révélation de quoi ? Sans doute, révélation de nous-mêmes à nous-mêmes ? Cela est à la fois bien vague et bien simpliste pour un sujet dont la complexité demande un traitement précis.

Dès 1765, le président Ch. Debrosses, dans son *Traité de la formation mécanique des langues*, était autrement satisfaisant en déclarant que le « le système de la première fabrique du langage humain et de l'imposition des noms aux choses est un vrai système de nécessité déterminé par deux causes : l'une est la construction des organes vocaux qui ne peuvent rendre que certains sons analogues à leur structure; l'autre est la nature et la propriété des choses réelles qu'on veut nommer; elle oblige d'employer à leur nom des sons qui les dépeignent en établissant entre la chose et le mot un rapport par lequel le mot puisse exciter une idée de la chose; que la première fabrique du langage humain n'a donc pu consister, comme l'expérience et les observations le démontrent, qu'en une peinture plus ou moins complète des choses nommées, telle qu'il était possible aux organes vocaux de l'effectuer par un bruit imitatif des objets réels; que cette peinture imitative s'est étendue de degrés en degrés, de nuances en nuances par tous les moyens possibles, bons ou mauvais, depuis les noms des choses les plus susceptibles d'être imitées par le son vocal jusqu'aux noms des choses qui le sont le moins... »

Voilà bien ce qu'un esprit lucide, libre de préjugés, pouvait dire de mieux sur la genèse naturelle du langage humain, et l'on reconnaît bien dans les lignes précédentes l'auteur original et hardi de la *Dissertation sur les dieux fétiches* (1760), qui a servi de base à l'étude philosophique des systèmes religieux depuis Comte jusqu'à Tiele et de Groot.

La science positive, en s'attaquant à la question du langage humain, n'a fait que remplir et justifier le programme de Charles Debrosses, ainsi qu'on va le constater.

En effet, que dit la physique actuelle au sujet de l'audition, première phase et condition *sine qua non* du langage articulé ? La perception des sons s'opère par le sens l'*ouïe*, au moyen de l'organe *oreille*, qui présente trois régions : une *externe*, une *moyenne*, une *interne*, et chacune de ces régions plusieurs parties différentes : le pavillon, le conduit auditif, la caisse du tympan, la trompe d'Eustache, le limaçon, le vestibule, le labyrinthe.

Ces parties de l'organe auditif complètent et affinent la sensation, mais une seule est indispensable : c'est le *vestibule* de *l'oreille interne*, dont sont pourvus, uniquement, les crustacés et les céphalopodes. Que le tympan soit déchiré, que les osselets manquent, on n'est pas tout à fait sourd pour cela.

Maintenant, en quoi consiste au juste le mécanisme de l'audition humaine? Le pavillon recueille les ondes sonores venues de l'extérieur, puis les réfléchit et les dirige dans le conduit auditif : c'est le rôle de la partie externe de l'oreille, sorte de cornet acoustique.

Le conduit auditif transmet, renforcées, ces ondes à la membrane du tympan. Celle-ci se met à vibrer et ses vibrations sont transmises par la chaîne des osselets, régulateurs de l'intensité ou de l'acuité des sons extérieurs : c'est le rôle de la partie moyenne de l'oreille, sorte de tambour ou de cloison.

Enfin, la perception du son a lieu par l'intermédiaire des trois mille filets du nerf acoustique qui plongent dans le liquide gélatineux du labyrinthe : c'est le rôle de la partie interne de l'oreille.

Chaque son simple ne fait vibrer qu'un seul filet, tandis que les sons composés en font vibrer plusieurs. C'est par suite de cette perception des sons simples par chaque terminaison du nerf acoustique que l'oreille distingue un son entre plusieurs autres et perçoit, dans leur ensemble, les sons les plus complexes et les plus riches en *harmoniques* ou notes plus hautes qui accompagnent le *son fondamental* de chaque corps vibrant. (Manœuvrier, *Physique,* pp. 381-383-384.)

Les vibrations sonores, une fois perçues, que deviennent-elles ?

Le nerf auditif les transmet à l'encéphale, ou plutôt à l'appareil sensitif intracérébral, qui se compose : 1° d'un appareil *sensible* périphérique, attribuable à l'impression sensible, qui différencie la *qualité* de la sensation ; 2° d'un appareil d'*adaptation* qui en mesure la *quantité ;* 3° d'un appareil d'*enregistrement* qui en recueille et en conserve l'*image* à la disposition de l'imagination et de la mémoire. (Étude de M. Ferrand sur les *localisations cérébrales* à l'Académie de médecine, 14 septembre 1897.)

Jusques il y a un demi-siècle on a cru le cerveau humain un organe homogène dont chaque portion demeurée intacte pouvait remplir les fonctions des autres portions, altérées par la maladie ou détruites expérimentalement. Mais depuis 1861, Broca, Charcot, Pitres et d'autres ont constaté que les diverses régions du cerveau ont des fonctions essentiellement distinctes et ils ont établi, en particulier, les centres afférents à la faculté de la parole. Ainsi la mémoire du langage parlé a pour siège le pied de la troisième circonvolution frontale; la mémoire du sens des mots entendus par l'oreille gît dans la première circonvolution temporale. Le premier de ces centres est *moteur*, le second *sensoriel;* les deux font partie de l'hémisphère gauche du cerveau pour les *droitiers,* et *vice versa* pour les *gauchers.*

Comment cela a-t-il été constaté? Par l'observation clinique, et non par des palpations de phrénologue sur la boîte crânienne.

En avril 1861, Broca vit un malade qui avait perdu la faculté de parler sans que les muscles de la langue ou du larynx fussent paralysés. Il ne savait plus dire que le mot *Tan*[1], qu'il accompagnait de gestes variés pour en modifier l'expression à chaque cas particulier, montrant ainsi qu'il se comprenait et comprenait ses interlocuteurs. A l'autopsie, Broca trouva que l'hémisphère gauche du malade présentait une destruction ou ramollissement correspondant à

---

[1]. D'autres aphasiques disent invariablement : *Tu, ta, tou, oui, non,* mais certains ont des polysyllabes à leur disposition : *cousisi, monomomentif.* Béhier avait un malade qui chantait la *Marseillaise* avec *taun, tam, ta, an,* qu'il groupait dans cet ordre.

la troisième circonvolution frontale, au niveau de son insertion sur la frontale ascendante. D'autres faits semblables vinrent prouver que, lorsque le pied de la troisième circonvolution frontale gauche est détruit par une lésion, un malade, tout en gardant intactes ses facultés intellectuelles et l'image motrice des mots, est *aphasique*, c'est-à-dire a perdu la faculté d'exprimer ses idées par la parole spontanée.

L'exercice développant nos organes, l'autopsie du cerveau de Gambetta par le docteur Laborde a confirmé les données précédentes : chez lui, le *pied* ou *cap* de la troisième circonvolution frontale gauche était au moins *double* de ce qu'il est dans les cerveaux de haute intelligence d'ailleurs, mais moins bien doués quant au centre moteur verbal. (*Communication à l'Académie de médecine en juin 1898.*)

Outre les aphasiques par troubles d'ordre moteur, il y a ceux par troubles d'ordre sensoriel. Cette catégorie de malades parle, lit, écrit; elle entend lorsqu'on lui parle, puisqu'alors elle se retourne et qu'elle perçoit le bruit d'une épingle qui tombe; seulement elle a perdu la mémoire du sens des mots. Elle répond de travers aux questions qu'on lui pose.

« Quel âge avez-vous? — Je me porte bien. »
« Quel métier faites-vous? — Mon père se nommait[1]. » Aussi a-t-on appelé cette perversion du langage *paraphasie*. A l'autopsie, les paraphasiques ont un ramollissement d'une portion de la première circonvolution *temporale gauche*. Il y a donc surdité verbale et mauvais fonctionnement vocal lorsque ce centre auditif des mots est atteint ou détruit. (Voir Mathias Duval, *Bulletin de la Société d'anthropologie*, 14 décembre 1887.)

L'aphasie est consécutive de lésions traumatiques de la boîte crânienne ou de diverses portions de l'encéphale, d'affections organiques du cerveau : hémorragies, ramollissement, tumeurs, et parfois de maladies générales ou de fièvres graves ; mais, quel qu'en soit l'antécédent, elle se manifeste par désordre d'idéations, en *amnésie verbale*, par interruption de la transmission volontaire, en *logoplégie*, par incoordination dans le centre moteur, en *glosso-ataxie* et *glossoplégie*, suivant que la lésion siège au

---

[1]. Trousseau rapporte qu'une dame prononçait deux ou trois injures à ses visiteurs, tandis qu'elle s'imaginait leur dire : « Donnez-vous la peine de vous asseoir. »

niveau de la circonvolution de Broca ou sur le trajet des fibres se rendant aux pédoncules, sur la moelle allongée et les corps olivaires. On conçoit fort bien que, si les fibres nerveuses ou faisceaux blancs, partant des centres gris de l'écorce cérébrale — celui entre autres des images motrices vocales et celui de la mémoire auditive des mots — et aboutissant au noyau bulbaire de l'hypoglosse, sont le siège d'une lésion, le langage articulé s'en resssente dans telle ou telle mesure, sans qu'il y ait atteinte aux facultés intellectuelles ni altérations des organes de la phonation. Ici les données cliniques sont conformes encore aux données anatomo-physiologiques, et l'autopsie les coordonne toutes.

Déjà, en 1881, Mlle Skwortzoff relevait dans une thèse que, sur 599 cas d'aphasie observés par Séguin, Trousseau, Voisin, Magnan et Broca, il y en avait 564 de lésion de l'hémisphère gauche (couche corticale) ; le professeur Charcot expliquait les cas très rares d'aphasie ayant leur siège ailleurs par une lésion à la naissance des fibres de communication de cet hémisphère avec les centres sous-jacents. Depuis, les observations se sont multipliées et elles corroborent les localisations du langage articulé, l'une dans le lobe frontal près de la scissure de Rolando; l'autre dans le lobe temporal, contiguë à la scissure de Sylvius.

Des expériences faites sur le cerveau de mammifères supérieurs ont confirmé celles concernant celui de l'homme. En détruisant ou endormant la région motrice de singes et de chiens, par exemple, les autres régions cérébrales ne donnent lieu à aucune contraction musculaire à la suite d'une excitation électrique ou mécanique; au contraire, il y a paralysie des muscles correspondants de l'abdomen, du thorax, de la face, si l'on enlève la première; seulement, cette paralysie ne dure pas chez les animaux inférieurs à l'homme, parce que, probablement, la protubérance, le bulbe, la moelle, peuvent suppléer le cerveau pour les mouvements plus ou moins automatiques. (Retterer, *Anatomie et physiologie animales*, p. 281.)

Le médecin allemand Munk ayant enlevé les lobes temporaux à un chien, celui-ci entendait encore, mais sans plus reconnaître la voix de son maître. Il avait perdu, comme l'aphasique humain, la mémoire du sens qu'il attachait au son perçu. Chez un singe que le médecin anglais Ferrier électrisa au côté gauche du cerveau, le centre de l'audition dans la première circonscription temporale se traduisit par des mouvements des muscles de l'oreille droite — nouvelle confirmation du centre auditif dans la substance grise du lobe temporal.

Et maintenant on peut se demander : *qui* a formé, dans les circonvolutions cérébrales, le centre moteur et le centre sensoriel temporal du langage articulé ? L'homme lui-même, en évoluant de ses ancêtres lointains et immédiats, en franchissant enfin, dans des circonstances propices, l'échelon des anthropoïdes qui ont taillé les silex de l'époque tertiaire moyenne et appartiennent à des genres éteints, ou de pithéciens encore inconnus qui pouvaient exister dans des continents submergés[1]. Ce franchissement d'échelon s'est fait lentement comme tous

---

1. L'absence d'un *proanthropos* fossile ou vivant ne prouve rien contre l'évolution d'un anthrophoïde en l'homme. Outre le passage successif des végétaux et des animaux des eaux marines dans les eaux douces, puis des terrains marécageux sur le sol desséché que des pluies seules arrosent et une adaptation correspondante dans les organes et les fonctions — adaptation avivée par la concurrence vitale et la sélection darwinienne, — il y a une cause bien supérieure au déplacement des eaux, aux affaissements et exhaussements de la croûte terrestre, parce qu'elle est générale et continue, dans

les progrès naturels, par exemple l'utilisation par l'homme pliocène du feu, qu'ignorait l'homme miocène dans les mêmes localités de

---

la transformation des êtres vivants : c'est le refroidissement du globe. Cette cause, découverte par R. Quinton en 1896-1897, explique à elle seule l'apparition des animaux à sang chaud : les mammifères et les oiseaux, qu'on a tenus longtemps pour des créations indépendantes. C'est pour suppléer à la température ambiante décroissante qu'ont surgi la couvaison, la marsupialité, la viviparité ; sans cela, les œufs n'auraient pu éclore et le type animal « ne serait point sorti du stade reptilien ». Ce n'est pas tout : le fait de se reproduire d'une façon commune entraîne dans la constitution animale, bien plus que le genre de vie, d'habitat, de nutrition, une identité du plan anatomique et la refonte du plan ancien — et ainsi la découverte de M. Quinton est la base la plus sûre de l'anatomie et de l'embryogénie comparées, la meilleure justification de leurs données évolutives : — par exemple, la constatation de Wolf, dès 1759, que les organes des embryons se forment successivement par l'addition de parties nouvelles; celle de Hæckel, que la série des ancêtres respectifs des individus résultait de l'adjonction successive d'éléments d'un type primitif unique, et que ces éléments étaient apparus dans le même ordre et dans les mêmes formes que présente le développement embryonnaire de chaque espèce; celle du dégagement des vertébrés d'un groupe particulier d'invertébrés par Édouard Perrier en mai 1898, dégagement phylogénique qu'il est bon de mettre ici succinctement en lumière d'après un compte rendu de l'*Académie des Sciences:* « Depuis la découverte fameuse de Kowalowsky, qui semble un moment avoir jeté un pont entre les vertébrés et les mollusques, on a cherché à faire descendre les vertébrés de vers indéterminés qui auraient également donné naissance aux tuniciers, des anciens trilobites, des arachnides, des crustacés, de vers dé-

Saint-Prest et de Thevay. Ce dernier était dans la situation des anthropoïdes actuels, qui ne connaissent ni la cuisson des aliments, ni le

pourvus de segments à l'état adulte, tels que les némerts et surtout le fameux balanoglosse, qui porte au cou des fentes branchiales comme un poisson, enfin des vers annelés

« En appliquant la loi fondamentale de l'embryogénie, qui veut que les caractères des ancêtres d'un animal soient successivement reproduits par son embryon dans l'ordre où ils se sont manifestés, M. Perrier montre qu'il faut éliminer des ancêtres des vertébrés tous les animaux articulés, parce qu'à aucun âge les vertébrés ne produisent de revêtement de chitine analogue à celui qui, à tous les âges, caractérise les articulés; il faut également éliminer tous les animaux non segmentés à l'état adulte, tels que les némerts, les balanoglosses, les appendiculaires, parce que, toute leur vie et dès les premières phases de leur développement, les vertébrés sont segmentés.

« Il n'y a donc, de par la loi de la reproduction des caractères ancestraux, qu'une solution possible, celle qui tire les vertébrés des vers annelés.

« M. Perrier rappelle les caractères communs à ces animaux; il montre ensuite que les caractères distinctifs des vertébrés tiennent à l'énorme développement de leur système nerveux. Ce développement a déterminé la formation d'une corde dorsale, origine de la colonne vertébrale, et provoqué le déplacement de la bouche. L'embryogénie du vertébré le plus inférieur, l'*amphioxus*, montre comment la bouche, d'abord située du même côté que le système nerveux, s'est placée ensuite latéralement, puis sur la ligne médiane opposée au système nerveux et comment, enfin, cette position nouvelle a déterminé un renversement complet de l'attitude du vertébré par rapport à celle du ver, dont la chaîne nerveuse traîne sur le sol et le cœur est tourné vers le ciel, à l'opposé de ce qui a lieu chez le vertébré. »

simple éclatement, craquèlement et durcissement de certaines matières propres à des armes et à des outils rudimentaires : flèches, haches, couteaux, racloirs, etc.

A quelle date et en quel lieu est éclos le langage articulé? On n'en sait pas plus là-dessus que sur l'origine exacte du feu par frottement ou percussion. Mais les deux sont le fait des premiers *adultes* de notre espèce et ont rendu possibles toutes les conquêtes ultérieures, soit au point de vue matériel, soit au point de vue intellectuel, et par suite social.

A défaut d'appareil enregistreur qui nous ait légué la première émission du langage articulé, comment peut-on le reconstituer approximativement?

En observant et notant la genèse de la parole chez l'*enfant,* qui, dans sa phase intra-utérine, nous représente une répétition sériée en neuf mois des métamorphoses animales et, une fois né, la reproduction en miniature des jeunes états, si l'on peut dire, de l'espèce humaine à la veille de parler comme lui, et parlant ensuite peu à peu comme lui encore.

Or Hippolyte Taine a fait ce travail avec sa conscience et sa compétence habituelles sur une fille et un garçon : on le trouve relaté dans une note de son premier volume sur l'*Intelligence,* pp. 351-382. Il y a là comme des instantanés qui saisissent sur le vif les phénomènes observés et un reliement et une interprétation de ces phénomènes qui font honneur au philosophe qu'était Taine. « Le progrès de l'organe vocal s'opère, dit-il, comme celui des membres; l'enfant apprend à émettre tel ou tel son, comme il apprend à tourner la tête ou les yeux, c'est-à-dire par tâtonnements et essais perpétuels... Ce sont d'abord des cris et des exclamations variées, mais rien que des voyelles, pas de consonnes pendant plusieurs mois. Par degrés aux voyelles se sont ajoutées les consonnes, et les exclamations sont devenues de plus en plus articulées. Le tout a fini par composer une sorte de ramage très diversifié et complet qui durait un quart d'heure de suite et recommençait dix fois par jour. Les sons (voyelles et consonnes), d'abord fort vagues et difficiles à noter, se sont de plus en plus rapprochés de ceux que nous prononçons, et la série des simples cris est devenue presque semblable à ce que serait pour nos oreilles une langue étrangère inconnue.

« L'enfant se plaît à ce ramage d'oiseau sans attacher de sens aux sons qu'elle émet. A douze mois, seul le matériel du langage est acquis, partie spontanément, partie grâce à l'aide d'autrui et par imitation.

« A quatorze mois et trois semaines, un commencement de langage intentionnel et déterminé succède au gazouillement pur — suite de gestes vocaux; puis a surgi une grande facilité pour les intonations imitatives des poules, chiens, etc.; ensuite, l'aptitude à saisir les analogies, ce qui est le don humain par excellence, la source des idées générales et du langage... »

Cette aptitude s'est manifestée chez l'enfant observée par Taine en saisissant la ressemblance d'oiseaux peints sur les murs d'une chambre avec les *Kokos* (coqs et poules) et à la vue d'un chevreau d'un mois qui bêlait, en le nommant *oua oua* d'après le chien de la maison, sur qui elle avait d'abord appris ce mot.

Du quinzième au dix-septième mois, l'enfant en question a étendu le mot *cola* (chocolat) aux friandises d'un goût analogue : tarte, sucre, pêche, figue; le mot *bébé* aux figurines et statuettes de plâtre; elle a créé de toutes pièces le mot *Ham* pour dire : *manger, je veux man-*

ger ; le mot *tem* pour : *donne, prends, regarde...* La mentalité se développe parallèlement au langage.

« Au total, conclut Taine, l'enfant apprend la langue faite comme un vrai musicien apprend le contrepoint, comme un vrai poète apprend la prosodie ; c'est un génie original qui s'adapte à une forme construite pièce à pièce par une succession de génies originaux ; si elle lui manquait, il la retrouverait peu à peu, ou en découvrirait une autre équivalente. »

C'est en s'exerçant et en apprenant à parler que l'enfant localise le sens des cris, sons et mots entendus dans les cellules cérébrales de la première circonvolution *temporale gauche* et qu'il fait les mouvements nécessaires pour reproduire à son tour, à l'aide des organes vocaux, les cris, sons et mots dont il a saisi le sens. La mémoire de ces mouvements se localise par l'exercice dans la troisième frontale gauche.

C'est après la formation de ces deux centres ou localisations, que des fibres nerveuses tiennent en communication, que le langage humain, jusque-là virtuel, prend son caractère définitif parmi les langages des mammifères et des oiseaux et qu'il manifeste la complexité et la flexibilité de ses ressources d'expression phonique.

D'après Helmholtz, dans la parole à haute voix, le son laryngien a son siège dans la glotte vocale ; dans la parole à voix basse, il n'y a d'autre son laryngé que le frottement de l'air qui traverse la partie interligamenteuse de la glotte, celle-ci étant complètement fermée.

La production des sons articulés a lieu dans la cavité sus-laryngienne (pharynx, fosses nasales, bouche). Ce sont les parties fixes et mobiles de ce tuyau vocal qui, par leurs variations dans la forme, le volume et la position, produisent les différents modes d'articulation. C'est la contrepartie de l'appareil auditif.

D'après le docteur Second, le tuyau vocal donne aux sons trois ordres de modifications auxquelles se rapportent les trois catégories de lettres : voyelles, consonnes et consonnes soutenues. Tous les sons traversant librement le tuyau vocal sont des *voyelles;* tous les sons produits par le larynx et s'accompagnant d'un rétrécissement notable d'une partie du tuyau vocal donnent lieu aux *consonnes soutenues;* enfin, lorsque la voix s'accompagne d'un phénomène d'occlusion complète au niveau de certains points du tuyau vocal, il y a articulation ou formation de *véritables consonnes*.

Qu'est-ce qui différencie les voyelles des consonnes ?

C'est que les premières sont des sons produits par le larynx avec renforcement de certains harmoniques par le tuyau vocal ; les secondes, des sons produits par le tuyau vocal avec renforcement par le son laryngien. Cette différence n'est point hypothétique ; elle a été établie expérimentalement par Helmholtz.

On peut ainsi considérer la cavité buccale comme un résonnateur à forme variable, qui peut être diversement accordé ; la résonance, en faisant éclater tel ou tel harmonique, détermine le timbre spécial de chaque voyelle.

En rangeant les voyelles dans l'ordre suivant : *u, o, a, e, i*, le son est d'autant plus élevé qu'on considère l'une d'elles plus éloignée de *u*, et on a calculé, dit Retterer, que le rapport de l'une à l'autre est constant.

Une autre différenciation entre les voyelles provient de ce qu'elles sont *parlées* ou *chantées*. Le docteur Marage a constaté, en novembre 1899, que les premières sont formées par les cavités bucco-naso-pharyngiennes et accessoirement par les cordes vocales; que pour la formation des secondes, les cordes vocales ont une influence prépondérante.

Et il ajoutait, à propos de leur comparaison par l'appareil Kœnig : « Les voyelles chantées n'ont aucune ressemblance avec les voyelles parlées; dans la voix d'homme, les voyelles passent constamment de l'une à l'autre, sans que l'oreille puisse noter cette transformation; c'est le tracé seul qui l'indique d'une façon très nette.

« Dans la voix de femme, la flamme caractéristique, et par conséquent la vocable, disparaît et il n'y a aucune différence entre les vibrations d'un diapason et celles de la voix : toutes les flammes sont égales entre elles et également distantes; ceci s'explique par ce fait que ce sont les cordes vocales qui chantent.

« On comprend alors pourquoi on a cherché en vain la vocable dans la voyelle chantée, puisque, ou la voyelle se transforme, ou la vocable n'est plus perceptible. »

Ceci explique encore pourquoi la voix chantée est moins bien comprise que la voix parlée : parce que le chanteur conserve la note et lâche la vocable, c'est-à-dire la voyelle, tandis que l'orateur conserve la vocable et lâche la note.

Si les voyelles[1], en résumé, constituent des *sons* (timbres de la voix), les consonnes sont des *bruits,* gestes de la voix, précédant ou suivant les voyelles dans la fonction du langage. L'air expiré des poumons, qui traverse les parties rétrécies du tube additionnel de l'appareil vocal, se moule au passage en vibrations particulières dont l'articulation a lieu par un mouvement de ces parties, à l'inverse de celles concourant à la formation des voyelles qui, elles, restent immobiles pendant l'émission de *a, i, u, e, o.*

Une comparaison empruntée à des instruments fera mieux ressortir encore la fonction des consonnes et des voyelles.

Une corde de violon que l'on pince, une cloche que l'on frappe d'un marteau, font entendre un son que nous imitons de la voix en le faisant précéder d'un *t* ou d'un *d : tinn, dinn;* si l'on fait vibrer la corde ou la cloche à l'aide

---

1. Il serait curieux de savoir si les voyelles ne forment pas spectre et gamme comme les couleurs.

d'un archet, le son reproduit par l'organe vocal est précédé des lettres *cr*, d'où l'onomatopée ironique de *crin crin*.

Le marteau, l'archet sont des consonnes, les notes du violon ou de la cloche des voyelles. Mais les consonnes ne sont pas plus homogènes que les voyelles, divisées en *primitives, intermédiaires, neutres;* aussi les a-t-on groupées par catégories de résonance :

1° Tremblantes ou vibrantes R, L; 2° explosives P, T, K; B, D, G; 3° soufflantes ou sifflantes F, S, C, H; V, Z, J; 4° mugissantes nasales M, N. L'*y* et l'*i* sont bel et bien une consonne mixte entre la bourdonnante J et la voyelle *i*, dans *yatagan*, *yole*, et, avec dédoublement, dans *payer* pour *pai-yer*, etc.

Aux deux mugissantes M, N s'adjoint naturellement la murmurante palato-linguale GN doux de *signe*, *bagne*, qui est le N *tilde* espagnol. L'H, autrefois soufflante gutturale remplaçant parfois la soufflante labiale F (hors, fors), n'est plus qu'un signe muet séparatif (hiatus).

En dernière analyse, tel est le matériel du langage humain : des *sons* (voyelles) et des *bruits* (consonnes). Les langues particulières des diverses races ne sont que des combinaisons plus ou moins développées de ces deux éléments en *syllabes* et *mots*. Les mots de toutes les langues connues ont été, à l'origine, des syllabes isolantes et isolées, et ces syllabes-racines se discernent très bien dans les phases ultérieures de l'agglutination et de la flexion, qui caractérisent d'une part les groupes ouralo-altaïque et américain, de l'autre, les groupes sémitique et aryan. Mais il est un groupe linguistique aussi ancien, chronologiquement, que les précédents et qui est resté purement monosyllabique jusqu'à nos jours : il se compose du tibétain, du birman, du siamois, de l'annamite et du chinois, que parlent des populations jaunes habitant des régions contiguës. Pourquoi et comment ces vieux éléments ethniques n'ont-ils pas dépassé le premier stade du langage articulé, à l'encontre des nègres et des blancs ? Il est bien difficile de donner une réponse satisfaisante à cette question dans l'état actuel de nos connaissances ; mais n'importe : la langue chinoise servira du moins à faire connaître et comprendre la formation du langage chez les premiers hommes parlants.

Langue chinoise.

Taine a soigneusement enregistré comment l'enfant européen arrive au langage de ses parents, partie spontanément, partie imitativement, partie éducationnellement.

Les Chinois ont-ils procédé différemment? Au début, oui, car l'effet de l'hérédité sur eux fut nul ou infime, et leur langue s'est stéréotypée assez tôt, puisqu'elle a gardé son matériel primitif de voyelles et de consonnes s'associant en monosyllabes, chacun avec son sens propre, en dehors de sa place dans une phrase[1].

C'est seulement quand il prend position que le mot-racine éveille une idée d'individualité, de qualité, de relation, d'activité, une idée particularisée. (Hovelacque, *Linguistique*, p. 46.)

Les Chinois ont les mêmes voyelles et diphtongues que nous, y compris nos voyelles nasalisées : *an, en, in, un, oun,* avec, souvent,

---

[1]. Il serait fort curieux de rechercher et de savoir si des conditions anatomiques, physiologiques et psychiques ne président pas à la prédominance de consonnes trines dans les racines sémitiques, des voyelles dans les racines aryanes, et enfin si voyelles et consonnes ne donnent pas lieu à quelque sous-localisation cérébrale qui actionnerait le nerf spinal sur le larynx, par ondes hertziennes ou autrement.

addition de *g*, quoique sans prononciation distincte des lettres précédentes. Mais pour les bruits-consonnes, la différence est grande : ils n'ont pas *b, g, d, r, z* pour leurs sons *initiaux* et *finaux*, l'*ng* ne servant qu'à nasaliser les voyelles des monosyllabes : *Foung*, vent ; *Hoang*, jaune. Ils ont par contre des consonnes aspirées : *kh, th ;* des sifflantes : *ths ;* des chuintantes : *tch*, qui nous font défaut et, chez eux, *j, y* jouent le rôle de semi-voyelles autant que celui de consonnes et alternent dans la prononciation[1] suivant les provinces ; *l* sert à remplacer

---

1. La prononciation du chinois est assez semblable dans les vastes plaines des fleuves Jaune et Bleu qui sont contiguës ; elle diffère dans les régions montagneuses de l'ouest et sur la zone littorale sud-est avec celle usitée ailleurs. Le petit tableau suivant donnera une idée suffisante de ces variantes, à propos des chiffres :

	PRONONCIATION		
	à Nankin.	à Canton.	à Foutchéou.
Un.......	i	yat	it
Deux......	eulh	i	ji
Trois......	san	sam	ssam
Quatre.....	sse	sz	sek
Cinq......	ou	ng	ngou
Six.......	lou	louk	liok
Sept......	thsi	ts'at	tchit
Huit......	pa	pat	pat
Neuf......	kiou	kao	kiu
Dix.......	chi	chap	sip

N. B. — Ce petit tableau montre qu'au centre et au nord

r quand les Chinois veulent rendre des mots étrangers. Ainsi pour *France* ils emploient leurs trois sons *Fou, lan, si,* depuis le traité du 24 octobre 1844, conclu à Houangpou entre les deux pays; ainsi encore Europe devient *Eulope,* Christian, *Kilissetang;* Jérusalem, Abraham, *Yalusalan, Apalahan.*

L'absence de la consonne R dans le chinois prive cette langue de la plus expressive des articulations européennes. Comme l'a dit Chavée il y a un demi-siècle : « Otez donc les R du français, de l'allemand, du russe, du latin, du grec, du zend, du sanskrit, ôtez-en les PR, les SPR, les TR, les STR, les KR, les SKR, les BR, les DR, les GR, les FR, etc., que deviendront ces idiomes congénères de souche aryane ? »

L'absence de l'R dans le chinois est encore d'autant plus frappante que ce geste vocal existe dans les autres langues monosyllabiques:

---

de la Chine, les articulations monosyllabiques se terminent par une voyelle, nasalisée parfois ; au sud et à l'est, par une consonne ténue, de préférence. A Pékin notamment, devant l'*i*, le *k* se change en *dz*, l's en *ch*, l'*h* en *k'h* et les consonnes fortes P, T, K disparaissent. (Voir là-dessus Lepsius, *Ueber Chinas und Tibet Lautverhältnisse* [*Schriften der Berlin Akad.,* 1861].)

le tibétain, le siamois, le birman. L'annamite notamment le possède avec une luxuriance féconde, non seulement comme initiale monosyllabique : *Ra*, sortir ; *Rác*, paille ; *Rai*, loutre ; *Ran*, fracas ; *Ria*, répandre ; *Ro*, chiche ; *Reu*, envie de femme enceinte ; *Roi*, rotin ; *Rum*, couleur pourpre ; *Rút*, retirer — mais encore il possède le T, tout à fait comme dans les langues flexives : *tra*, rechercher ; *tray*, très noir ; *tram*, trajet, étape ; *tran*, tablette ; *trau*, buffle ; *tre*, bambou ; *tro*, cendre, etc. L'absence des explosives mineures B, D, G, dans le chinois a une portée bien plus grande que celle de l'R. En effet, ces trois articulations sont autre chose qu'une doublure atténuée de leurs corrélations P, T, K, lesquelles ne laissent entendre aucun bruissement de la voix et coupent en quelque sorte de lignes noires l'étoffe vocale laryngienne, diversement colorée par les différentes poses du pharynx et des organes de la bouche. Outre que les premières ont une résonance vocale sourde pour caractéristique, elles sont initiales de racines verbales presque innombrables dans le système indo-européen : *Ba*, *Bu*, *Br*, *Bar*, *Bra*, *Bha*, *Bhi* ; *Da*, *Di*, *Du*, *Dr*, *Dhr*, *Dhu* ; *Ga*, *Gu*, *Gr*, etc. A ce point de vue encore, l'annamite l'emporte de beaucoup sur le chinois, puisqu'il a les deux triades d'explosives : *b, d, g* et *p, t, k,* et des monosyllabes en conséquence : *Ba,* trois, flot; *Bai,* bavard; *Be,* palais de la bouche; *Beo,* tigre; *Bi,* deux; *Bo,* cri de la tourterelle; *Bong,* tige; *Bu,* voltiger autour, comme une mouche; *Bung,* grande marmite, etc., etc. Les lettres *d* et *g* sont aussi riches en formations syllabiques annamites. Avec les sons vocaux et les bruits vocaux qui leur sont propres, les Chinois ont composé des monosyllabes radicaux dont le nombre est d'environ 1.200 d'après Pauthier et Biot. Ces intonations se divisent en plusieurs groupes phonétiques différenciés par cinq tons : le *phin,* le *san,* le *khyu,* le *ci,* en plus du moyen ou égal, et qu'on rend par des signes conventionnels pour marquer le flottement, l'ascendance, la baisse et le retour de la voix. Ces accents sont comme autant de monosyllabes nouveaux pour le sens et partant une réalité linguistique; autrement le nombre des monosyllabes chinois se réduirait à environ 450. Quelques exemples éclairciront mieux la nature et le rôle des accents conventionnels signifiant telle ou telle intonation vocale des homophones. Ainsi, le monosyllabe *Fou* sans accent signifie *hache*; mais avec tel ou tel accent il signifie: *aller à, vite; donner, aider, être soumis à; magasin de livres ou de denrées, trésorerie, ville de premier ordre; viscères, nid, couveuse*, etc., etc.; de même en annamite, ce monosyllabe, que les missionnaires ont transcrit bien à tort par *Phu*, signifie sans accent: *mari;* avec tel ou tel accent: *père, supplément; livrer, confier, riche.*

Et comme les Chinois ont colonisé l'Annam, *Phu,* avec un accent ascendant, analogue à notre point d'interrogation, a pris le sens de *Fou*, chef-lieu, préfecture, organe digestif — ainsi les Daces, les Gaulois et les Ibères prirent aux Romains tel ou tel terme administratif, fiscal, qui leur manquait. Ainsi encore le monosyllabe chinois *Ma*, sans accent, signifie *cheval, jument, sorte de grande vache* et avec tel ou tel accent: *railler, être loquace; servantes et nourrices, sorte de turban, brosse et brosser*. En annamite *Ma*, sans accent particulier, signifie *chanvre, fantôme*; avec tel ou tel accent: *semis, couvrir, tombe, pour*. Le mot annamite signifiant *cheval* est *ngeua*, ce qui prouve la différence fondamentale des deux langues, quoique toutes deux monosyllabiques et parlées par deux populations voisines et en rapports quotidiens depuis plus de vingt siècles. Le monosyllabe chinois *ma* pour *cheval* n'est employé que par les lettrés annamites, de même que les lettrés celtibères apprirent et écrivirent le mot latin *equus,* tandis que les illettrés prirent le mot rustique *caballus,* qu'ils entendaient prononcer par les légionnaires-colons italiotes.

Les homophones sont plus apparents dans les langues monosyllabiques, à cause de l'exiguïté du vocabulaire; mais ils existent dans toutes les langues flexives et analytiques, témoin en français :

Son, adjectif.
Son, vibration acoustique.
Son, peau de céréale.
Sont, verbe être.

Sain, adjectif.
Saint, id.
Sein, substantif.
Seing, id.
Cinq, adjectif numéral.

Seine, fleuve.
Seine, instrum^t de pêche.
Saine, adjectif.
Scène, substantif.
Cène, id.

Raie, poisson.
Raie, du verbe rayer.
Rais, rayon.
Rets, du chasseur.
Rez-de-chaussée.

Nous les différencions par des diphtongues,

des consonnes finales, des accents et la place dans la phrase.

Comment avec leurs 1.200 monosyllabes usuels les Chinois parlent-ils leur pensée, ou bien, si l'on préfère, comment les disposent-ils pour construire l'équivalent de nos phrases ? Dans les relations de vive voix et pour suffire à la rapidité de la conversation, les Chinois adjoignent un synonyme à un homophone ambigu. Cette combinasion de synonymes dans les patois non écrits est très développée. Ces patois emploient deux ou trois fois plus d'intonations monosyllabiques que le dialecte *kouan-hoa*, écrit et parlé dans les dix-huit provinces par le monde officiel et les gens de bon ton. Et pour ce dialecte courant lui-même, les individus qui ne s'occupent pas de littérature, comme nos paysans et nos ouvriers, font beaucoup plus attention, dit Callery, en lisant et en écrivant, à l'élément phonétique du caractère écrit qu'à son sens véritable, parce que beaucoup de mots usuels du *kouan-hoa* sont représentés, comme dans le langage, par deux sons monosyllabiques groupés ensemble — de sorte que l'écriture populaire tend à devenir phonographique comme la prononciation.

Ainsi *tao* signifie *voie*, mais de plus, suivant les intonations vocales : *froment, drapeau, ravir, atteindre, couvrir, mener ;* de là des malentendus possibles assez nombreux. Mais un autre monosyllabe *lu* signifiant aussi *voie*, à côté de : *pierre précieuse, rosée, véhicule, forger, détourner* — *tao lu* sont deux synonymes de *voie* qui, accumulés, dégagent nettement l'acception commune en restant distincts. Par un procédé de groupement analogue, avec les monosyllabes : *Yuan*, éloigné, et *kin*, près, de *yuan kin* on a fait l'acception de *distance*, bien que les deux radicaux gardent chacun leur sens propre ; de *Fu*, père, et de *Mu*, mère, ou *Fu mu*, l'acception de *parents*.

L'annamite, pour les mêmes raisons, a des accolements semblables de monosyllabes : *Ydy* et *gneu*, isolément, signifient bien *corde*, mais comme ils ont plusieurs homophones de sens différents, *Ydy gneu* suppriment toute ambiguïté ; de même *dang* et *neo*, pour *chemin* ; *cha*, père, *me*, mère = parents.

Plus encore qu'en marquant les diverses intonations des articulations vocales, il y a là, dans les langues monosyllabiques, toute une création de mots nouveaux et bien plus précis quant au sens. Ce ne sont pas nos composés *gen-de-arme*, *chef-de-œuvre*, où le sens de chaque élément disparaît au total, mais c'est un procédé analogue quant au même but, surtout quand les radicaux qui se suivent ne sont pas synonymes. Exemples : *maï*, vendre ; *jin*, homme : d'où *mai jin*, marchand — *tchouen*, navire; *cheou*, main : d'où *tchouen cheou*, matelot — *tseou*, marcher; *tao*, chemin; *li*, debout; *jin*, homme : d'où *tseou tao li jin*, voyageur.

Comment les Chinois déterminent-ils le genre, le nombre, les cas, dans des monosyllabes invariables et indépendants, qui suppléent à nos substantifs et adjectifs ?

Le genre, dans les monosyllabes chinois nominaux, s'indique pour l'homme par *nan*, mâle, *niu*, femelle, devant *tse*, enfant; pour les quadrupèdes par *meou* et *phin*; pour les oiseaux par *hioung* et *thseu*. L'Annamite différencie les sexes tout pareillement : *con*, enfant, devient garçon avec *trai*, fille avec *gai: con trai*, *con gai*; *deue* et *cai* désignent le mâle et la femelle chez les quadrupèdes, les reptiles, les poissons; *trong* et *mai* chez les oiseaux. Cette façon d'indiquer le genre ne s'est pas perdue dans les langues flexives et analytiques. A côté de ses désinences sexuelles, le latin avait gardé pour plusieurs mots : *mas* et *femina* devant *canis*, *anguis*, etc. Même de nos jours l'Anglais dit : *He-ass* pour l'âne, *she-ass* pour l'ânesse, où *il* et *elle* figurent les deux sexes; *Man-cook*, *Woman-cook*, homme et femme de la cuisine pour *cuisinier, cuisinière*; *Cock-canary*, *Hen-canary*, coq et poule canary pour *serin* et *serine*.

Le nombre se reconnaît au sens de la phrase; mais les Chinois emploient aussi un monosyllabe *to*, signifiant foule, pour indiquer la pluralité *to jin* : beaucoup hommes. L'Annamite a aussi des monosyllabes déterminatifs du pluriel devant les noms : *Gnung, May,* signifiant *ceux, combien*.

Les cas n'existent pas plus en chinois que les genres et les nombres : c'est la juxtaposition relative des monosyllabes qui (comme dans l'anglais *horseman*, cavalier; *steamboat*, bateau à vapeur) indique, par exemple, le génitif : *Thien tse*, fils du ciel; mais la particule *chi* entre deux noms joue le même rôle que *of* ou *'s* en anglais : *Heaven's son, cœli filius*. L'Annamite ne fait pas cette interversion, il laisse le terme principal le premier et son nom complément le second : Lois (d') État, *Lê Gneue;* mandat (du) ciel,

Mang trein. Inutile de prolonger des exemples analogues pour le datif, le vocatif, l'ablatif, à l'aide de certaines particules ayant oblitéré leur sens primitif, comme de vieilles pièces de monnaie perdent leur effigie, leur exergue, leurs poids et valeur, à force de passer de main en main et ne laissent que la vague idée de leur destination originelle : d'où en chinois leur nom de mots *vides, hiâ tseù.*

C'est la place respective des radicaux et des membres de phrase qui donne la clef du sens particulier et général du contexte, comme la place des chiffres dans un nombre sert à marquer les unités, dizaines, centaines, etc., de sa quantité. Une proposition principale, en chinois, se déroule dans le même ordre qu'en français : sujet, verbe, régime direct, régime indirect relié au direct par une particule *prépositive* parfois exprimée, parfois sous-entendue. Quand il y a une proposition incidente, elle précède la principale en s'y rattachant par une particule *conjonctive;* de même, l'adjectif précède toujours le substantif qu'il qualifie ou détermine, l'adverbe le verbe qu'il modifie, le substantif régi le mot qui le régit, comme en anglais. *Chú mîn tseù lai* signifie littéralement : *plu-*

sieurs peuples fils venir. Ces quatre monosyllabes sont tirés du très vieux *Livre des Vers*. C'est grâce au contexte qu'on sait qu'il s'agit d'un empereur auprès de qui accoururent filialement (comme des fils auprès de leur père) plusieurs peuples. Eh bien, *mīn*, peuple (d'un radical signifiant bourgeonnement) étant déterminé par *Chù*, celui-ci le précède ; pour la même raison *tseù* précède *laï :* c'est comme en allemand, où l'expliquant précède l'expliqué, pour les noms et adjectifs, les verbes et adverbes.

Ssè sêng yeoù ming signifie littéralement : *mort* ou *mourir, vie* ou *vivre, avoir-sort* = la mort et la vie sont prédestinées, ont leur décret ou ordre. Cette courte phrase montre trois monosyllabes verbaux et un substantif; mais les trois premiers ne sont tels que par leur juxtaposition et combinaison de sens, les uns par rapport aux autres. Ils sont aussi bien, isolément, substantifs que verbes, adjectifs qu'adverbes. Du reste, en français nous avons les mots *avoir, devoir, savoir, vivre, faire,* qui sont à la fois noms et verbes, et nous formons des noms composés avec plusieurs verbes : *savoir-vivre, savoir-faire, va-et-vient ;* l'anglais a de même : *Head,* signifiant tête et commander ; *love,* amour et aimer ; *ring,* anneau et sonner ; *present,* cadeau et présenter ; l'allemand : *Schreien,* cri et crier ; *laufen,* course et courir ; *schreiben,* écrit et écrire. Et cela étant, à plus forte raison ne faut-il pas chercher dans les monosyllabes chinois, que leur position rend verbaux pour le sens, des modes, temps, personnes, etc. ; dans la langue ancienne (*kouwen*) les substantifs et les verbes sont même sous-entendus parfois. Le passif, le passé, le futur, s'indiquent, comme les dépendances mutuelles des mots, au moyen de particules obsolètes quant au sens primitif. Ces particules suppléent à nos désinences, flexions et catégories grammaticales, mais partout et toujours sous la direction et le contrôle de la *position* des monosyllabes *pleins* à la fois dans l'idée et le contexte. Une dernière phrase, empruntée à la *Grande Étude* de Confucius, montrera certains raccords de propositions interdépendantes malgré le sens autonome de chaque mot : *Tchî ssŏ siĕn heoù ; tseù kin táo i* peut se traduire en latin :

« Cognosce id quod prius, posteriusque ; tunc propè accedes viam... *particula finalis.* »

On peut voir dans cette phrase : 1° une première

proposition *hypothétique* ou *interrogative*, rattachée à la proposition principale par la conjonction *tseù*; 2° une proposition *affirmative* construite avec un nom verbal à l'infinitif, dont la seconde serait le complément; 3° une proposition commençant par un verbe à l'impératif, comme dans la version latine ci-dessus. Or, dans les trois cas, le sens sera à peu près le même et pourra s'énoncer ainsi: 1° *si l'on connaît* (ou bien, interrogativement: *connaît-on*) *ce qui précède et ce qui suit, alors on approchera de bien près de la voie droite*; 2° *connaître les antécédents et les conséquents, c'est approcher très près de la voie droite*; 3° *connaissez les causes et les effets, et alors vous arriverez à la raison suprême.*

Voilà la pensée chinoise rendue à l'européenne; mais quelle concision lapidaire dans le texte: *savoir quoi avant après, alors près voie droite!* puisque la particule finale *i*, dépourvue de signification propre, ne sert qu'à terminer la phrase avec symétrie et une sorte de cadence.

C'est à propos de phrases pareilles, qui sont la règle générale au lieu des nôtres, souvent ou longues ou compliquées, que Guillaume de

Humboldt, dans une lettre à Abel Rémusat, a dégagé avec un singulier bonheur d'expression la *caractéristique* de la langue chinoise :

« En dédaignant, autant que la nature du « langage le permet, les contours et les nuan- « ces que l'expression ajoute à la pensée, *elle* « *fait ressortir les idées*, et son art consiste à les « ranger immédiatement l'une à côté de l'autre, « de manière que leurs conformités et leurs op- « positions ne sont pas seulement senties et « aperçues, mais qu'elles frappent l'esprit avec « une force nouvelle, et le poussent à poursuivre « et à se rendre présents leurs rapports mutuels. « Il naît de là un plaisir évidemment indépendant « du fond même du raisonnement et qu'on peut « nommer *purement intellectuel,* puisqu'il ne « tient qu'à la forme et à l'ordonnance des « idées; et si l'on analyse les causes de ce sen- « timent, il provient surtout de la manière *ra-* « *pide et isolée* dont les mots, *tous* expressifs « d'une *idée entière,* sont rapprochés l'un de « l'autre, et de la hardiesse avec laquelle tout « ce qui ne leur sert que de liaison en a été « enlevé. » (Paris, 1827.)

Au point de vue des origines du langage articulé, les monosyllabes chinois seraient d'un grand secours, puisqu'ils en représentent la première phase organique très nette. Mais il faudrait, au préalable, leur faire subir plusieurs analyses complémentaires l'une de l'autre. Il y a d'abord l'analyse chronologique ou historique. Il est certain que, même et quoique monosyllabique encore, la langue chinoise comporte plusieurs âges : l'actuel ou moderne, l'antérieur ou ancien, et enfin le primitif. Les lexicographes indigènes, les sinologues Prémare et Rémusat entre autres, ont parfaitement distingué déjà les deux premiers : *kouan-hoa* et *kouwen*, rien que d'après leurs produits respectifs, distincts quant au fond et à la forme. Dans le *kouwen*, les monosyllabes sont presque tous *pleins* de sens et peu ou point différenciés grammaticalement parlant; les mots sous-entendus frappent par leur absence à côté des mots exprimés : on dirait un vocabulaire télégraphique; dans le *kouan-hoa*, les synonymes d'homophones accolés ensemble, le dégagement du pronom et du verbe, du comparatif et du superlatif dans l'adjectif, de certains cas du substantif au moyen de monosyllabes *vides* de sens, ou particules auxiliaires, indiquent un relâchement dans la texture précédente si concise, traduisent un besoin de clarté et de précision dans les relations orales à mesure du développement des intérêts matériels et de la culture intellectuelle. Sous sa forme définie, le *kouan-hoa* remonte au x siècle de notre ère, période d'éclosion des langues néo-romanes; le *kouwen* va des empereurs historiques jusqu'à l'incendie des livres sous *Tsin-chi-Hoang-ti*, et c'est par des dégradations et additions successives qu'il a abouti au *kouan-hoa*. Mais ces deux âges linguistiques sont concomitants de l'écriture chinoise : or, avant l'invention de l'écriture par *Fou-Hi*, trente-trois siècles avant notre ère, il y eut certainement un âge primitif purement phonétique pendant lequel les Chinois étaient illettrés et ne s'exprimaient que par intonations monosyllabiques.

C'est cet âge linguistique qu'il faudrait reconstituer, soit en dégageant de la masse des monosyllabes *kouan-hoa* et *kouwen* les types les plus archaïques qui ont persisté, soit en recherchant le sens oblitéré des particules insignifiantes plus vieilles encore. On pourrait ensuite phonographier les patois chinois non écrits de nos jours; observer et enregistrer, comme Taine en France, les articulations successives d'enfants chinois des premières provinces nord-ouest occupées et colonisées par leurs ancêtres reculés. On découvrirait ainsi, très probablement, quelles ont été les premières exclamations qu'ont poussées les *Po-Sinn* en réponse aux excitations sensorielles reçues de la nature, tour à tour douce et riante, terrible et dominatrice; les cris imitatifs d'êtres vivants qu'ils ont reproduits, outre les bruits et murmures, les heurts et chocs des corps inorganiques ; enfin, les sons intentionnels et conscients, articulés peu à peu pour leur propre compte en tant que formateurs d'idées ou de concepts — phénomènes de généralisation et d'abstraction dont le cerveau humain est seul susceptible au haut de l'échelle animale.

Si l'on pouvait joindre à cela l'anatomie de beaucoup d'encéphales sains et morbides, la constatation de cas d'aphasie et d'amnésie verbale, on arriverait peut-être à savoir pourquoi les organes vocaux chinois n'ont jamais rendu certaines consonnes, pourquoi la langue chinoise s'est arrêtée sur le seuil de l'agglutination : *au doublement des homophones*. En dehors d'une constitution cérébrale primant tout, je me demande si le rôle effacé, presque nul, de la femme dans la famille et la société, son mutisme relatif[1], n'expliqueraient pas l'absence, dans la langue, la musique, la poésie chinoises, de certains sons, notes et accents, que l'organisme et le psychisme féminins sont plus propres à émettre, parce que plus corrélatifs et plus adéquats à certains états et aptitudes que la division du travail physiologique accentue chez la femme.

En Chine, ce me semble, l'homme a fourni à peu près son écot normal d'industrie et d'invention ; la femme, presque rien.

C'est le contingent de cette dernière qui manque sur toute la ligne : contingent émotionnel, passionnel, inspirateur.

---

[1]. La LOQUACITÉ, *tô yén*, est l'un des sept cas de répudiation de la femme chinoise par son mari. Il s'agit ici de l'épouse en titre, *thsî*, non des concubines ou suppléantes, *thsieï*, choisies ou agréées par l'*uxor*, qui les commande directement.

Je ne sais si, à un moment donné, les femmes chinoises ont été plus bavardes qu'ailleurs, ou bien si l'on a voulu prévenir leurs médisances possibles ; ce qui est certain, c'est que les lois civiles et les mœurs ne leur donnent voix à aucun chapitre, pas même à celui de la linguistique. (Voir dans les *Li Liu*, n° 116.)

Écriture chinoise.

Les Chinois, après avoir créé les *idéophones* monosyllabiques — dont les vibrations sonores extérieures avaient fourni l'élément premier — créèrent peu à peu les *idéoglyphes,* en réponse ou réaction subjective aux vibrations lumineuses et aux images rétiniennes. On sait que les nerfs de la vision se continuent avec le chiasma, puis les bandelettes optiques et enfin se mettent en rapport, après un trajet compliqué à travers le cerveau, avec les lobes *occipitaux,* droit et gauche. Ce sont ces lobes qui constituent les *centres visuels communs :* lésés ou détruits, il s'ensuit des troubles ou la perte de la vision, et par suite de la mémoire visuelle. C'est l'existence de ces lobes, ateliers de clichage et collecteurs de clichés, qui a rendu possible l'éclosion du *dessin* en général, et puis, de ce dessin particulier qu'on appelle *écriture,* lequel exprime le sens des mots pour l'œil comme le langage articulé pour l'oreille. C'est dans le *pli courbe gauche* que, après un exercice répété, se localise la mémoire des images visuelles des signes du sens des mots. La main, d'ordinaire — le coude, le pied au besoin — transcrit ensuite les *idéoglyphes*, comme les organes vocaux rendent les *idéophones*, à la condition physiologique préalable que les centres corticaux de la vision commune entrent en connexion avec la zone du langage : *lobes occipitaux* et *pli courbe gauche* (Déjérine). Sans cette connexion, point d'éveil d'idée de tel ou tel mot, point de connaissance de tel ou tel signe verbal. Après les attaques d'apoplexie, l'acquisition même de l'écriture se perd parfois, en plus de celle de la lecture par cécité à l'égard des dessins ou caractères graphiques du langage.

Les plus anciens livres et leurs commentateurs attribuent à Fou-hi, comme les Grecs à Cadmus, les premiers linéaments d'une écriture chinoise primitive. Celle-ci consistait en des combinaisons de ligne droite et de ligne brisée (— et - —). Aux 8 trigrammes de Fou-hi un de ses successeurs, Chin-nong, en ajouta 56 autres, qu'on multiplia ensuite par 6, ce qui donna un maximum de 384. La légende de Fou-hi paraît sujette à caution au point de vue de l'écriture ; elle suppose une symbolique bien abstraite pour une date aussi reculée (33 siècles avant J.-C.); qu'avec la ligne droite et la ligne brisée Fou-hi ait voulu représenter plutôt l'unité et la dualité, les sexes mâle et femelle, voire le ciel et la terre, rien ne s'y oppose; mais des êtres concrets formant image, c'est plus que douteux. Ce n'est qu'en notre siècle, après une longue gymnastique intellectuelle, qu'on a pu déduire un alphabet complet, les chiffres et signes de ponctuation de la combinaison de simples traits pour l'appareil télégraphique Morse. Il est probable que c'est sous cette forme que les Chinois accepteraient le plus facilement la transcription européenne de leurs idéoglyphes et signes numéraux actuels, surtout si on la leur présentait comme une invention de Fou-hi retrouvée; ce serait la transition à nos lettres, qui les déroutent plus ou moins. Cette considération me fait reproduire ici la combinaison linéaire Morse.

TABLEAU.

LETTRES	SIGNES	CHIFFRES ET PONCTUATION	SIGNES
a	·—	1	·———
â	·—·—	2	··———
b	—···	3	···——
c	—·—·	4	····—
d	—··	5	·····
e	·	6	—····
é, è ou ê	··—··	7	——···
f	··—·	8	———··
g	——·	9	————·
h	····	0	—————
i	··		
j	·———	Point.	·····
k	—·—	Alinéa	·—·—·—
l	·—··	Virgule.	·—·—·—
m	——	Point et virgule..	·—·—·—
n	—·	Deux points . . .	—···—
ñ	——·—	Point interrogatif.	··——··
o	———	Point exclamatif..	—·—·——
ô	———·	Apostrophe. . . .	·————·
p	·——·	Trait d'union . . .	—····—
q	——·—	Barre de division	
r	·—·	ou de fraction. .	—··—·—
s	···	Souligné	··——·—
t	—	Guillemet.	·—··—·
u	··—	Parenthèse. . . .	—·——·—
û	··——	Signal séparant le	
v	···—	préambule de	
w	·——	l'adresse, l'a-	
x	—··—	dresse du texte,	
y	—·——	et le texte de la	
z	——··	signature. . . .	—···—
ch	————		

Les Chinois n'ont pas procédé différemment que les autres peuples pour l'invention de leur écriture. Comme ceux des Égyptiens notamment, leurs premiers caractères ont été des images grossières, mais reconnaissables, des objets et des êtres qui frappaient le plus leur rétine par leur forme, leurs dimensions, leur éclat, leur couleur. Ils ont appelé ces caractères *wen,* ou picturaux-ancêtres. Dans la vallée du Hoang-Ho et celle du Nil ont été figurés identiquement : le *soleil* par un cercle avec un point au centre, la *lune* par un croissant, la *montagne* par trois éminences; l'enfant, l'hippopotame, l'éléphant, par des dessins d'après nature. Ainsi en est-il pour le chien, le cheval, le porc, la tortue, le mouton, le tigre, l'arbre, le toit, la flèche, l'arc, le millet, le riz, le mortier, l'amphore, le croc ou hameçon, la plante du pied des quadrupèdes tracée sur le sol, la peau des animaux préparée ou cuir, la tête de l'homme avec ses cheveux, le nez, la flûte de bambou à trois ouvertures, etc., etc.

Cette écriture, purement figurative, postérieure aux diagrammes et trigrammes de Fou-hi, qui avaient remplacé des cordelettes nouées analogues aux *guipos* du Pérou, est attribuée à Thsâng-hie, ministre de l'empereur Hoang-ti (xxvii° siècle av. J.-C.). Il est probable qu'il s'agit là d'une adoption officielle de ce système, car les hommes ont dû s'essayer au dessin depuis qu'ils ont des yeux et une main, comme à l'articulation des sons depuis qu'ils ont des oreilles et l'appareil vocal, dès que, dans les deux cas, l'hémisphère gauche du cerveau a élaboré des idées — témoin les portraits d'animaux dus aux hommes de l'âge de la pierre, les formes empreintes sur certaines poteries des *mounds* américains.

On traça les caractères *wen* avec une pointe métallique sur des planchettes de bambou; mais s'ils avaient une physionomie et pouvaient former une galerie d'images, ils n'étaient pas encore des signes communicatifs de pensée, tels que les premiers monosyllabes expressifs d'un fait mental. Dès qu'il fallut indiquer à l'œil les simples rapports des êtres ou objets figurés entre eux: position différente, pluralité, interdépendance, succession, contraste de formes et de couleurs, il fallut créer d'autres signes, ou tout au moins des combinaisons des premiers purement représentatifs. Ainsi l'idée du jour commençant, ou *matin*, fut figurée par l'image du soleil placée au-dessus d'une ligne horizontale; celle du jour finissant, ou *soir*, par des traits vaporeux descendant vers l'horizon, mais sans image du soleil, qui est couché.

On marqua le *haut* par un point placé au-dessus de la ligne horizontale, le *bas* par un point placé au-dessous de la même ligne ; le *milieu* par un diamètre coupant le cercle en deux parties égales.

Quand on voulut signifier la *lumière,* on accola les figures du soleil et de la lune ; une *forêt,* deux arbres ; quand un *ermite,* on plaça la figure d'un homme au-dessus de celle d'une montagne ; la *main droite* et la *main gauche,* par les doigts différemment tournés ; l'*homme vivant,* par sa figuration debout, l'*homme mort* par sa figuration couchée, etc., etc.

On conçoit encore que l'imagerie primitive puisse représenter ces états nouveaux, puisqu'ils font image ; mais il faut déjà de la bonne volonté, un certain développement des conventions pour reconnaître l'idée de *petit, délicat,* dans la forme d'un enfant qui vient de naître ; celle d'*abri* dans la forme d'une habitation élevée pour s'opposer aux attaques du dehors ; celle de *parole* dans la forme d'une bouche ouverte ; celle d'*expiration* dans la forme d'un homme qui bâille ; celle de *vallée* dans la figure de gouttes sortant d'une bouche; celle d'*entendre* dans la figure d'une oreille entre deux battants de porte; celle d'*atteindre* dans la figure d'un oiseau qui vole en bas et touche le sol; celle de *suivre* dans trois images d'hommes placés à la file; l'idée de *noir* dans la figure de suie recueillie au-dessus de la flamme. Certes, il y a là une association intéressante[1] entre le signe et la chose signifiée, et l'on assiste à l'éclosion des caractères métaphoriques correspondant à une phase d'évolution mentale : c'est le passage du concret à l'abstrait, du particulier au général.

Ainsi, dans l'idée de *père, chef de la maison*, la figure de l'homme se réduit à une main qui tient un bâton; dans l'idée de *lettré, savant*, la figure de l'homme disparaît, et c'est la représentation combinée de *un* et de *dix* qui signifie *accompli* = l'alpha et l'oméga.

A plus forte raison, les idées d'êtres abstraits comme les *génies*, les *mânes*; les concepts métaphysiques, tels que la *durée*, l'*étendue*, le

---

1. La reproduction de caractères chinois serait ici très démonstrative à cet égard, mais il n'en existe guère qu'à l'Imprimerie Nationale.

bien, le *mal*, ne se prêtèrent nullement à une représentation graphique. Aussi fallut-il altérer peu à peu les images des temps primitifs et leur adjoindre des caractères plutôt linéaires pour rendre les complications croissantes de la pensée et des rapports entre les phénomènes extérieurs observés.

On a la preuve historique de cette évolution des caractères chinois dans l'inscription que l'empereur Yu fit graver sur un rocher (2278 avant J.-C.) et dans celles d'anciens vases, de trépieds, de tables de marbre conservés au musée impérial de Pékin, qui remontent à quinze ou dix-huit siècles avant notre ère : les 200 ou 300 *idéoglyphes* de l'époque de Hoang-ti y diminuent de nombre à vue d'œil, et font place à d'autres caractères dits *tchouen*, correspondant à l'écriture égyptienne dite *hiératique*, lesquels ont des traits raides et grêles : on en possède des spécimens sur des monnaies et des inscriptions.

Mais il est une cause plus ancienne et toujours agissante de modification des premiers caractères et de multiplication des nouveaux, c'est la langue parlée, c'est la représentation des idéophones par l'écriture. Or, chaque monosyllabe de l'une a dû répondre à un signe de l'autre, et réciproquement, pour représenter une seule et même idée. Il s'en est suivi qu'un certain nombre des caractères figuratifs furent pris comme signes des sons correspondants, abstraction faite de leur signification primitive, et, en cette qualité, on les accola aux images pour former des caractères mixtes : *hîng-chîng*, moitié représentatifs, moitié syllabiques. Ces caractères à deux éléments, l'un *image* générique des objets ou actions, l'autre *son* spécial ou prononciation de ces objets ou actions, constituent un groupe ou classe à dérivés innombrables, formant déjà, au commencement de notre ère, les trois quarts du lexique chinois. A cela rien d'étonnant, puisque, en somme, l'écriture a pour caractéristique et pour but, comme a dit le poète :

De peindre la parole et de parler aux yeux.

Ainsi la parole fut représentée par un dessin qui a dégénéré en un caractère, *tchouï*, qu'on a pris pour le type des oiseaux à queue courte. Adjoint-on à ce caractère un autre caractère purement phonétique *ki*, nom de la poule dans la langue parlée, on a cette définition signalétique : *oiseau à queue courte appelé poule*. Le caractère figuratif générique des serpents, joint au caractère phonétique *tho* (il, elle), devient la vipère, etc.

Cette représentation des choses est rendue fort ingénieusement : l'affectation d'éléments figuratifs à un rôle phonétique, où la signification de l'image s'évapore, est un mode de notation d'idées qui assure la prédominance du syllabisme par une assimilation graduée de signes les uns aux autres. Mais quand ce procédé se fige pour ainsi dire, l'écriture manque d'élasticité pour ses phases ultérieures.

C'est ce qui est arrivé aux Chinois qui, au lieu de simplifier les premiers types figuratifs des formes objectives et des signes d'idées, jusqu'à n'en garder que des linéaments amorphes au service de la prononciation de leurs monosyllabes, ont, au contraire, subordonné la transcription des idéophones aux idéoglyphes, et, à défaut, à leur souvenir — en sorte que les signes du *son* semblent être de simples dérivés ou appendices des signes graphiques et évoquer seulement une articulation traditionnelle de la langue parlée. Si ces signes du son fussent devenus indépendants des signes-images, c'est un alphabet qui s'en fût dégagé, comme l'alphabet phénicien de l'écriture égyptienne *démotique*. Sous les Han postérieurs, vers 76-78 de notre ère, on inventa, probablement sous l'influence du bouddhisme, une écriture *thsao*, extrêmement cursive et abréviative, d'où la trace des anciens caractères était éliminée et qui aurait conduit à un alphabet si l'on en eût rendu l'usage obligatoire. Mais l'expérience dura vingt ans à peine et l'on revint à l'ancienne routine, sur les plaintes des lettrés, fétichistes des caractères *Kou-wên*, dans leurs études et leurs écrits.

On peut dire hardiment que l'échec de l'écriture *thsao* marque la date de l'arrêt mental chinois, l'avortement de l'invention du papier, de l'encre, de l'imprimerie, la superfétation de lignes droites et courbes en rébus conventionnels qui porta le nombre des caractères au chiffre de 30.000 à 40.000, dont les deux tiers sont à peine usités, et dont beaucoup demandent individuellement force coups de pinceau, par exemple celui de la grenouille 13, du dragon 16, de la flûte 17.

Rien que pour apprendre, comprendre et reproduire convenablement cette masse de caractères, en files verticales de droite à gauche, il faut un temps et un effort oculaire-manuel disproportionnés avec le résultat pour la transcription de la pensée. Le cerveau est déjà fatigué avant l'âge des études fécondes. La mémoire des caractères chinois actuels, quant au sens, doit surmener le *pli courbe gauche* après les *lobes occipitaux,* qui ne voient ces caractères qu'en tant que dessins; les centres corticaux visuels surmenés correspondent faiblement avec les centres de la zone du langage : telles des stations télégraphiques dont les fils de rattachement sont endommagés.

. L'essor intellectuel de la Chine n'est de nouveau possible que par la prévalence des dictionnaires purement syllabiques et toniques, tels que Morrison et Callery en ont déjà esquissé, sur ceux à caractères groupés autour de 214 clefs ou types radicaux. Au lieu d'imposer aux Chinois leur natte de cheveux, les premiers empereurs mandchoux auraient mieux fait d'imposer leur alphabet d'une trentaine de signes, emprunté à la langue ouigoure, et grâce auquel l'écriture des mots cadre avec la prononciation. Le terrible destructeur des vieux livres, Chi-Hoang-ti, pressentit fort bien la nécessité d'une écriture nouvelle; mais celle que son ministre, Li-ssé, traça sur son ordre n'eut point de succès sauf dans les bureaux officiels. C'est par une innovation profonde de ce genre que les Chinois auront l'instrument souple qui leur manque pour l'expression rapide et adéquate d'idées aujourd'hui flottantes et imprécises, à l'état de larves intellectuelles, dans leur encéphale.

Littérature chinoise.

Et maintenant que la langue et l'écriture chinoises ont été déterminées dans leurs phases successives et leurs caractéristiques propres, quelle littérature en est-il résulté? Une littérature strictement correspondante, qui est restée en deçà des produits des langues et écritures agglutinatives et flexives.

Je vais le montrer par une esquisse rapide de la littérature chinoise d'après les éléments qu'en fournissent nos sinologues, depuis Abel Rémusat jusqu'au marquis Hervey de Saint-Denis.

« La littérature chinoise, dit Édouard Biot,

est certainement la première de l'Asie par l'importance de ses monuments. Leur nombre est prodigieux. On en peut juger par le catalogue de la Bibliothèque impériale de Pékin, qui contient 12.000 titres d'ouvrages avec des notices détaillées : le texte imprimé de ce catalogue remplit, suivant les éditions, 96 à 112 cahiers in-12 de 140 à 150 pages chacun. Les ouvrages chinois sont divisés en *Kiven*, livre ou cahier de 50 à 80 feuillets ou doubles pages (on n'imprime pas sur le revers du papier chinois, parce qu'il est trop mince); chaque *Kiven* est subdivisé en *tchang*, articles, et ceux-ci en *tsieï*, paragraphes. Deux ou trois *Kiven*, brochés ensemble, forment un *pen* ou volume, et plusieurs *pen* renfermés dans une couverture de carton forment une enveloppe ou *tao*. La collection chinoise de la bibliothèque royale[1] de Paris comprend actuellement plus de 16.000 *pen*. C'est la plus riche qui existe en Europe. »

La bibliographie chinoise se divise ordinairement en quatre sections : la première comprend les livres primitifs, appelés aussi *classiques*, qui

---

1. La Bibliothèque nationale a beaucoup enrichi cette collection depuis le temps d'*E*. Biot.

présentent les premiers produits de la mentalité chinoise, les principes fondamentaux des anciennes croyances et des anciens usages. Ils ont un intérêt archéologique plus qu'une grande valeur intrinsèque.

Le plus ancien et le plus estimé de ces livres est le *Y-King,* livre de divination fondé sur la combinaison de 64 lignes, les unes entières et les autres brisées, appelées *Koua,* et dont la première découverte est attribuée à Fou-hi.

Le second livre est le *Chou-King,* qui raconte l'histoire des premières dynasties jusqu'au viiie siècle avant notre ère et contient beaucoup d'allocutions de divers empereurs aux grands fonctionnaires. Ce livre offre des documents importants sur les premiers âges de la civilisation chinoise.

Le troisième livre, le *Chi-King,* ou livre des vers, est une collection de chants nationaux et officiels donnant aussi de précieux renseignements sur les mœurs de l'ancienne Chine[1].

---

1. Avant l'émancipation des grands vassaux, au viiie siècle, chacun d'eux devait apporter tous les ans à l'empereur quelque poésie exprimant les doléances des peuples et, par suite, leurs conditions de vie.

Le quatrième livre est le *Li-Ki,* ou livre des rites. L'original ayant été perdu dans l'incendie ordonné par Li-ssé, sous Thsin-Hoang-ti, les fragments qu'on a retrouvés ne semblent pas remonter au delà de Confucius, qui en avait été, comme des trois livres précédents, le compilateur.

Confucius est lui-même l'auteur du cinquième livre sacré, le *Tchun-Thsiéou,* ou livre du printemps et de l'automne. J'en parlerai dans le chapitre suivant, ainsi que des livres moraux *Ssé-Chou,* qui forment la base de l'enseignement ordinaire avec ceux des disciples de Confucius.

La seconde section bibliographique contient les livres historiques dont les plus anciens sont : le *Tso-Tchouen,* composé vers la même période que le *Tchun-Thsiéou,* par Tso-Kiou-Ming, contemporain de Confucius; le *Koué-Yu,* recueil de discours administratifs compilés par le même auteur; le *Koué-Tché,* collection de documents faisant suite au *Tso-Tchouen ;* le *Tchou-Chou-Ki-Nien,* chronique des temps anciens jusqu'à la fin de la dynastie des Tchéou; d'autres compilations faites par des princes ou ministres antérieurs à notre ère, tels que

Liu-Pou-Weï, au IIIe siècle, Hoaï-Nan-Tseu, au IIe siècle avant Jésus-Christ.

La première grande œuvre historique sur la Chine et les pays voisins est due au célèbre Ssé-Ma-Thsien, souvent comparé à Hérodote.

Né vers l'an 145 avant notre ère, ce ne fut qu'en 104 avant Jésus-Christ qu'il commença à rédiger ses *Ssé-Ki* (mémoires historiques). C'est qu'il voulut, avant d'écrire, visiter tous les peuples dont il se proposait d'établir les annales. Il voulut voir par lui-même ce qui restait des travaux du grand *Yu* ; de là une description géographique minutieuse des diverses parties de la Chine. Quant à l'histoire nationale, il dut, pour la reconstituer, contrôler les traditions avec l'aide des fragments et inscriptions décoratives qui avaient échappé à l'incendie des livres classiques.

La première partie de son œuvre, intitulée *Chronique impériale,* contient douze volumes retraçant l'histoire générale de la Chine, depuis l'empereur Hoang-ti (2697 av. J.-C.) jusqu'au règne de Hiao-Wou des Han. Il était d'ailleurs, ainsi que son père, avant lui, l'historiographe des prédécesseurs de cet empereur.

La seconde partie de son œuvre, dite : *Ta-*

bleaux chronologiques, ne contient guère que des tables analogues à celles de nos atlas historiques.

La troisième partie traite des huit branches de sciences : rites, musique, tons (considérés comme types), mesures de longueur, astronomie, cérémonies religieuses, rivières et canaux, poids et mesures.

La quatrième partie renferme, en trente volumes, l'histoire généalogique de toutes les familles ayant possédé quelque territoire.

La cinquième et dernière partie, composée de soixante-dix livres, est consacrée à la géographie étrangère et à des biographies.

Abel Rémusat fait l'éloge de l'ordre et de la multitude de renseignements que l'on trouve dans cet ouvrage capital.

A la fin du vi° siècle, cette histoire fut continuée par Ssé-Ma-Tching. Et sur l'histoire des Han de la première dynastie, il existe un autre ouvrage important de Pan-Kou[1], en 120 volumes.

---

1. Cet ouvrage n'était pas terminé quand son auteur fut envoyé en exil ; sa sœur, Pan-hoeï-pan, publia cette histoire et écrivit elle-même un long traité en vers sur les *Devoirs des femmes*.

Au xi⁰ siècle, un autre grand historien, Ssé-Ma-Khouang, reprend les annales nationales au v⁰ siècle avant Jésus-Christ et les conduit jusqu'à l'avènement des Soung, 950 de notre ère.

Ce fut sous l'empereur Jin-Tsoung que cet historien se distingua, d'abord comme gouverneur d'une ville fortifiée, puis de la capitale du Ho-Nan. Enfin il fut nommé historiographe du palais et censeur public. C'est dans cette fonction qu'il se fit l'adversaire acharné du ministre réformateur Wang-an-Chi.

La hardiesse de ses censures finit par le faire destituer. Il consacra alors le reste de sa vie à son grand ouvrage historique, « dans lequel, dit Pauthier, il voulut faire entrer les actions des princes et des sujets, et tout ce qui pouvait intéresser la science du gouvernement ». Aussi intitula-t-il son œuvre : *Miroir universel à l'usage de ceux qui gouvernent* (en chinois : *Tseu-tchi-Thoung-Kian*).

Cette histoire, amplifiée pour ce qui concerne les temps anciens par Liéou-Yu, ami et collaborateur de l'historien, et continuée par le célèbre Tchou-hi, est devenue la base de la grande histoire générale connue sous le nom de *Thoung-Kien-Khang-Mou*. Composée de résumés et de développements, sa forme rappelle celle de l'*Abrégé chronologique de l'Histoire de France* du président Hénault.

Mailla en a donné une traduction (*Histoire générale de la Chine*) et l'a continuée jusqu'aux premiers empereurs mandchoux.

Dans les vingt-quatre histoires complètes des dynasties antérieures à la dynastie actuelle, les matières sont distribuées et classées, dit Ed. Biot, suivant l'ordre adopté par Ssé-Ma-Thsien. Un ordre plus commode pour les recherches a été adopté dans plusieurs collections très importantes : les documents anciens y ont été classés sous différents titres relatifs à toutes les branches de l'administration civile, religieuse et militaire. La plus célèbre de ces collections est le *Wen-Hian-Thoung-Khao*[1], par Ma-Touan-lin, auteur de la fin du xiiie siècle. Il ne se contente pas d'enregistrer les documents, il les discute et les explique, et, fait remarquer Pauthier, l'arrangement des matières n'est pas le seul auquel l'auteur se soit attaché, il ne suit pas avec moins de rigueur l'ordre des temps pour toutes les parties ; de sorte qu'on

---

1. Recherches approfondies sur les documents anciens.

est certain de trouver, sous chaque matière, les faits qui s'y rapportent, disposés chronologiquement, suivant l'ordre des dynasties et des règnes.

On ne peut se lasser d'admirer l'immensité des recherches à faire pour recueillir tous ces matériaux et la sagacité qui a présidé au classement. Le même sinologue fait ressortir que Ma-Touan-lin, outre son œuvre sur la Chine, offre la meilleure source de renseignements religieux, législatifs, économiques, scientifiques et géographiques sur le reste de l'Asie.

A la section historique ci-dessus se rattachent naturellement les livres géographiques, les ouvrages descriptifs avec tableaux statistiques détaillés dont M. de Humboldt célèbre la richesse et l'étendue.

Cette section a commencé avec les récits des pèlerins chinois bouddhistes Hiouen-Tsang, pour l'Asie centrale et méridionale et, pour la Chine proprement dite, par les soins mêmes du gouvernement.

Ainsi, les Soung et les Ming ont fait rédiger des géographies officielles qui ont servi de base à celles qu'a fait publier la dynastie régnante en 1744. La description de chaque province est précédée d'une carte générale et de plusieurs cartes particulières des divisions et subdivisions de la province décrite. Sur 356 livres que contient cet ouvrage, 342 sont consacrés à la Chine et 14 aux royaumes étrangers. On trouve là le tableau synoptique des changements successifs et des dénominations diverses que les provinces et régions décrites ont subis depuis la dynastie des Han deux siècles avant notre ère. On y trouve encore l'indication des distances de toutes les localités aux chefs-lieux dont elles dépendent et de leur situation relativement à Pékin.

C'est comme une incorporation des 4.768 volumes de relations de voyages et de descriptions de pays étrangers que fit colliger l'empereur Khian-Loung. On commença ce travail au xviii° siècle.

La troisième section de la littérature chinoise concerne l'art militaire, la médecine et les sciences naturelles; l'astronomie et l'arithmétique, l'astrologie et les arts magiques, la jurisprudence et l'économie politique, les écrits des diverses sectes philosophiques qui sont très nombreux et dont on ne peut songer à faire ici l'analyse à cause de leur caractère technique ou didactique.

La quatrième et dernière section comprend les œuvres de la littérature légère : poésies, drames, romans et nouvelles.

Les collections les plus riches, dit Ed. Biot, sont le *Kou-Wen-Youen-Kien;* le recueil de Tong-Po en 115 livres ; l'Histoire littéraire en 80 livres, ou *Kin-Kou-Ki-Kouan*.

La plupart des critiques ou historiens littéraires chinois classent leurs écrivains en *Thsaï-Tseu* de premier et de second ordre. D'après l'explication de Stanislas Julien, le caractère *Thsaï* désigne les talents naturels de l'homme ; *Tseu*, d'après le dictionnaire de Khang-hi, est une qualification employée d'abord pour désigner un philosophe et plus tard appliquée à tout écrivain de valeur. Cependant le titre de Thsaï-Tseu a eu le même sort, en Chine, que celui de *bel esprit* en France ; il s'est trouvé déprécié sans doute par le nombre des écrivains qui se l'attribuaient. On le trouve accolé aux noms des écrivains anciens et modernes, mais non contemporains.

Bazin cite, comme Thsaï-Tseu de premier ordre : Tso-Chi-Ming, historien du temps des Tchéou, souvent cité et loué par Confucius ; Tchouang-Tseu, l'un des plus fameux disciples de Lao-tseu. Il inventa l'apologue en Chine. Le troisième est Ssé-Ma-Thsien, dont j'ai déjà parlé. Le quatrième est Tou-Fou, poète du viii° siècle de notre ère. Ses poésies sont peut-être les plus estimées en Chine. Son humeur indépendante le fit renoncer aux fonctions publiques; il mena une vie pauvre et aventureuse qui explique l'originalité de ses œuvres.

Le cinquième, Thsaï-Tseu, est encore un poète, Li-Thaï-pé, l'un des plus renommés en Chine; le sixième est Han-Yu, publiciste et historien; le septième, Liéou-Tsong-Youen, fut encore un poète. Les autres sont : Ssé-Ma-Khouang et Wang-An-Chi[1], déjà cités ailleurs; Nghéou-Yang-Siéou, président de l'académie des *Han-lin;* il fut le savant le plus universel de son siècle, dit Bazin; enfin : Sou-Ché, qui écrivit l'histoire des premiers Soung; Hin-Heng, qui initia le nouvel empire de Koubilaï à la civilisation chinoise; et Ou-t'-Ching, philosophe, critique et érudit du xiii° siècle.

---

1. Toutes les mentions que l'on trouve du nom de ce réformateur indiquent l'importance de ses œuvres, bien qu'on les connaisse peu. Elles ont dû être détruites par les confucistes.

Les œuvres de ces écrivains constituent la littérature antique pour la Chine.

Les temps modernes comptent beaucoup d'autres Thsaï-Tseu dont les œuvres sont au nombre de dix.

C'est parmi celles-là que l'on trouve des romans fameux tels que le *San-Kouë-tchi* (Histoire des trois royaumes), qui se disputèrent la Chine au III° siècle de notre ère après la chute des Han. C'est une sorte d'épopée qui compte plusieurs auteurs et a provoqué un autre ouvrage intitulé : « Erreurs contenues dans le *San-Kouë-tchi* ». Dans ces deux ouvrages, tous les faits politiques de cette époque troublée sont exposés et passionnément discutés. Le *San-Kouë-tchi* est plein de la doctrine des Tao-ssé, et les faits miraculeux qui y sont racontés ne sont pas pris dans l'imagination de l'auteur, mais dans les croyances populaires.

La seconde grande œuvre des temps modernes est le *Hao-Khiéou-Tchouen,* dont l'auteur est inconnu. Ce roman de mœurs est la meilleure source de renseignements sur le mariage en Chine. Le *Yu-Kiao-Li* (ou « Les Deux cousines ») est encore un roman de mœurs dans lequel on peut étudier tout le cérémonial des visites. Le *Ping-Chan-ling-yen* (ou « Les Deux jeunes filles lettrées ») est un modèle d'élégance. Ces deux derniers romans ont été traduits par Abel Rémusat et Stanislas Julien.

Les œuvres suivantes sont moins connues.

C'est dans le récit court (conte et nouvelle) que le Chinois semble exceller. « Les morceaux de cette espèce, dit Abel Rémusat, ne sauraient, sous le rapport de l'art, entrer en comparaison avec les grandes compositions des romanciers, mais si la contexture de la fable et la peinture des caractères y sont plus négligées, on y trouve, en revanche, une multiplicité d'incidents et de détails propres à soutenir l'attention et à faire de plus en plus connaître l'intérieur de la vie privée et les habitudes domestiques dans les conditions inférieures de la société. »

Ces nouvelles figurent dans les recueils déjà cités.

Le théâtre chinois n'a pas grande valeur à notre point de vue européen, mais ses productions sont innombrables et très populaires en Chine. Le théâtre, étant à la portée de toutes les bourses, est un des principaux moyens d'éducation. Le thème favori est l'histoire nationale. On verra que les doctrines philosophiques et les superstitions taoïstes, bouddhistes et autres y sont représentées. Enfin, les titres seuls des comédies de caractère et d'intrigue (« l'Avare, le Libertin, le Fanatique, le Gage d'amour, la Soubrette accomplie, le Mariage forcé », etc.) évoquent ceux des œuvres les plus connues du monde gréco-romain et de notre société moderne, preuve que l'homme est sensiblement le même sous toutes les latitudes.

La littérature chinoise, et spécialement la poésie, offre cependant un trait qui la distingue nettement de celle de maints autres pays, surtout dans les temps primitifs : elle ne chante jamais la guerre, mais les arts pacifiques, l'agriculture, la famille, l'amitié, la tradition et le culte des ancêtres. Cela même exclut la poésie lyrique et dramatique comme l'épopée et condamne les poètes à une prose rimée, peut-être jolie et ingénieuse mais fade et monotone.

CHAPITRE V

LA PHILOSOPHIE CHINOISE[1]

> La philosophie est écrite dans le grand livre qui est constamment ouvert sous nos yeux, je veux dire l'univers ; mais on ne peut le comprendre si on ne s'est pas préparé à entendre la langue et à reconnaître les caractères avec lesquels il est écrit.
>
> (GALILÉE.)

On ne saurait parler de la Chine sans tenir compte de sa philosophie, car aucune nation, parmi celles qui se disent civilisées, n'a été influencée et même pratiquement gouvernée par ses philosophes au même degré qu'elle.

Plus de trente siècles avant notre ère, les Chinois se posaient l'éternel problème, jamais résolu, que voici : « D'où vient le monde, comment est-il régi, quelle est notre destinée ? »

---

1. U. Pauthier, *Esquisse d'une Histoire de la Philosophie chinoise*. Paris, 1844.

Le *Y-king*[1], ou *Livre des Transformations*, attribué en partie à l'empereur demi-fabuleux, demi-historique Fou-hi, inventeur des éléments de l'écriture chinoise, est probablement le plus ancien essai de philosophie de notre espèce. Il s'occupe de ce que les Chinois appellent « science de ce qui a précédé le Ciel »; les anciens disaient : « science première ».

On trouve dans ce livre, à l'état rudimentaire, une cosmogonie, une physique et une psychologie.

Fou-hi pose au sommet de ses catégories le Ciel et la Terre.

« C'est le Ciel primordial qui a donné l'origine à l'universalité des êtres... C'est sur la Terre, subordonnée au Ciel, que naissent corporellement tous les êtres.

« Toutes les choses naissent par la composition et périssent par la décomposition. »

Il y a dans ce livre une métaphysique des nombres analogue à celle que fera Pytha-

---

[1] Le *Y-king* présente les différentes combinaisons des huit trigrammes attribués à Fou-hi, avec l'explication du sens symbolique de ces combinaisons faites par Wênwang, Tchéou-Koung et Confucius lui-même, qui fut le recenseur et l'éditeur du vieux texte original.

gore[1], et qui semble une addition postérieure et étrangère à la conception primitive chinoise.

L'unité est la base de ce système et la représentation du *parfait;* en même temps, le symbole du Ciel, « principe mâle, comme la Terre est le principe femelle ». « Les nombres *impairs* sont parfaits; les nombres *pairs,* qui ont pour base la *dualité,* sont imparfaits. Les différentes combinaisons de ces nombres expriment toutes les lois de formation des êtres. »

Dans cette deuxième partie du *Y-king,* on considère le Ciel comme une puissance providentielle qui distingue et récompense l'homme vertueux, c'est-à-dire celui qui suit ses lois.

Le second monument de la philosophie chinoise est un chapitre des *Annales,* intitulé « La sublime doctrine ». La légende veut que le Grand Yu (2.200 ans av. J.-C.) l'ait reçu direc-

---

1. Voir Chaignet, *Pythagore et le Pythagorisme,* 2 vol. in-8º, Paris, 1874; Zeller, *Pythagoras,* 1875.

Les Pythagoriciens considéraient les nombres comme les principes *matériels* et *formels* des choses, et, comme les premiers philosophes chinois, ils surent s'affranchir des apparences sensibles pour interpréter le système du monde, que les modernes n'ont pu constater qu'à l'aide du télescope et du spectroscope.

tement du Ciel. Mais il n'a été exposé qu'en 1122 avant notre ère, par le ministre philosophe Ki-tseu. Cette doctrine comprend neuf catégories, dont la cinquième, celle qui concerne le souverain, est le pivot ou le centre.

Tout ce que les commentaires de cette doctrine nous aident à voir clairement, c'est que son côté moral est très élevé. Et si j'ai dit quelques mots de ces doctrines émanant d'une civilisation dont nous n'avons qu'une faible compréhension, vu son antiquité reculée et l'insuffisance de la langue chinoise pour rendre les abstractions de la pensée, c'est que le philosophe qui incarnera le plus fortement la Chine, Confucius, se réclame d'elles, tandis que son contemporain antérieur, Lao-tseu, cherche à les remplacer tout en subissant malgré lui leur influence.

La seconde période de la philosophie chinoise, la plus brillante et la plus décisive, s'ouvre 600 ans avant notre ère, avec ces deux derniers philosophes.

Par des moyens très différents, ils se proposèrent le même but : sauver la société chinoise de la corruption, des mauvaises mœurs, des guerres et fléaux de toutes sortes dus à l'incurie et à l'indignité des derniers princes de la dynastie des Tchéou et de leurs innombrables feudataires.

Doctrine du « Tao ».

Le système de Lao-tseu est si peu dans l'esprit chinois, cependant, que les sources qui ont pu l'inspirer sont restées un sujet de discussion encore ouverte. Dans ses *Mémoires sur la vie et les opinions de Lao-tseu*, parus en 1823, Abel Rémusat tenait pour à peu près certain qu'il voyagea dans la Bactriane et dans l'Inde, et laissait entendre qu'il avait pu, comme le Scythe Anacharsis, aller jusqu'en Grèce, sa doctrine se rapportant au fond de la foi orphique. Mais la foi orphique n'étant qu'un résidu très incohérent de très vagues légendes, les sinologues ne croient plus, depuis Stanislas Julien et Legge, aux hypothèses ingénieuses d'Abel Rémusat, qui eut le mérite, néanmoins, d'ouvrir des pistes aux chercheurs postérieurs.

Que Lao-tseu soit allé ou non dans ces contrées, cela n'a qu'un intérêt secondaire, et, ce qui n'est pas douteux, c'est qu'ayant été longtemps bibliothécaire et archiviste à la cour des

Tchéou, il ait eu entre les mains les livres les plus divers, venant des régions lointaines avec lesquelles, directement ou indirectement, la Chine faisait des échanges commerciaux depuis plus de mille ans. Cela explique suffisamment les nombreux points de ressemblance entre les doctrines de Lao-tseu, celles de l'Inde et celles de l'Asie occidentale confinant à la Grèce.

Le livre de Lao-tseu s'appelle *Tao-té-King*[1] (livre de la vertu et de la raison). On peut dire que le trait le plus remarquable de sa doctrine, c'est qu'elle déclare ne pouvoir ni connaître, ni définir. Toutes les religions ont commencé par des affirmations sur les « causes premières », et beaucoup de systèmes philosophiques n'ont pas eu d'autre but que d'essayer d'accommoder ces affirmations, révélées ou non, au goût rationaliste. Il a fallu le développement tout moderne de la science pour que la philosophie en arrivât à distinguer nettement ce qui est connaissable de ce qui ne l'est pas.

---

[1]. Cet ouvrage a été traduit en français par Stanislas Julien en 1843, et analysé par Ch. de Harlez en 1884 dans le tome XXXVII des *Mémoires* couronnés par l'Académie de Belgique.

Or, six siècles avant notre ère, le vieux sage chinois, avant d'exposer sa doctrine, insiste sur ce point : qu'il n'est pas à la portée de l'homme de se faire une idée nette de Dieu ou des causes premières, et que tous les efforts de définition ou d'explication n'aboutissent qu'à prouver l'impuissance de l'homme à traiter d'un tel sujet. Après quoi, Lao-tseu, s'excusant d'avoir à donner un nom[1] à cet inconnu qu'il suppose néanmoins être la cause de tout, le nomme *Tao*, mot qui peut signifier : raison, principe, tête, mouvement en avant, souveraine intelligence directrice.

Tout ce qui est indistinct, illimité, impérissable appartient au mode transcendental du *Tao;* tout ce qui est distinct, limité, périssable appartient au mode phénoménal.

Il emploie donc parfois le mot *Tao* dans le sens de l'Univers sous tous ses aspects, et parfois pour désigner ce quelque chose qui dépasse tout ce que nous pouvons concevoir.

Il dit : « La raison qui peut être suivie dans

---

1. C'est un trait caractéristique de la philosophie chinoise de n'avoir aucun terme propre pour désigner la cause première.

les actions de la vie n'est pas l'immuable Raison suprême ; le nom qui peut être nommé n'est pas le nom éternel et immuable désigné sous le nom de *non-être* (considéré dans son état de négation de tous les attributs inhérents à l'existence matérielle). Ce principe suprême est la cause efficiente du Ciel et de la Terre, désignée sous le nom d'*être* (considéré dans son état d'existence matérielle ; il est la mère de tous les êtres...). Le *Tao*, dans son état d'immuabilité, est sans nom ; ce n'est que lorsqu'il commença à se diviser et à revêtir des formes corporelles qu'il eut un nom... — Le *Tao* existe dans tout l'univers et le pénètre de sa substance. »

Après avoir dégagé le *Tao* de tout ce qui n'est pas éternel, immuable et absolu, il le désigne encore en disant qu'il est la négation de tout, excepté de lui-même. Il est l'*unité* absolue qui précède nécessairement et ontologiquement ses modes d'être subséquents.

Un commentateur parle ainsi de l'unité et de la *Triade*, qui donnera son nom à l'une des plus anciennes sociétés secrètes de la Chine : « L'unité, c'est ce qui a un principe unique de direction ; la dualité, c'est ce qui est pair ; la triade ou trinité, c'est ce qui opère les transformations ; l'unité est la base, le pair est le corps ; le principe qui opère les tranformations, ou l'esprit divin, réuni au pair (principe mâle et femelle), forme la triade. C'est pourquoi tous les êtres sortent de l'unité, subsistent dans la dualité et sont parfaits dans la triade. »

Lao-tseu prend la notion du Ciel et de la Terre telle qu'elle est dans la philosophie chinoise depuis l'origine. Le Ciel et la Terre sont perpétuels ; tous les autres êtres sont passagers et meurent ou se détruisent. Il admet aussi les bons et les mauvais esprits.

Le *non-être*, pour Lao-tseu, est la nature spirituelle qui, n'ayant pas de forme, semble ne pas exister. De cet absolu immuable sortent le Ciel, la Terre et tous les êtres qui, après une période d'activité, reviennent tous à leur origine et rentrent dans le repos, dans le non-être, d'où le *Tao* les retire. C'est en cela que consiste son mouvement ; en lui-même il est repos constant.

Le passage où le *Tao* de Lao-tseu ressemble le plus au Dieu de nos religions occidentales est celui où il dit que le *Tao*, par l'intermédiaire du Ciel, protège et perfectionne les êtres : « L'homme, en retournant à lui par la pratique des vertus, en recourant à lui pour y parvenir, le force moralement à une coopération spéciale. » Ce passage rappelle bien des essais modernes d'explication rationnelle de la prière désintéressée comme un élan du fini vers l'infini.

De même que Lao-tseu considère le *Tao* sous deux modes différents, de même il distingue dans l'homme la nature *corporelle*, qu'il reçoit par transmission, et la nature *ignée* (le principe d'intelligence), à laquelle la première sert de véhicule.

Quant à la destination future de l'âme ou de cette partie ignée, Lao-tseu reste vague. Plusieurs textes de son livre laissent entendre que ce principe retourne au *Tao* après la mort, mais certains commentateurs disent qu'il n'y a pas absorption de l'individualité dans le *Tao*, et que celle-ci ne périt pas en entier. Très circonspect sur la cause première, notre philosophe n'a pu que le rester sur notre avenir posthume.

La morale de Lao-tseu fut une protestation contre la corruption de la société de son temps et ce fut pour donner l'exemple qu'il abandonna la cour et se retira dans la solitude. Il ne voit le bien public et privé que dans la pratique austère et constante de la vertu souveraine, qui est la conformité des actions de la vie avec la Raison suprême. « Il n'y a d'autre loi que sa loi, d'autre science que sa science... » « L'état d'incorporéité, d'immobilité absolue de la Raison suprême est son état parfait ; donc l'homme doit tendre, de toutes ses forces, à se dépouiller de sa forme corporelle pour arriver à son identification avec la Raison suprême ; il doit dompter ses sens et parvenir, dès cette vie, à l'état d'inaction et d'impassibilité complètes. » C'est le dogme du *non-agir*, pratiqué de temps immémorial par les pénitents volontaires de la jungle dans l'Inde, qui, recommandé dans le livre de l'*Imitation*, aboutit, même en Europe, au mépris de cette vie, à l'ascétisme extrême et à la vie monacale des Chartreux et des Trappistes.

Le dévouement aux autres et l'abnégation de soi-même sont portés au plus haut degré dans la doctrine de Lao-tseu. « Le saint, dit-il, pratique le non-agir, il fait son occupation de la non-occupation et trouve de la saveur dans ce qui n'a pas de saveur. Il considère les petites choses comme les grandes, la pénurie comme l'abondance. Il récompense les injures par des bienfaits... La Raison du Ciel abaisse ce qui est élevé, et elle élève ce qui est abaissé ; elle ôte le superflu à ceux qui ont de trop, et elle vient en aide à ceux qui manquent du nécessaire. — La raison de l'homme n'agit pas ainsi : elle ôte à ceux qui manquent du nécessaire pour donner à ceux qui ont le superflu. « Quel est celui qui est capable de donner son superflu à ceux qui éprouvent des besoins ? Celui-là seul qui possède en soi la Raison suprême. »

Inutile d'insister sur la similitude de cette morale avec celle de Çakya Mouni et de Jésus.

Lao-tseu croit à la liberté morale et à la bonté primitive de l'homme, dont l'état initial de justice et de perfection n'a été troublé que par les passions que surexcite l'appétit des choses visibles.

L'homme doit cultiver son intérieur. Il devient maître des événements par l'absence de désirs. Il doit être bienfaisant, doux, indulgent, économe, se garer des affections particulières et édifier les autres par l'exemple, ne jamais chercher à les dominer.

Du monde extérieur, il doit savoir le moins possible, rester naïf comme le nouveau-né, renoncer à la gloire et aux honneurs, faire le bien pour le bien.

La politique de Lao-tseu est conforme à sa morale. Selon lui, les princes doivent régner sans faste ni ambition, calmer les passions du peuple en s'abstenant d'exalter les dignités, de vanter les richesses, d'étaler les objets de fantaisie ou de luxe qui excitent la cupidité.

« Le gouvernement par la violence n'a que la durée d'un matin...

« Par la droiture on gouverne, par la ruse on fait la guerre...

« Quand le gouvernement multiplie les prohibitions et les dépenses, le peuple devient pauvre... Plus les lois se multiplient et plus il y a de voleurs... Si le roi pratique le non-agir (il veut dire évite les abus de pouvoir) et aime la quiétude, le peuple se convertit de lui-même. C'est par l'exemple des gouvernants que le peuple doit être gouverné. »

Lao-tseu s'élève contre la tyrannie qui dispose arbitrairement de la vie des hommes, contre les impôts excessifs; mais ce qu'il flétrit le plus énergiquement, c'est la guerre qui n'a point de nécessité. « Le sage doit déplorer la nécessité d'une guerre; il frappe un coup décisif et n'abuse point de sa victoire. A celui qui, sans tristesse, détruit des vies humaines, on ne peut confier le pouvoir. »

Il voudrait voir la terre divisée en petits royaumes[1], dont les peuples seraient peu nombreux et peu armés; encore ne se serviraient-ils pas de leurs armes.

Un philosophe chinois, appréciant le système de Lao-tseu, le résume en ces termes : « Il consiste dans l'humilité, la concorde, la tempérance et l'économie. Il consiste aussi tout entier à ne jamais permettre l'asservissement du principe raisonnable à l'empire des sens. »

Telle est cette doctrine, qui rappelle si souvent le bouddhisme et le christianisme primitifs, et qui eut le même sort d'interprétation. On

---

1. On sait que J.-J. Rousseau exprimait le même désir dans son essai sur l'*Inégalité parmi les hommes* : « Si j'avais eu, dit-il, à choisir le lieu de ma naissance, j'aurais choisi une société d'une grandeur bornée par l'étendue des facultés humaines, c'est-à-dire par la possibilité d'être bien gouvernée...; un État où, tous les particuliers se connaissant entre eux, les manœuvres obscures du vice, ni la modestie de la vertu n'eussent pu se dérober aux regards et au jugement du public. »

peut établir en axiome que plus une doctrine fait appel aux côtés élevés et désintéressés de l'homme, plus elle est grossièrement travestie. Il devait en être d'autant plus ainsi de celle de Lao-tseu, que sa grande compassion pour les chétifs de ce monde attira à lui tout le bas peuple ignorant. Une des croyances auxquelles les opprimés se cramponnèrent, comme plus tard les chrétiens à la vision d'une autre vie dans un monde meilleur, fut la promesse d'éternité dans le *Tao;* mais bientôt on oublia la notion idéale de Lao-tseu et l'on parla d'immortalité dans cette vie; les sorciers, prometteurs de breuvages pour y arriver, ne manquèrent pas, et de la doctrine de Lao-tseu, il ne reste plus guère aujourd'hui que des superstitions et des pratiques grossières.

A ceux qui s'en étonneraient, rappelons que chez les nations chrétiennes le peuple n'a retenu non plus qu'un certain nombre de superstitions, et si l'on descend aux paysans des régions ignorantes, on constatera facilement que le peu de christianisme dont ils étaient frottés au beau temps de la foi a disparu, y compris la croyance en Dieu; mais ils ont retenu ce que le christianisme avait emprunté au paganisme pour s'imposer (par exemple, la fête des Rogations, qui est celle de la déesse Maïa ; les feux de la Saint-Jean, qui célèbrent le solstice d'été; l'eau bénite, qui est l'eau lustrale; les fêtes de la Chandeleur, qui sont les Lupercales de Rome, etc.). Ils ont encore retenu une partie de la sorcellerie du moyen âge, fort parente sans doute de la sorcellerie chinoise.

Comme on l'a vu, le système de Lao-tseu est, avant tout, celui du non-agir à la façon du *Tao,* qui ne se manifeste que par les formes émanant de lui. Le prince idéal pour Lao-tseu est celui qui fait sentir le moins son action. Il était donc logique en ne créant aucun sacerdoce et en ne recommandant aucun prosélytisme.

Loin de là, il dit en parlant de sa doctrine : « Quand on a un trésor, on le cache. » Et, à l'exemple de Solon quand il eut légiféré pour Athènes, sitôt son livre écrit, il disparut vers l'Occident, dit la tradition, monté sur une vache.

Sa doctrine se propagea cependant, mais en se dénaturant, comme il arrive si souvent en pareil cas; il se trouva des hommes violents pour rechercher le pouvoir et l'influence au nom du sage qui avait honni la violence et méprisé l'autorité, de même que tous les pouvoirs fondés sur la tyrannie et toutes les castes amoureuses de richesses et d'honneurs se réclament depuis 1.900 ans de Jésus, qui fut indifférent envers les pouvoirs de son temps et enseigna le mépris des richesses et des ambitions de ce monde.

A partir du vi⁰ siècle avant notre ère, l'histoire de la Chine n'est qu'une alternance du système de Confucius, qui réorganisa la classe des lettrés dont l'action remonte très loin, et du système de Lao-tseu, dont quelques traits bienfaisants devaient subsister à travers les erreurs d'interprétation.

Les sectateurs du *Tao* sont connus sous le nom de *Tao-ssé*.

Le disciple qui a le plus fait pour éclairer la doctrine de Lao-tseu était son contemporain et passe pour avoir reçu du maître le *Tao-té-King*. Il se nommait Kouan-Yun-tseu.

Son commentaire, en neuf volumes, insiste sur l'incognoscibilité du *Tao*. La subtilité de ce philosophe fait penser aux néo-platoniciens d'Alexandrie, et à Clément et Origène, pères de l'Église, qui se rattachent à cette école.

Un autre disciple, Yun-wen-tseu, se montre plus moraliste que métaphysicien, témoin ce passage que ne désavoueraient ni Montaigne ni Charron : « Dans ce monde, le vrai et le faux ne sont pas déterminés; chacun regarde comme le vrai ce qu'il aime et comme le faux ce qu'il déteste. Celui qui cherche le vrai ne le cherche pas dans son union avec la raison des choses, il ne le cherche qu'avec sa propre raison. Celui qui repousse le faux ne repousse pas le vrai, il ne fait que le rendre plus persévérant dans son cœur.

« La satisfaction de nos désirs passe pour le vrai, et nous y persévérons. La répression de ces mêmes désirs c'est le faux, et nous l'écartons.

« Le siècle ne sait pas ce qu'il appelle le vrai et le faux. »

Lie-tseu, 398 ans avant notre ère, ne fait que récrire le *Tao-té-King* avec des expressions différentes appliquées à des idées analogues. Tchouang-tseu, 338 ans avant notre ère, peut être considéré comme un philosophe original; son œuvre embrasse tout ce qu'il était possible d'explorer à son époque. Cependant, son but fondamental, dit-il lui-même, est de rattacher tout ce qu'il dit aux paroles mêmes de Lao-tseu. Il composa « Le père pêcheur » et « Le voleur Chi » dans le but de ridiculiser les sectateurs de Confucius. Un autre de ses livres met en scène des personnages historiques discutant la doctrine de Lao-tseu.

Il dit de la vie : « C'est la suite de la mort ; la mort, c'est le commencement de la vie. Il faut s'attacher à connaître cette chaîne de successions. La vie de l'homme n'est que la condensation de l'esprit vital. Si cet esprit vital est condensé, alors c'est la vie ; s'il est dispersé, alors, c'est la mort..... Voilà pourquoi tous les êtres de l'univers ne sont qu'une grande unité.

« Dans la mort, le corps suit les esprits vitaux, il se dissout ; c'est le grand retour à la forme de ce qui n'a pas de forme, laquelle est la non-forme de la forme. C'est à elle que l'homme s'identifie par sa science. »

Ailleurs il dit : « Le désir immodéré de la science a troublé le monde. »

Ho-Kouan-tseu et Yang-tseu, 400 ans avant Jésus-Christ, sont connus surtout pour avoir provoqué les critiques de Mencius, qui en dit ceci : « Leurs doctrines remplissent l'empire.

La secte de Yang[1] rapporte tout à soi ; elle ne reconnaît pas de princes. La secte de Mé[2] aime tout le monde indistinctement ; elle ne reconnaît pas de parents. Ne point reconnaître de parents, ne point reconnaître de princes, c'est être comme des bêtes brutes. Moi, effrayé des progrès que font ces dangereuses doctrines, je défends celles des saints hommes du temps passé.

« Une fois que les doctrines perverses sont entrées dans les cœurs, elles corrompent tout ce qui constitue l'existence sociale. » Hoaï-han-tseu, prince vivant au IIe siècle avant notre ère, a donné de magnifiques développements à la doctrine du *Tao*.

Ho-Kouan-tseu, un peu postérieur, vécut en anachorète ; il disserta sur le *Tao*, ses lois et son influence. Il laissa une doctrine mystique des nombres, dans laquelle il prétend que le nombre 25, composé de cinq fois 5, est la raison du monde, et que 36, composé de six fois 6, est la loi de l'année. C'est absolument la doctrine de Platon, qui attribue à ces mêmes

---

1. Sectateurs de Lao-tseu.
2. Sectateurs de Tchouang-tseu.

chiffres, 5 et 6, la figure du monde et qui dit que les racines des sphères sont 25 et 36.

Confucius et ses disciples.

Confucius[1] naquit 551 avant Jésus-Christ, 50 ans plus tard que Lao-tseu; il lui est donc postérieur, et c'est cependant avec Confucius que l'on se fait une idée de la plus antique philosophie de la Chine. C'est lui qui en a coordonné les monuments, qui en a renoué la chaîne non interrompue jusqu'à nos jours; aussi est-ce à son nom que s'associe l'espèce de stupeur éprouvée devant l'antiquité de certaines œuvres dont l'élévation morale n'a pas été dépassée. Ces œuvres, connues 2.400 ans avant notre ère, supposent, en effet, une civilisation bien antérieure. Confucius a repris, de même, les traditions historiques de son pays; elles se confondent d'ailleurs avec les traditions philosophiques, car, en Chine, celles-ci ont toujours dicté celles-là, sauf durant certai-

---

1. La vie de Confucius a été écrite longuement, d'après les sources chinoises, par le P. Amiot dans le tome XII de ses *Mémoires sur les Chinois*, parus à la fin du xviiie siècle.

nes périodes anarchiques, comme celle qui vit naître Lao-tseu et Confucius.

L'un et l'autre eurent pour but d'améliorer la société de leur temps, mais pendant que Lao-tseu, croyant peu aux résultats des efforts humains, se contente d'enseigner à l'homme à faire le moins de mal possible, en ne s'attachant à rien, Confucius prend le mal corps à corps et, avec une activité inlassable, va d'un État à l'autre, prêchant, réorganisant, rappelant aux princes les œuvres et la sagacité des empereurs des premières dynasties qui avaient élevé si haut la civilisation chinoise. D'année en année, le nombre de ses disciples s'accroît, son autorité devient incontestée; les princes qui lui ont résisté d'abord s'humilient, le rappellent; il arrive à incarner, aux yeux des Chinois, le bien, la justice; il est l'oracle d'un passé glorieux pour une génération qui l'avait oublié, et le prophète de l'avenir, celui à qui l'on élèvera des temples et en la personne de qui la Chine lettrée s'adore tout entière.

Confucius naquit dans le royaume de Lou. Son père était gouverneur d'une ville du Chan-Toung; il était déjà un vieillard quand, n'ayant pas eu un seul garçon de ses premières femmes, il épousa une toute jeune fille, qui devint la mère du philosophe. Elle semble l'avoir élevé avec un soin extrême ; d'ailleurs, tout enfant, Confucius se montrait déjà anxieux d'accomplir ses devoirs et singulièrement attentif à observer les usages et rites qui, plus tard, prendront tant de place dans son enseignement. On raconte qu'il jouait à reproduire la cérémonie du sacrifice aux ancêtres et les démonstrations de déférence dues à des visiteurs de marque. Quand il eut sept ans, sa mère l'envoya dans l'une des écoles publiques instituées en Chine depuis les premières dynasties que mentionnent les *Annales*. Il ne tarda pas à se distinguer et, devenu moniteur de ses camarades, il émerveilla ses maîtres par son sens éducateur et l'ascendant qu'il prenait naturellement sur son entourage.

A l'âge de dix-neuf ans, sur les conseils de sa mère, il accepta un mandarinat subalterne, qui consistait à inspecter la vente et la distribution des grains. Il apporta à ces fonctions cette conscience et cette curiosité de s'enquérir des choses les plus variées qui devaient lui permettre, dans son apostolat, d'embrasser toutes les faces de la vie nationale. Le mandarinat était alors une sorte de bénéfice dont les titulaires confiaient la besogne à des subalternes[1]. Confucius s'éleva contre cet abus et remplit sa charge lui-même, tout en poursuivant avec passion l'étude des anciens, dont les exemples, selon lui, devaient sauver la Chine. Il arrivait à une époque fort troublée par les suites d'une expérience unique dans l'histoire. Au xii° siècle, un empereur de la dynastie des Tchéou, Vou-Vang, sentant les inconvénients de la centralisation pour un empire immense, comme l'était déjà la Chine, résolut de fractionner son pouvoir en créant 71 principautés, où il plaça les descendants des empereurs les plus célèbres et 35 membres de sa famille. L'empire devenait une fédération. Mais l'unité devait se maintenir par l'observation d'un code minutieusement rédigé par Vou-Vang. Or, en dépit de ce code, le peuple acquit une liberté dont il n'y avait pas eu trace auparavant. La religion, maintenue jusque-là dans une précision qui ne favorisait pas l'erreur, obtint quelques franchises qui ouvrirent la porte aux su-

---

[1]. Quelque chose comme nos bureaux de tabac des grandes villes.

perstitions. Quant aux chefs de principautés, ils devaient naturellement s'émanciper à mesure que l'impression de la forte personnalité de Vou-Vang s'effaçait avec le temps. C'était une sorte de féodalité qu'il avait créée. Elle engendra des rivalités, des guerres, un affaiblissement croissant du pouvoir impérial.

Cet état de choses encouragea les Tartares et autres voisins à attaquer un empire si divisé, et la décadence de la famille des Tchéou complétait, à l'époque de Confucius, un tableau très sombre. On s'explique que le philosophe, jugeant du passé par le récit officiel des *Annales*, ait vu le salut dans le retour aux lois et usages des anciennes dynasties; mais l'expérience si curieuse de Vou-Vang a-t-elle assez duré pour qu'on la puisse juger? Ces États, restés indépendants après une phase chaotique et guerrière, auraient pu sans doute arriver à une civilisation plus variée, plus féconde que celle de la grande Chine, figée dans l'uniformité de ses traditions.

Confucius se maria à l'âge de dix-neuf ans et eut un fils l'année suivante. A cette occasion, le roi de Lou lui envoie un présent prouvant la grande considération dont jouit déjà le jeune mandarin. Bientôt il est nommé inspecteur général des campagnes et des troupeaux, et là, comme à l'administration des grains, il fait disparaître des abus de toutes sortes, combat les préjugés, aide les pauvres et ne manque pas une occasion de s'éclairer sur l'homme et ses conditions de vie.

Il allait être nommé à de plus hautes fonctions quand il perdit sa mère; alors, se conformant à un usage qui tendait à disparaître, il se retira pour plusieurs années de la vie publique et se réfugia dans l'étude des six arts libéraux. Ce qui le distingue déjà des philosophes purement spiritualites, c'est que la musique, le cérémonial religieux et civil, les exercices physiques occupent une grande place dans l'ensemble de ses études. On comprend ainsi que les préoccupations pratiquement sociales le dominent bien plus que le côté métaphysique de la philosophie.

« Selon lui, dit Ferrari[1], le rite social dit tout, explique tout, indique à chaque homme sa place, à chaque fonctionnaire ses devoirs, à chaque famille sa hiérarchie intérieure, à chaque situation sa solution, et à chaque liberté

---

1. Voir *La Chine et l'Europe*.

cette inviolabilité que le soldat trouve, au milieu de l'obéissance la plus aveugle, quand il suit sa consigne. »

Confucius forma, durant sa retraite, le ferme propos de réformer son pays en le faisant rentrer sous la discipline des rites et usages qui avaient fait l'ancienne Chine et que des siècles de décentralisation et de liberté relative avaient modifiés; et s'il devait réussir à remonter ce courant, c'est que les Chinois devaient, pour toujours, associer l'observation de ces usages à la parfaite équité, à la profonde humanité qui devaient marquer tous les actes de la vie du philosophe.

Après ses trois années de deuil, il résolut de compléter ses connaissances par des voyages; ses desseins furent favorisés par le roi de Yen qui le fit prier de l'aider à réformer les lois et mœurs de son État. Il s'y rendit et, sa tâche accomplie, comme le roi voulait le retenir dans quelque grande charge, il dit : « J'ai fait mon devoir en venant ici, je fais également mon devoir en en sortant, quand je puis être utile ailleurs. » Et il devait passer toute sa vie à aller d'un État à l'autre, dans toute la portion de la Chine comprise entre la frontière du

Pe-tchi-li au nord, le Chen-Si à l'occident et le fleuve Bleu au sud. Chemin faisant, il élabore, en la vivant, sa doctrine, qui ne sera que la systématisation des traditions et des tendances de la civilisation chinoise. Et il s'attache des disciples qui continueront son œuvre, qui, devenus mandarins et administrateurs, établiront partout les mêmes règles, communiqueront entre eux et prépareront ainsi une nouvelle centralisation qui sera bien l'œuvre de Confucius, mais que les ironies de l'histoire feront brusquement réaliser par un adepte de Lao-tseu, du philosophe qui ne voit le salut que dans le fractionnement de l'empire en très petits États[1].

La marque de la philosophie de Confucius c'est qu'elle ne consistait pas en spéculations métaphysiques; c'était surtout une morale en action tendant à s'améliorer soi-même pour améliorer les autres, proportionnant les responsabilités à l'élévation du rang[1]. « On le voit plus occupé de prémunir les peuples contre les passions et la tyrannie des rois, que les rois contre les passions et la turbulence des peu-

---

1. Pauthier, *Chine*, t. I.

ples; non pas qu'il considérât les derniers comme ayant moins besoin de connaître leurs devoirs et de les remplir, mais parce qu'il regardait les rois comme seuls responsables du bien et du mal qui arrivaient dans l'empire..... Il attachait à l'exercice de la souveraineté des devoirs si étendus, si obligatoires, une influence si vaste, qu'il ne croyait pas pouvoir trop éclairer ceux qui en avaient la charge. »

« Gouverner son pays, disait-il, avec la vertu et la capacité nécessaires, c'est ressembler à l'étoile polaire qui demeure immobile à sa place, tandis que toutes les autres circulent autour d'elle et la prennent pour guide. »

Si nous voyons Confucius occupé du bonheur du peuple, ce serait une très grosse erreur que de le considérer comme un démocrate, dans le sens ordinaire du mot; il ne l'est pas plus qu'Auguste Comte qui désire pour le peuple une « éducation intégrale » (programme plus aisé à établir qu'à réaliser), mais qui proclame hautement que la grande majorité des humains doit s'en rapporter à une élite qui seule aura le savoir et l'autorité[1].

---

1. Taine et Renan avaient la même vue du sujet.

De même, Confucius pose en principe que les lois morales et politiques qui doivent régir le genre humain sont éternelles, immuables, expression de la véritable nature de l'homme, en harmonie avec toutes les lois du monde visible. Transmises par des ancêtres doués des plus nobles vertus et de la plus haute valeur morale, elles ne peuvent être parfaitement connues et enseignées que par un très petit nombre d'hommes, arrivés, eux aussi, au degré le plus élevé de culture morale auquel il soit donné à l'espèce humaine d'atteindre.

La seule différence entre les deux philosophes, c'est que Confucius prend dans la sagesse empirique des temps les plus reculés ce que Comte demande à la science la plus moderne.

Ajoutons que, si Confucius cherche à organiser une classe dirigeante éclairée, il ne la veut pas héréditaire. Le mérite attesté par des examens y donnera entrée; des actes louables seront les seuls titres à l'avancement. Son respect du pouvoir suprême est également dans la mesure où les détenteurs de ce pouvoir le méritent. Visitant un jour, dans la capitale, le Temple de la lumière, il fit remarquer à ses disciples, avec indignation, que les portraits des grands empereurs Yao et Chun étaient mêlés à ceux d'autres empereurs dont les règnes avaient été mauvais. Cette idée, qu'à tous les degrés sociaux la vertu et le mérite seuls légitiment le pouvoir, est d'ailleurs toute chinoise et autrement équitable et philosophique que le principe du « droit divin » dans lequel une partie de l'Europe s'attarde encore aujourd'hui.

Revenu dans son pays, sur l'invitation du roi de Lou, Confucius accepta les fonctions de chef de la magistrature civile et criminelle.

Dès le début, il montra une énergique fermeté en exigeant la mort du principal fonctionnaire de l'administration précédente, de manière à faire tomber un châtiment nécessaire sur le coupable le plus responsable, de par sa haute position.

Durant cette magistrature, il ne se montra pas seulement un juge intègre, mais un juge humain, un psychologue, appliquant une justice toujours proportionnée au degré de responsabilité.

Après la mort du roi de Lou, il entreprit une nouvelle série de voyages qui durèrent quatorze ans; enfin, il rentra dans son pays pour se consacrer entièrement à l'élaboration définitive de sa doctrine.

Ses dernières années furent attristées par la perte de sa femme, de son fils et de plusieurs de ses disciples; il pleura surtout Yen-Hoeï, qu'il avait toujours considéré comme devant être son continuateur.

Se sentant mourir, il réunit ses disciples pour leur faire ses dernières recommandations et leur dit : « L'herbe sans suc est entièrement desséchée, je n'ai plus où m'asseoir pour me reposer; la saine doctrine avait entièrement disparu, elle était oubliée, j'ai tâché de la rappeler et de rétablir son empire. Je n'ai pas pu réussir : se trouvera-t-il après ma mort quelqu'un qui veuille prendre sur soi cette tâche pénible? »

Son petit-fils Tseu-ssé étant trop jeune pour présider aux funérailles, ses disciples s'en chargèrent et eurent soin d'observer tous les rites auxquels le maître avait voulu ramener son pays. Tous ses disciples voulurent porter son deuil, et ceux qui se trouvaient éloignés au moment de sa mort vinrent accomplir les rites funèbres près de son tombeau, chacun apportant un arbre pour en décorer les alentours.

Une centaine de disciples vinrent même s'établir près de là, avec leurs familles, et fondèrent un village qui porte le nom du philosophe. Le roi de Lou fit construire près de son tombeau un de ces édifices qui servent, en Chine, au culte des ancêtres; on y déposa son portrait et les objets qui lui avaient été familiers. Le lieu devint bientôt un but de pèlerinage et, peu à peu, on éleva, par toute la Chine, des temples à Confucius, afin que ceux qui se trouvaient trop éloignés du tombeau pussent néanmoins accomplir les cérémonies en son honneur. Les empereurs eux-mêmes s'en firent un devoir; le fondateur de la dynastie des Han (200 avant notre ère) en donna le premier l'exemple, suivi jusqu'à nos jours. Après quelque temps, ce culte devint même obligatoire pour tout lettré aspirant à un grade littéraire ou au mandarinat. Le roi de Lou et ensuite des empereurs de la dynastie des Han décernèrent successivement à Confucius les titres de père, de duc, de premier saint, de prédicateur royal et revêtirent son image des insignes de la souveraineté. La dynastie des Ming lui conféra le titre qu'il eût sans doute préféré : celui du plus vertueux des instituteurs des hommes. Enfin, ses descendants jouissent encore aujourd'hui, seuls en Chine, du titre de nobles héréditaires.

Si je me suis étendu sur la vie de Confucius, c'est qu'elle fait bien mieux comprendre l'influence qu'il a eue que ne le font ses ouvrages écrits. En somme, il a laissé fort peu de choses originales, mais c'est lui qui retrouva et remit en ordre tous les documents religieux, philosophiques et politiques qui avaient été considérés comme les livres sacrés de la Chine. Ces ouvrages, écrits sur des tablettes de bambou, étaient tombés dans un état de confusion telle, qu'il fallut l'étude approfondie que Confucius fit de l'antiquité pour en retrouver l'ordre et le sens vrai. Ces livres sont : le *Y-king*, ou *Livre sacré des Permutations*; le *Chou-king*, ou *Livre sacré par excellence*; le *Chi-king*, ou *Livre des Vers*; le *Li-ki*, ou *Livre des Rites*.

Les *Ssé-chou*, appelés les *Quatre livres classiques*, renferment les dires et les maximes de Confucius rapportés par ses disciples. Ce sont :

1° Le *Ta-hio*, ou la *Grande Étude*;

2° Le *Tchoung-young*, ou l'*Invariabilité dans le milieu*;

3° Le *Lun-yu*, ou les *Entretiens philosophiques*;

4° Le *Meng-tseu* (Mencius) porte le nom de son auteur.

Ce philosophe, venu plus d'un siècle après Confucius, est considéré, par les Chinois, comme le plus marquant de ses disciples.

Le *Ta-hio* ne contient qu'un texte très court de Confucius et une exposition de son disciple Thseng-tseu.

Toute la doctrine de ce premier traité repose sur un principe auquel tous les enseignements du maître se rattacheront : le perfectionnement de soi-même, utile à tous, surtout à ceux qui seront appelés à gouverner les autres. Il s'ouvre par cette déclaration magistrale : « La loi de la *Grande Étude*, ou de la philosophie pratique, consiste à développer et à remettre en lumière le principe lumineux de la raison que nous avons reçu du Ciel, à renouveler les hommes, et à placer leur destination définitive dans la perfection, ou le souverain bien. »

Les développements du disciple consistent surtout à rappeler les applications que firent les premiers empereurs des enseignements contenus dans les livres sacrés.

Le passage suivant, tiré du *Chou-king*, est à citer parce qu'il exprime l'idée que se sont toujours faite les Chinois des conditions du pouvoir : « Le mandat du Ciel, qui donne la souveraineté à un homme, ne la lui confère pas pour toujours, ce qui signifie qu'en pratiquant le bien ou la justice, on l'obtient, et qu'en pratiquant le mal ou l'injustice, on la perd. »

Le *Tchoung-young*, ou *Invariabilité dans le milieu*, traite « de la conduite selon une ligne droite, également éloignée des extrêmes ». Il a été rédigé par Tseu-ssé, petit-fils de Confucius, « dans le but, dit Pauthier, de montrer que ces doctrines n'étaient pas de simples préceptes dogmatiques, puisés dans le sentiment et la raison, et plus ou moins obligatoires, mais bien des principes métaphysiques, fondés sur la nature de l'homme et les lois éternelles du monde ».

Ces préceptes présentent de grandes analogies avec ceux d'Épictète et de Marc-Aurèle.

« Pour que l'homme, dit Tseu-ssé, puisse accomplir sa loi, il faut qu'il la connaisse ; or, il n'y a que les hommes souverainement parfaits qui puissent connaître à fond leur propre nature, la loi de leur être et les devoirs qui en dérivent. »

Le philosophe exalte tellement l'homme parvenu à la perfection, qu'il en arrive à lui attribuer des pouvoirs surnaturels.

Le *Lun-yu* rappelle les dialogues de Socrate, recueillis par ses disciples. Malgré la monotonie de la forme, c'est cet ouvrage qui jette le jour le plus vif sur l'âme de Confucius, et montre la vérité de ce que ses disciples disaient de lui : « Il était sans amour-propre, sans préjugés, sans égoïsme et sans obstination. »

Parmi tant d'aphorismes, devenus comme le fond de la sagesse chinoise, nous ne pouvons faire que quelques citations : « Il ne faut pas s'affliger de ce que les hommes ne nous connaissent pas, mais de ne pas les connaître nous-mêmes. »

Tseu-Koung demande quel est l'homme supérieur. « C'est, dit le maître, celui qui d'abord met ses paroles en pratique, et ensuite parle conformément à ses actions.

« Ne soyez pas affligé de ne pas être encore connu, mais cherchez à devenir digne de l'être.

« L'humanité est ce qu'on pratique d'abord difficilement et que l'on peut cependant acquérir par beaucoup d'effort. »

Arriver à être humain et gouverner par l'exemple de la vertu, non par la crainte, sont des préceptes que le philosophe reprend sous mainte forme différente.

« Avoir assez d'empire sur soi-même pour juger des autres et agir envers eux comme nous voudrions que l'on agît envers nous-mêmes, c'est ce qu'on peut appeler la doctrine de l'humanité ; il n'y a rien au delà. »

Mais, quoi qu'en dise ou paraisse croire Tseussé, on ne trouve point de métaphysique proprement dite dans les enseignements de Confucius. Il admet, sans la discuter, la vague conception récente du *Chang-ti* et des génies du Ciel et de la Terre ; mais chaque fois que ses disciples veulent l'entraîner à expliquer la nature de ces êtres supra-humains, il leur rappelle que, connaissant peu l'homme et la vie, ils ne sauraient connaître le Ciel, les génies supra-terrestres. Comme on lui demandait s'il convenait de prier les génies, il répondit : « Ma prière est constante », assimilant sans doute sa vie à une prière en action.

Avec le quatrième livre, nous arrivons à Mencius, né dans la ville de Tséou au commencement du IVe siècle. Sa vie fut très analogue à celle du maître. Lui aussi fut élevé avec soin par une mère veuve. On raconte qu'elle changea deux fois d'habitation durant l'enfance de son fils. Elle quitta le voisinage d'un abattoir pour l'éloigner de spectacles démoralisants, puis celui d'un cimetière, parce que l'enfant imitait, sans les prendre au sérieux, les lamentations des parents des défunts. Elle alla loger près d'une école, qui donna de bonne heure à Mencius l'envie d'étudier. Tout jeune, il devint le disciple de Tseu-ssé, petit-fils de Confucius, et il ne tarda pas à avoir lui-même des disciples, avec lesquels il allait d'un État à l'autre, enseignant les peuples et surtout les rois, auxquels il parlait avec une hardiesse dépassant celle même de Confucius. Sa politique est plus nettement définie, son ton plus âpre; il ne craint pas de souligner rudement ce que Confucius laissait deviner. Aux princes qui lui demandent des conseils, il arrache le masque de l'hypocrisie et les montre à eux-mêmes en flagrant délit d'égoïsme, de cupidité, de mauvais vouloir quelconque. Une citation donnera une idée de sa manière.

Étant allé visiter l'État de Liang, le roi lui demanda le moyen de bien gouverner, avouant qu'il ne faisait pas tout le bien qu'il eût voulu faire. Mencius lui dit : « S'il se trouvait un homme qui dit au roi : Mes forces sont suffisantes pour lever un poids de trois mille livres, mais non pour soulever une plume; ma vue peut discerner le mouvement de croissance de l'extrémité des poils d'automne de certains animaux, mais elle ne peut discerner une voiture de bois qui suit la grande route; roi, auriez-vous confiance dans ses paroles?

— Aucunement, dit le roi; si l'homme ne soulève pas une plume, ne voit pas la voiture de bois, c'est qu'il ne fait pas usage de ses facultés.

— Eh bien, dit Mencius, si les populations ne reçoivent pas de vous les bienfaits qu'elles ont le droit d'en attendre, c'est que vous ne faites pas usage de votre faculté bienfaisante. Si un roi ne gouverne pas comme il doit gouverner, c'est parce qu'il ne le veut pas, et non parce qu'il ne le peut pas. »

Pour Mencius, un bon gouvernement est celui qui favorise et procure, autant qu'il est en lui, le bien-être aux citoyens, et les éclaire sur leurs devoirs par un enseignement universel. Il compléta le confucisme en matière politique, et fut un économiste très lucide. Le principe de la division du travail et ses applications multiples, la relativité de la valeur, lui furent aussi connus qu'à Smith[1].

Sa doctrine gouvernementale peut se résumer ainsi : « Le peuple, dans une contrée, est le plus important élément ; le gouvernement doit assurer le bien-être du peuple. La personne du souverain est accessoire ; quand le souverain est indigne, il peut être remplacé ou mis à mort. »

Avec Confucius, Mencius détermina un retour vers la centralisation des Hia et des Chang, et cette homogénéité si frappante de l'empire chinois, malgré son immensité. Il acheva aussi de discréditer parmi ses contemporains les doctrines sociales et morales de certains sophistes très semblables à ceux que combattait Socrate en Grèce vers la même époque, et d'autant plus dangereux qu'ils étaient les conseillers écoutés des tyranneaux chinois du IV° siècle avant notre ère.

Seulement la lente transformation que l'école de Confucius-Mencius opéra dans les esprits fut accaparée par le terrible Thsin-Chi-Hoang-

---

1. Voir MIND OF MENCIUS or *Political Economy founded upon moral philosophy*, by Ernst Faber. — London, Trübner.

ti au profit d'une ambition personnelle effrénée. Rien que dans la capitale du nouveau despote, quatre cents lettrés préférèrent se laisser enterrer vivants plutôt que d'arrêter leurs remontrances publiques contre ses excès. Les philosophes confucistes montrèrent ainsi qu'ils savaient mourir pour les idées qui leur étaient chères, ce qui est autrement conscient que le martyre religieux par entraînement des foules.

Philosophes indépendants et synthétiques.

Si les deux écoles philosophiques de Lao-tseu et de Khoung-tseu ont attiré à elles la majorité des esprits cultivés en Chine, l'une pour sa métaphysique, l'autre pour son éthique, quelques esprits originaux et indépendants sont restés en dehors d'elles, ou y ont ajouté leurs vues personnelles — ainsi qu'il est arrivé d'ailleurs dans tous les pays où des systèmes philosophiques bien tranchés ont prévalu. Mais outre ces individualités, il a existé encore de vraies écoles qui attendent leurs historiens occidentaux. De ces écoles Ssé-Ma-Thsian en mentionne six sous la dynastie des Han, et Ma-touan-lin en énumère une quinzaine, parmi lesquelles on peut signaler l'*école éclectique*, l'*école des cinq éléments*, l'*école des médecins*, l'*école des anachorètes*, l'*école du Yin et du Yang*.

Dans telle ou telle mesure, ces diverses écoles se rattachent toutes au *Foung-choui*, base primitive de la spéculation chinoise, mais avec des vues cosmiques et géologiques, climatériques et biologiques, dont Confucius et Lao-tseu ne se sont guère préoccupés. Ce n'est cependant que sous la dynastie des Soung (xi° siècle et suivants) que ces vues prirent une forme concrète avec une tendance philosophique très marquée, comme on le verra ci-après.

Parmi les frondeurs des idées reçues de son époque, il faut citer Chouang-tsé, qui vécut environ quatre siècles avant notre ère. Il s'attaque aux usages les moins indiscutés, à ceux qui accompagnent les funérailles. Comme il était sur le point de mourir et que ses disciples s'apprêtaient à l'honorer d'après les rites, il leur dit : « Je considère le ciel et la terre comme mon caveau et mon cercueil, le soleil et la lune comme une double pièce de jade, les étoiles et les planètes comme des perles[1] et

---

[1]. On mettait des perles et du jade dans la bouche des morts.

tous les produits de la nature comme des présents supplémentaires. Donc, tout ce qu'il faut pour mes funérailles n'est-il pas sous la main? Pourquoi voulez-vous y ajouter quelque chose? »

Ses disciples lui dirent leur crainte qu'il fût mangé par les corbeaux et les milans. Ce à quoi Chouang-tsé répondit : « Sur la terre l'homme est dévoré par les corbeaux et les milans, sous la terre par les insectes rongeurs et les fourmis : voulez-vous m'arracher aux uns pour me donner aux autres? »

Deux ou trois siècles plus tard, Yang-Wang-sun scandalisa ses contemporains au point d'être flétri dans les Annales de l'empire, pour l'expression de ses idées au moment de mourir.

« Je désire, dit-il, être enterré tout nu, afin que je puisse faire retour à la matière dont je proviens. » Et il explique alors comment il faut s'y prendre pour que son corps se trouve en contact immédiat avec la terre. Ses fils, navrés et scandalisés, allèrent consulter Khi-Hen, philosophe, ami de leur père. Celui-ci représenta au mourant qu'il ne devrait pas prendre sur lui la possibilité d'apparaître nu devant ses ancêtres, et il lui rappela tous les rites dictés par les anciens.

Wang-Sun lui fit cette réponse, qui serait encore aujourd'hui une critique juste de ce qui se passe en Chine : « Je sais bien que les anciens empereurs ont fait des lois destinées à secouer l'indifférence de la nature humaine vis-à-vis des parents. Mais la génération présente va beaucoup plus loin qu'eux et je désire donner un exemple en me faisant enterrer nu. » Et il raille les richesses enfouies dans les tombeaux et souvent déterrées par les voleurs; son principal argument est celui-ci : « La mort est une dissolution, le retour d'un être à son origine; si ce retour se fait sans obstacles, cet être est absorbé par la matière d'où il est sorti pour y être réduit à la condition d'être indistinct, condition dans laquelle il n'y a ni son ni forme; l'être est alors absorbé au sein du *Tao*... Mais si l'on met des obstacles luxueux qui préviennent la décomposition et le retour à la terre, on intervertit le cours de la nature. » Wang-Sun achève de faire voir qu'il est disciple de Lao-tseu et qu'il en a gardé la pure doctrine, telle que l'a formulée à cet égard particulier Lie-tseu, au IVe siècle avant notre ère, dans son *Tchoung-Hiu-King,* ou *Livre du vide et de l'incorporel,* qui est lui-même l'écho de l'empereur Hoang-ti déclarant qu'à la mort, l'essence subtile et spirituelle de l'homme rentre dans sa matrice, et les os et la chair retournent à leur principe — soit le Ciel et la Terre (2650 av. J.-C.).

Wang-Sun, en effet, rappelle que les esprits vitaux viennent du Ciel et y retournent en quittant le corps, qui n'est plus alors qu'une motte de terre et ne mérite pas les richesses qu'on lui adjoint dans le tombeau[1]. En véritable moderne utilitaire il taxe de double duperie le fait, fréquent en Chine, de ruiner les vivants pour honorer des morts inconscients.

Un autre esprit original, bien que les confucistes le donnent pour un des leurs, c'est Siun-tseu, qui vivait 230 ans avant notre ère. A l'inverse de tous les philosophes de son pays, il soutenait que la nature de l'homme est *vi-*

---

1. Un autre philosophe du II.e siècle avant J.-C. exprime des idées absolument analogues, non seulement sur le mépris des funérailles compliquées et luxueuses, mais sur la convenance de laisser le corps retourner librement à la terre « pendant que les mânes volatils retournent à leur principe éthéré ». (Voir de Groot, *Religious System of China,* vol. II.)

cieuse et que les prétendues vertus de l'homme sont fausses et mensongères.

C'était un pessimiste et un désabusé dont l'état d'âme peut avoir été créé par la guerre civile qui désolait les sept royaumes chinois existant de son temps. Mais par une contradiction curieuse, Siun-tseu tient l'homme pour le plus noble des êtres de ce monde. Sait-on pourquoi?

« L'eau et le feu, disait-il, possèdent l'élément matériel, mais ils ne vivent pas ; les plantes et les arbres de haute tige ont la vie, mais ils ne possèdent pas la connaissance ; les animaux possèdent la connaissance, mais ils ne possèdent pas le sentiment de la justice. L'homme seul possède tout à la fois l'élément matériel, la vie, la connaissance et, en outre, le sentiment de la justice. »

Il n'y a rien de banal dans cette conception, que l'Occident n'a guère dépassée depuis Cicéron jusqu'à Montesquieu.

L'action des écoles taoïste et bouddhique sur la mentalité chinoise, pendant les premiers siècles de notre ère, eut sa répercussion sur l'école de Khoung-tseu et de Meng-tseu, qui ne s'occupa guère que de morale publique et privée et de rites avec ses *Thsiên-joû,* ou lettrés antérieurs.

Des lettrés postérieurs (*Héou-Joû*) s'adonnèrent, par contre, aux questions métaphysiques et ontologiques, non en convenant des lacunes de leurs maîtres à cet égard, mais en se fondant sur le *Commentaire traditionnel* de l'appendice au *Y-king,* ouvrage attribué par les uns à Khoung-tseu lui-même, par les autres à Wang-Son, frère ou proche parent de Wang-pi, commentateur du livre de Lao-tseu au IIIe siècle de notre ère — deux attributions inconciliables avec la date de la découverte, sous les règne de Hiouan-ti (37-49 av. J.-C.), du *Commentaire traditionnel* par une jeune fille sur une berge du Hoang-Ho. Quels que soient l'auteur de cet ouvrage et l'époque exacte de sa rédaction, il contient, dit Pauthier, de nombreux passages sur l'origine et la transformation des choses, sur les lois qui président aux événements du monde, sur les causes et les effets, que les néo-confucistes assuraient être la doctrine de leurs aînés. Voici un spécimen de ce *Commentaire,* qui aurait grand besoin d'être commenté pour être clair :

« Dans le substratum primordial de toutes les

formes organisées, ou vie universelle, existait le *grand faîte* (*Taï-Ki*); celui-ci engendra les deux grandes effigies (Ciel et Terre); les deux grandes effigies engendrèrent les quatre figures, les quatre figures, les huit diagrammes symboliques (*Kouà*); les huit diagrammes symboliques déterminèrent les choses heureuses et les choses malheureuses, lesquelles donnèrent naissance à toutes les actions humaines. »

Et voici maintenant comment les jésuites du xviiie siècle, dans leurs *Mémoires concernant les Chinois*, ont compris les données du *Y-king* et du *Commentaire traditionnel*, et comment ils en apprécient l'interprétation ultérieure :

« En voulant éclairer ce que les Anciens, sur la tradition de leurs ancêtres, avaient dit allégoriquement, ces philosophes orgueilleux (les philosophes modernes) ont tout embrouillé, tout défiguré, tout changé. Les Anciens avaient dit qu'il y avait un *Tay-Ki* ou grand principe, un *Chang-ti* ou Seigneur suprême, un *Tien* ou Ciel supérieur, qui, par la vertu de son *Ki* ou de son souffle tout-puissant, avait formé les *San-Tsaï*, les trois agents généraux ou puissances productrices subordonnées, qui sont le Ciel, la Terre et l'Homme; et par ces *San-*

Tsaï, ils entendent tout ce qui est purement intellectuel, comme tout ce qui tombe sous les sens; toute puissance qui peut être ou qui est actuellement réduite en acte. Ils rangeaient sous le premier *Tsaï*, qui est le Ciel, tout ce qui est l'objet de la métaphysique et de la physique céleste, et ils s'étendaient en particulier sur ce qui concerne l'astronomie, de la manière à peu près et dans l'ordre que je vous invite à examiner dans la figure qui s'offre à vous.

« L'eau, le feu, les métaux, les vents, le tonnerre, la pluie, la géographie et toutes les productions naturelles, tant en général qu'en particulier, faisaient l'objet du second *Tsaï*, qui est la Terre.

« Pour ce qui est du troisième *Tsaï*, qui est l'homme, ils le regardaient comme le seul être visible qui fût doué d'intelligence, qui fût en état de pouvoir produire des actes dignes d'éloge ou de blâme, de récompense ou de châtiment, suivant qu'il cultivait la vertu ou qu'il s'abandonnait au vice. Ils étaient persuadés, outre cela, et ils ne cessaient de le dire, que l'homme était récompensé ou puni, non seulement pendant cette vie, mais même après sa mort; et ce fut pour l'engager à mériter l'un et à éviter l'autre, qu'ils s'appliquèrent surtout à développer les principes de la morale, à expliquer les différentes obligations qu'elle impose en général pour la conduite extérieure de l'homme et pour le règlement de son cœur, et en particulier pour l'accomplissement de ses devoirs, comme fils, comme sujet, comme père de famille, comme membre de la société, etc.

« Voulant s'expliquer brièvement au moyen de quelques symboles, ces Anciens avaient dit : Le *Tay-Ki*, ou le grand principe, a engendré les *Liang-Y* ou les deux effigies ; ces deux effigies ont engendré les *Sée-Siang* ou les quatre images, et ces quatre images ont engendré les *Pa-Koua* ou les huit trigrammes, qui exposent les principes d'où toutes choses tirent leur origine, et au moyen desquels il n'est rien qu'on ne puisse expliquer. »

Que les Jésuites aient prêté aux anciens Chinois quelques-unes de leurs idées spiritualistes pour justifier leur attitude et leurs compromis au regard des dominicains et de la papauté, c'est probable, comme le laisse entendre l'impartial Pauthier (*Chine moderne*, page 388). Les docteurs Eitel et de Groot, aussi forts sinologues qu'eux et, en outre, d'un esprit plus libre de toute orthodoxie religieuse, ont, de nos jours, certainement mieux dégagé le vieux fonds philosophique chinois dans leurs travaux sur le *Foung-choui*, qui sont classiques en Europe. C'est à eux, par conséquent, qu'il faut demander le bref exposé de ce fonds d'après les sources indigènes soigneusement compulsées, et voici comment on peut le résumer :

Le *Foung-choui* a d'abord été une climatologie empirique. Le régime des vents et des pluies, comme le remarque H. Faye[1], a une importance exceptionnelle pour les populations agricoles, donc pour les Chinois, déjà jardiniers dans le bassin du Tarim et grands défricheurs dans le bassin du Hoang-Ho.

Ensuite le *Foung-choui* est devenu un système quasi scientifique pour la construction des tombeaux, des temples, des maisons privées, afin que les morts, les dieux et les vivants s'y trouvent autant que possible sous les influences bienfaisantes de la nature.

Depuis des milliers d'années, les Chinois ont

---

1. *Origine du monde,* p. 31.

placé le bonheur de la vie dans l'adaptation à ces influences, et la souffrance, dans le conflit ou désaccord avec elles. La direction de ces influences, ou cours inaltérable de la nature, fut appelé *Tao,* la voie. Chercher et trouver cette voie pour soi et les siens est la grande sagesse.

Que nous voilà loin, ô Jésuites, des balivernes et divagations de quelques lettrés par qui vous faites exposer la pensée chinoise primitive! Le *Taï-Ki,* le *Chang-Ti,* les *San-Tsaï,* les *Liang-Y,* les *Sée-Siang,* les *Pa-Koua,* sont de pures entités verbales, *flatus vocis*, dignes d'Occam et de Buridam.

Aussi loin qu'on remonte dans le passé, les Chinois ont cru au Ciel comme grande source vitale de la nature[1], car il est le distributeur de

---

1. Cette intuition de la nature vivante, non seulement en général, mais dans chaque astre à telle phase de son évolution, a été traduite avec un rare bonheur par M. Stanislas Meunier, un des savants les plus éminents de notre temps. Je signale notamment à mes lecteurs les quelques pages de sa *Géologie comparée* où il décrit l'état actuel de la terre, après sa période nébuleuse et stellaire, en montrant dans notre globe « une foule de particularités comparables à celles qui caractérisent les êtres vivants ». Il y a dans ces pages un parallélisme de ces particularités rigoureusement scientifique, dont l'ingéniosité n'a d'égale que la haute poésie. Tra-

la chaleur, de la lumière, de la pluie; ils ont cru que la nature est un organisme vivant dont le souffle pénètre toute chose et produit les conditions variées du Ciel et de la Terre; ils ont cru que les vents déversent les biens et les maux telluriques, et que l'art de contrôler leur action sur les champs cultivés et le règne végétal est gros du sort des humains.

Un dicton populaire consacre cette croyance: « Les vents soufflent-ils harmoniquement, les pluies tombent-elles régulièrement? le royaume sera florissant et le peuple vivra en paix et à l'aise. »

Un livre très ancien, le *Chi-Ki*, dit de son côté : « Si le cours de l'univers (*Tao*) est tel que le froid et le chaud ne viennent pas à la saison voulue, les maladies prévaudront; si les vents et les pluies ne se produisent pas opportunément, la famine s'ensuivra. » (Ch. XXIV, 17.)

La configuration du sol, l'altitude et la latitude des régions et des lieux, influant sur la condensation des nuages et leur résolution en

---

duit en chinois comme ampliation du *Foung-choui* primitif, puis commenté par des lettrés intelligents qui se sont frottés à la culture européenne, il pourrait renouveler et vivifier la pensée de ces Jaunes depuis si longtemps endormis.

pluie, la direction des vents, la distribution de la lumière et de la chaleur, furent attentivement consultés lorsqu'il s'agissait de fixer l'emplacement et l'orientation des tombeaux, des temples, des maisons, des villages et des villes, et le *Tao* primitif, déjà transformé en RAISON SUPRÊME par Lao-tseu, devint le *Foung-choui,* art de pronostics et de divination par la boussole, les constellations, etc., principale source de profits pour les disciples et les adhérents du philosophe et comme le casuel du Taoïsme, à défaut d'un budget officiel.

Aujourd'hui, le *Foung-choui,* tout en gardant quelques vieilles pratiques d'observation de la nature, n'est plus que le culte fétichique des morts et de leurs restes, exploité pour le compte et au bénéfice de la piété filiale (voir de Groot, vol. III, p. 1048). Mais, plus il est devenu absurde, charlatanesque, et plus son empire s'est répandu en Chine, semant la discorde et la ruine dans les familles, les clans, les villages, favorisant les épidémies et les maladies contagieuses par les ajournements indéfinis des enterrements, nuisant aux entreprises industrielles et commerciales par son intervention à propos de l'ouverture d'une nouvelle route, d'un canal, de la construction d'un pont, d'une voie ferrée ou télégraphique — ouverture et construction pouvant amputer les membres du dragon! détourner ou dissiper les influences bienfaisantes du Ciel et de la Terre (*Tien-li*, *Ti-li*), le souffle qui apporte la fortune (*Tsaï-khi*)!

Le *Foung-choui* dans les basses classes, l'étude exclusive des vieux classiques par les lettrés, expliquent l'arrêt de la mentalité chinoise, ou, si l'on préfère, son tournevirement dans le même cercle de formules caduques et stériles et, par suite, l'existence mécanique en quelque sorte de cette énorme masse humaine.

Les Jésuites du xviie siècle ne jetèrent pas leur sonde dans cette mare très unie dont les batraciens étaient fort paisibles; l'idéal de leur ordre, *perinde ac cadaver*, était réalisé sous leurs yeux. S'ils ont cultivé les sciences mathématiques et physiques, comme une concession nécessaire faite à leur temps, ils se sont généralement tenus en dehors de la biologie, et la révélation mosaïque leur a servi de *Foung-choui*, comme la Bible et ses commentaires de *Chou-king* et de *Y-king*.

L'école philosophique des Soung étant trop livresque comme ses devancières, sans aucune intervention directe de la vraie science expérimentale ni de la méthode *à posteriori*, l'ingéniosité de son fondateur et la haute intelligence de son meilleur interprète se sont gaspillées presque en pure perte pour les Chinois. Il suffit donc d'en reproduire ici l'analyse qu'en fit le P. Prémare dans une lettre manuscrite que Pauthier a publiée :

« Ce fut sous la dynastie des Soung que Tchéou-lien-ki s'avisa le premier de faire un système de physique, et il a eu le bonheur que presque tous les lettrés qui l'ont suivi l'ont regardé comme leur maître. Il suffit d'exposer le gros de ce système pour faire sentir ce qu'il vaut. On peut le réduire à trois points :

« 1° Il y a dans l'univers un être qu'on appelle *Ki*; cela n'est point figuré, mais il peut le devenir. C'est comme un vase dans lequel est un autre être qu'on nomme *Li*, et qui est tellement au-dessus de toute figure, qu'il est impossible qu'il en prenne jamais une. C'est Tchou-hi, le plus fameux des disciples de Lien-ki, et qu'on fait passer pour le prince des athées; c'est Tchou-hi qui définit ainsi ces deux êtres : «Dans l'univers, dit-il, il y a *Li* et il y a *Ki*. Ce « qu'on entend par *Li*, c'est la raison qui est

« au-dessus de toute figure et qui est comme
« la racine d'où sortent tous les êtres. Ce qu'on
« entend par *Ki,* c'est le vase, sujet à la figure
« et l'instrument dont tout est fait » ;

« 2° Ce *Ki* ou matière, si on peut l'appeler
ainsi, se trouve tour à tour en mouvement et
puis en repos; en repos et puis en mouvement ;

« 3° La matière, douée de ces deux qualités
radicales, se divise en cinq sortes d'êtres, qui
sont : l'eau, le feu, le bois, le métal et la terre.
Mais ces cinq sortes de matières ne sont réellement que les deux d'où elles sortent. »

Ce que le P. Prémare ne dit pas, s'il l'a vu,
c'est que l'école de Tchéou-tseu et des deux
Tching-tseu, amplifiée et organisée ensuite par
Tchou-hi, fut une tentative de fusion et de
synthèse des doctrines de Çakya, de Lao-tseu,
de Khoung-tseu, avec adjonction de quelques
nouveautés postérieures. Sous les Souy et les
Thang, la Chine était déjà arrivée à un amalgame de ces doctrines au point de vue religieux, et l'empereur Ming-Hoang, en disant
que « trois religions font une bonne religion »,
traduisit si bien la pensée générale, que son
aphorisme se répète couramment aujourd'hui

encore. Sous les Soung, on chercha quelque chose d'analogue quant à la philosophie de ces doctrines, tour à tour en hausse et en baisse, jusqu'à l'addition à l'académie des Hanlin, de sections des lettres, des sciences, des arts, de l'histoire, en 963. Tao-ssé, bouddhistes, confucistes, firent un égal effort de compréhension réciproque pour mettre fin à l'anarchie intellectuelle, comme précédemment à l'anarchie religieuse : il en résulta une nouvelle unité politique et morale avec plus de liberté et de tolérance pour chaque secte, sous l'hégémonie du pouvoir civil, battu en brèche et déformé depuis des siècles. Comment, avec les trois philosophies dissidentes, fit-on une bonne philosophie? En admettant le *Taï-Ki* de l'*Y-king*, doctrine attribuée à l'empereur Fou-hi, dont Khoung-tseu admettait l'existence (3468 avant J.-C.). Or, qu'est-ce que le *Taï-Ki?* Le grand principe ultime, générateur des *Liang-I*, les deux pouvoirs régulateurs ; des *Yang* et *Yin*, les souffles supérieurs, dont la coopération produit les phénomènes de la nature. (De Groot, *op. cit.*, p. 960, 3e vol.)

Comment était figuré le *Taï-Ki* primitif? Par un cercle sur le diamètre duquel sont décrits deux demi-cercles égaux mais en sens inverse, formant une sorte de ∽. Cette figure symbolique, moitié en blanc, moitié en noir, avec de petites variantes locales, sert de motif décoratif sur les jonques chinoises et à l'avant des maisons, en même temps que d'amulette protectrice — ce qui en prouve à la fois le caractère populaire et la haute antiquité (voir *Dissertation illustrée du Taï-Ki* dans le Dictionnaire de Kang-hi). On dirait une matrice bicorne où les germes masculin et féminin, d'abord juxtaposés, se pénètrent intimement par deux orifices correspondants.

C'est sur la base du *Taï-Ki* que taoïstes et néo-confucistes se sont conciliés comme sur un antécédent commun de leurs écoles.

Les géomans contemporains, issus des premiers, prétendent encore déterminer les quantités de *Yin* et de *Yang* déposées et combinées à la surface du sol, d'où dépend le bon emplacement d'une tombe ou d'un édifice, et les lettrés modernes croient, comme leurs aînés du XIIe siècle, que l'union et l'excitation mutuelle des deux souffles céleste et terrestre, ou énergies du *Yang* et du *Yin*, produisent et reproduisent toute chose. (Voir l'esquisse du *Taï-*

Kitu, insérée dans l'*Histoire de la dynastie des Soung,* ch. 427.)

Le *Taï-Ki* de Fou-hi, de Wen-Wang et de Khoung-tseu, et le *Tao* de Lao-tseu, ont même fini par devenir deux simples aspects ou états d'une même chose.

En effet, un commentateur de Tchéou-tseu répond à un certain Lou-chi, confuciste orthodoxe et traditionnel : « Parle-t-on de la substance du *Tao,* ou Raison suprême, à sa limite de sommité extrême, ou grand faîte? alors on l'appelle *Taï-Ki,* ou grande limite; parle-t-on des émanations, de la marche, de l'action du *Taï-Ki?* alors on l'appelle *Tao.* Quoiqu'il y ait deux noms, il n'y a pas originairement deux substances. »

Et maintenant, dans le système ou *Somme de Philosophie naturelle* de Tchéou-tseu et de ses disciples, quelle part fut faite au bouddhisme? Au *Taï-Ki* on adjoignit le *Wou-Ki.* Qu'est-ce que le *Wou-Ki* ? C'est le *sans-faîte,* l'*illimité,* l'*indistinct,* avec le sens étymologique et philosophique de l'ἄπειρον d'Anaximandre et de Pythagore. Pour Tchou-hi, dernier adepte supérieur de Tchéou-tseu au xiv° siècle, le *Wou-Ki* devient la cause efficiente, dépourvue de formes sensibles, par rapport au *Taï-Ki*, qui serait le générateur formel de l'univers. « Le *Wou-Ki*, continue Tchou-hi, est dépourvu de côtés, de formes visibles. Il est considéré comme ayant une existence antérieure à celle des êtres corporels qui tombent sous nos sens et il ne cesse point de subsister après que leurs formes corporelles ont cessé d'être. Il est considéré comme en dehors du premier principe mâle *yang* et du premier principe femelle *yin* et il ne cesse jamais d'exercer son action au sein de ces deux premiers principes. Il est considéré comme pénétrant, reliant toutes les substances, n'y ayant aucun lieu où il ne soit; alors on peut encore dire de lui qu'il est originairement sans son, sans odeur, sans ombre et sans écho. » Certes, ce *Wou-Ki*, ou noumène cosmique, ressemble fort à la substance du *Tao* de Lao-tseu (*T'ao-thi*); mais c'est par la morale greffée sur le système de l'absolu rien et du grand absolu que le bouddhisme a trouvé satisfaction.

« Il n'y a que le saint homme qui puisse arriver à l'unité de l'essence subtile, cause d'une satisfaction pure et sans mélange et qui soit apte à s'identifier complètement avec la substance et les modes d'être du *Taï-Ki*. C'est pourquoi, que les êtres soient en mouvement, ou qu'ils soient en repos, chacun d'eux parvient à son propre *faîte*, à sa propre *limite*, et toutes les causes ordinaires d'action naissant des objets extérieurs qui existent dans le monde font aboutir au repos des sens, à l'absence de tout mouvement... Le juste milieu, la droiture, l'humanité, la justice, sont une substance absolue qui a la perfection du *Taï-Ki*, et le repos, ou l'absence de tout trouble des sens, donne constamment la supériorité à celui qui le possède... »

Dans ces lignes de Tchéou-tseu il y a une influence bouddhique marquée, une aspiration au *Nirvâna*, après les douleurs et épreuves du *Samsara*, par l'acquisition de la *bodhi*, ou science parfaite. Et le Nirvâna, on le sait sans conteste aujourd'hui, ce n'est pas le néant ou l'anéantissement : c'est le *calme absolu* dans l'existence — un état de l'être perfectionné, nullement un paradis chrétien ou mahométan.

Il est aussi difficile, et peut-être aussi oiseux, de dégager la valeur intrinsèque du système philosophique chinois[1] des xie, xiie et xiiie siè-

---

1. Sous les Ming, ce système fut encore repris et déve-

cles que celle, en Occident, de la *Somme* de Thomas d'Aquin, où, sous la forme syllogistique, sont discutées et résolues les principales questions de théologie, de philosophie et de morale, sous l'égide d'Aristote et de Pierre Lombard, ou bien du *Speculum majus* de Vincent de Beauvais, confrère français du dominicain napolitain, sorte d'encyclopédie répondant à un but pareil. De même que saint Louis incarne ce qu'ont de meilleur les idées de son époque, de même le mouvement intellectuel du temps des Soung est représenté, réalisé, vivifié par Wang-an-Chi, le lettré-philosophe, l'homme d'État remarquable qui non seulement domine son siècle, mais encore l'histoire antérieure et postérieure de son pays. Ingénieux, actif et ferme à la fois, supérieur aux préjugés de sa race et de son milieu, auteur d'un dictionnaire universel où furent virilement abordées la plupart des questions politiques et morales, l'homme d'action était au niveau du penseur. Il croyait uniquement aux causes invariables des phénomènes, comme un Laplace ou un

---

loppé (1400), tellement il répondait aux aspirations de la mentalité chinoise.

Berthelot, et non à des causes fortuites, aux cataclysmes soudains, à l'intervention arbitraire de puissances surhumaines. Des calamités publiques étant survenues en l'an 1069, l'empereur Chin-Tsoung, dont il était premier ministre, se crut obligé de manifester sa douleur et de s'interdire les distractions d'une vie normale. Wang-an-Chi lui dit : « Les tremblements de terre, les sécheresses, les inondations, n'ont aucune liaison avec les actions des hommes. Espérez-vous changer le cours ordinaire des choses, ou voulez-vous que la nature s'impose pour vous d'autres lois? »

Dirait-on mieux de nos jours[1], et cette simple

---

[1]. La pensée chinoise n'a que des intuitions par la raison que la science n'y est jamais sortie de la gangue de l'empirisme. Des instruments de précision n'ont jamais magnifié et rectifié les notions fournies par les sens. L'expérimentation, la recherche, la découverte des lois de production et de succession des faits, *l'exploration de l'inconnu dans le possible*, suivant la forte expression de Pasteur, n'ont jamais été le souci de la mentalité chinoise. Les Jésuites envoyés par Louis XIV à Pékin ne purent pas méconnaître chez les Chinois cette infirmité ou cette lacune. S'ils ne firent rien pour éveiller en eux la passion de comprendre, l'esprit investigateur et critique, c'est que le progrès humain leur importe beaucoup moins que l'asservissement de la société civile à leur congrégation. Les solitaires de Port-Royal avaient un sens éducateur autrement élevé. Quel dommage que la France n'ait pas été représentée à Pékin par ces derniers et mieux

observation ne montre-t-elle pas, à côté de ses réformes mémorables, que Wang-an-Chi savait mettre à leur place respective les influences cosmiques, les antécédents et les conséquents des faits naturels et les petites contingences humaines ?

Son adversaire politique et philosophique, l'historien Ssé-ma-Kouang, était, certes, un esprit fort libre quant aux doctrines d'autrui et aux pratiques du *Foung-choui* dans sa vie privée ; mais politicien-courtisan comme le fameux Li-ssé, le ministre de Chi-Hoang-ti, il savait fort bien mettre en avant, sans y croire plus que Wang-an-Chi, les ordres du Ciel pour obtenir le pouvoir et en faire profiter, avec lui, la classe des lettrés. Wang-an-Chi dédaigna de recourir à ces compromissions, étant un très grand humain.

---

encore par des savants laïques habitués déjà au maniement de la méthode expérimentale ! Ce n'est pas de prédicants subtils et tortueux d'une religion nouvelle que les Chinois avaient besoin, mais bien d'initiateurs à la science *active*, d'inventeurs de phénomènes dans des conditions que la nature n'avait pas encore réalisées, comme dit Claude Bernard. C'est là ce qui les eût fait sortir de leur phase d'observation concrète des faits, qui n'a pu constituer qu'une science *passive*, ou, suivant Kant, qu'*un cahos d'intuitions dispersées*.

CHAPITRE VI

LES TAO-SSÉ ET LES TCHOÛ-JOÛ

> Les grandes crises de l'histoire s'appuient non sur les succès de la force, mais sur la conquête des âmes et se rattachent toujours à des changements de plan dans la manière dont l'humanité envisage l'origine du monde et sa propre origine.
>
> (J.-B. Dumas).

Clef de vingt-cinq siècles d'histoire chinoise.

L'histoire intérieure de Rome est faite de la lutte des patriciens et des plébéiens; celle de l'Italie du moyen âge, de la rivalité des Guelfes et des Gibelins; celle de l'Angleterre moderne, de la compétition des Whigs et des Tories.

En Chine, il a existé un dualisme semblable, mais au lieu de durer quelques siècles, il compte déjà 2.500 ans d'existence et il n'est pas près de finir.

Il s'agit des Tao-ssé et des Tchoû-joû[1], qui

---

1. Dans ce chapitre, je me servirai du mot français *lettrés* pour *Tchoû-joû*, comme étant plus familier en Europe.

ont commencé à se trouver en présence dès le
v° siècle avant notre ère. On sait que ces deux
partis, à la fois politiques et philosophiques,
dérivent de deux chefs d'école : Lao-tseu et
Koung-tseu (Confucius), ayant tous deux leur
opinion sur la vieille civilisation chinoise, un
idéal différent et des desseins contraires, mais
impuissants à supprimer ce qui flottait obsti-
nément dans tous les cerveaux sous le nom de
Foung-choui, et qui, soigneusement cultivé et

---

1. Dans l'unique entrevue qu'eurent les deux philosophes,
l'antagonisme des visées et des doctrines éclata comme un
présage pour leurs disciples respectifs : témoin le dialogue
suivant :

Lao-tseu : « Avez-vous trouvé le *Tao* ou la Raison suprême ? »

Confucius : « Je l'ai cherchée vingt-sept ans et je ne l'ai
pas trouvée. En quoi consiste-t-elle, d'après vous ? »

Lao-tseu, au lieu de répondre à cette question, critiqua
l'apostolat de son visiteur, qu'il congédia par ces mots : « Le
riche renvoie ses amis avec des présents considérables; le
sage renvoie ceux qui le visitent avec quelques bons conseils.
Je ne suis pas riche, mais je me crois sage en toute humilité. »

Au retour de cette entrevue, Confucius, interrogé par ses
disciples, dit : « Je sais qu'on prend les poissons dans des
nasses, les quadrupèdes dans des filets, et qu'on perce les
oiseaux à coups de flèche. Quant au dragon, j'ignore comment il peut être porté par les vents et les nuages, et s'élever
jusqu'au ciel. J'ai vu aujourd'hui Lao-tseu, il ressemble au
dragon. »

développé, eût abouti à une philosophie de la nature et à la haute culture scientifique.

Ces deux éléments ont vraiment fait l'histoire chinoise, avec le peuple pour matière première, assez passive et toujours ductile. Et cette histoire n'est que la résultante de leurs actions et réactions, de leurs alternances d'influence; et l'on peut dire des empereurs chinois eux-mêmes qu'ils ne sont, au fond, que les exécuteurs des inspirations et les interprètes des aspirations tour à tour taoïstes et confucistes.

Cette proposition gagnerait à être démontrée par un historien philosophe, tel que de Groote ou Taine; mais la simple esquisse qui va suivre suffira probablement à la faire admettre par le lecteur.

Antérieurement à ces deux écoles philosophiques, depuis l'empereur Yu (22 siècles avant J.-C.) jusqu'à la dynastie des Tchéou, un fort courant laïque domine seul. A partir des Tchéou, un millier d'années plus tard, il y a eu une phase animiste très marquée, œuvre probable des descendants des sorciers et des astrologues que les premiers Chinois semblent avoir amenés avec eux du bassin du Tarim dans le bassin du Hoang-Ho.

Les montagnes, les bois, les fontaines, auparavant simples fétiches, eurent alors leurs génies que reconnut dorénavant, dans une certaine mesure, le culte officiel[1].

Par malheur pour l'évolution mentale et poétique des Chinois, ces génies restèrent trop indistincts des objets dont ils devaient être l'âme, et il ne put surgir, par conséquent, quelque chose d'analogue à ce polythéisme grec des faunes et des sylvains, des nymphes et des naïades, qui donnaient une beauté idéale à la nature environnante; aux créations ravissantes de l'imagination védique : les *Asouras* au corps glorieux; *Agni*, symbole du feu plastique et vital; *Surya*, symbole du soleil lumineux et producteur des formes; *Indra*, symbole de l'énergie météorique, avec, pour cortège, les *Açwins*, les *Marouts* et les *Apsarâs*, personnifications de l'aurore, des vents, de nymphes célestes.

---

[1]. L'empereur Wou-vang, créateur du régime fédéral en Chine, toléra l'éclosion des Hien et des Ken, génies bienfaisants et utiles, celle des Kouëi, sortes de diables pervers, analogues aux incubes et aux succubes de notre moyen âge; il reconnut certains magiciens principaux pour la recherche des vérités occultes relatives aux génies, mais en ayant soin de les reléguer loin des villes et des villages (1122 av. J.-C.).

Genèse des Tao-ssé.

Lao-tseu, on l'a vu précédemment, fut un penseur original et solitaire, métaphysicien très hardi, avec quelques visées réformatrices sur la politique et la morale de son temps, mais en se préoccupant plus de l'individu que de la collectivité, car sa doctrine est muette sur les devoirs familiaux et sociaux. Au point de vue religieux, il voulut réagir contre le spiritualisme grossier de la Chine d'alors, et à cet effet, il admit, non un être imaginaire, déterminé et concret, mais une loi, un rapport supérieur de toutes choses entre elles, avec la métempsycose comme lien moral et sanction des actes humains.

Au point de vue politique, il voulut, dans l'ordre de choses établi, des individus libres jusqu'à l'anarchie, par le simple *non-agir*, résistance passive à tout arbitraire, que, de nos jours, le grand Tolstoï a préconisé notamment à l'égard du service militaire.

Au point de vue éthique, il prêcha la bienveillance réciproque et le mépris des convoitises terrestres.

L'Occidental moderne qui peut en donner

l'idée la plus approximative, c'est Spinoza dont la *Substance absolue* ou la *Natura naturans et naturata*, sont presque identiques au *Tao*.

Lao-tseu et Spinoza ont de commun un certain éloignement pour tout prosélytisme par la parole et par l'écrit. Ils ont écrit leurs méditations, l'un sur des tablettes de bambou, l'autre sur des feuillets de papier, et c'est tout.

Spinoza, cent ans après sa mort, a eu quelques disciples de large envergure tels que Lessing, Gœthe, Schelling. Chaque nouveau siècle lui conquerra, sans doute, des esprits supérieurs, mais toujours en petit nombre. Son système n'a aucune chance de devenir populaire.

Le système de Lao-tseu est aussi abstrait que celui de Spinoza et les contemporains qui le comprirent et le développèrent ne sont guère qu'une demi-douzaine. Trois ou quatre siècles après la mort de Lao-tseu, à la suite d'une lente incubation, ses sectateurs divers, ou du moins ceux qui se croyaient et se donnaient pour tels, se révélèrent tout à coup, presque innombrables, sous le nom de *Tao-ssé*.

Comme les premiers chrétiens des catacombes, et plus tard les cénobites de la Thébaïde, ils quittèrent leurs retraites dans les forêts des provinces nord-ouest de la Chine, et se montrèrent prêts à jouer un rôle capital dans la politique chinoise, encore comme les chrétiens dans l'empire romain, même avant Constantin. De même que ceux-ci avaient des prédécesseurs chez les Esséniens, les Thérapeutes et les écoles juives des prophètes, et que le christianisme ne naquit pas de la seule prédication de Jésus, de même les Tao-ssé furent l'aboutissant des mythogénistes des premiers Tchéou, magiciens, évocateurs d'esprits, qui purent être d'abord les mânes flottants des ancêtres et devinrent ensuite des êtres intermédiaires distincts entre le ciel, la terre et les humains.

Cette apparition des Tao-ssé sur la scène politique de la Chine, avec une influence prépondérante, eut lieu dans la seconde moitié du IIIe siècle avant Jésus-Christ.

A cette date, l'essai de polycentrisme[1] chinois en vigueur depuis neuf siècles avait conduit à une sorte d'anarchie qui ne pouvait plus se prolonger. Tchao-Siang, roi de Thsin[2], un

---

1. Wou-vang.
2. Nom que prit la dynastie qu'il allait fonder.

des princes qui se partageaient l'empire, avait institué la propriété privée¹ dans son État. Cette institution lui ayant attiré des sujets des États voisins, il conçut le projet d'en soumettre les princes.

Soudain, il se déclara empereur, sacrifia au Chang-ti et entra en guerre avec ses pairs de la veille qui lui refusaient le tribut impérial.

Il n'eut pas de peine à réduire le dernier

---

1. En Chine comme ailleurs, la terre fut d'abord partagée périodiquement entre les adultes pouvant la cultiver. Chaque groupement d'adultes sur une aire donnée s'administrait d'une façon indépendante et élisait ses chefs ou magistrats, comme dans la marche germanique dépeinte par César et Tacite. Mais quand ces chefs devinrent héréditaires, leurs allotissements le devinrent aussi, et le partage ne continua de s'exercer que pour les familles ordinaires, eu égard au nombre de bras disponibles, à l'éloignement ou à la proximité du sol arable. Sous les deux premières dynasties historiques, où un chef domina les autres et ainsi fonda l'empire, le régime de la propriété collective subit peu de modifications. Un lot sur neuf dut être cultivé au profit de l'État par les familles obtenant la reconnaissance des huit autres. C'est la dynastie des Tchéou qui altéra gravement ce régime des terres communes (*guntzan*), en rendant viagères les hautes charges publiques et donnant des apanages viagers à certains favoris. Elle visa la décentralisation du pouvoir, commencée par les derniers Hia et Chang; mais, à son insu, elle créa une féodalité bientôt héréditaire, qui accapara le sol et transforma en serfs attachés à la glèbe les familles agricoles auparavant libres. (Voir Laveleye, *La Propriété*, pp. 453-454; Ferrari, *La Chine et l'Europe*, pp. 247-248.)

des Tchéou, suzerain nominal; mais sa lutte contre les autres feudataires ouvrit l'une des périodes les plus sanglantes de l'histoire chinoise.

Son successeur, Chi-Hoang-ti, fut un des souverains les plus extraordinaires de cette histoire. Par son outrance dans le bien et dans le mal, par son génie guerrier et organisateur, par les bouleversements qu'il opéra dans son pays, on ne peut le comparer qu'à Jules César et à Napoléon I*.

Avec la complicité des paysans, que lui gagnait l'appât de la propriété, il détruisit en peu de temps toutes les familles régnantes en Chine et créa l'unité. Trente-six provinces aux administrations uniformes se substituèrent aux apanages, devenus indépendants[1]. Alors, les travaux publics commencent, la Grande Muraille s'achève ainsi que des palais tout autour de la capitale, d'où partent de grandes routes qui pénètrent jusqu'au centre des provinces les plus éloignées.

---

1. C'est vers la même époque que, par des procédés analogues, le sanguinaire *Asoka* subjugua tous les autres princes de l'Inde et fit la conquête du *Punjab* et de l'*Afghanistan*, ce qui ne l'empêcha pas de devenir un fervent bouddhiste.

Mais l'unité de l'empire, mais tant de grandes choses n'ont pas été accomplies sans que coulât beaucoup de sang. Les lettrés font des remontrances; méconnaissant les bienfaits[1] du nouveau régime, ils n'ont cessé d'en faire depuis que ces deux Thsin ont rompu avec toutes les traditions chinoises et même détruit la plupart des monuments glorifiant le passé. C'est une lutte de tous les jours entre les défenseurs de l'antique morale formaliste et ces barbares de génie qui renversent pour créer.

C'est la première fois que l'antagonisme des deux influences : confuciste et taoïste, se dessine aussi nettement.

La corporation confuciste des lettrés a de l'avance sur celle des Tao-ssé, qui n'est pas encore constituée. Les lettrés détiennent déjà toutes les écoles et ne se font pas faute de critiquer le nouvel ordre de choses au nom des anciens livres. Mais les solitaires Tao-ssé ont

---

1. C'est sous le règne de Thsin-Hoang-ti que l'on découvrit le papier (fait d'écorce de bambou et de mûrier). Le pinceau remplaça dès lors la pointe métallique avec laquelle on écrivait sur les planchettes de bambou. Enfin, le ministre Li-ssé fut chargé d'introduire dans l'écriture un système de caractères plus simples que les anciens.

l'oreille de l'empereur qui, comme d'autres grands hommes dont la vie a été un roman d'aventures, avait un faible pour le merveilleux.

Grisé par le succès des transformations qu'il avait opérées, Thsin-Hoang-ti prétendait faire dater la civilisation chinoise de son règne. Il souffrait malaisément que le corps des lettrés lui rappelât sans cesse les exemples du passé. Il fut secondé par un ministre à l'esprit novateur, Li-ssé, qui, en 213, présenta un mémoire véhément contre l'abus que faisaient les lettrés de livres « ne pouvant convenir, disait-il, qu'aux temps pour lesquels ils avaient été faits[1] ». Le ministre dénonce l'œuvre d'opposition à toute réforme poursuivie dans les écoles au moyen de ces livres et demande que l'on brûle, par tout l'empire, les exemplaires du *Chi-King* et du *Chou-King* contenant les doctrines anciennes; les recueils historiques, sauf ceux qu'on laissait aux *Po-ssé*[2]. On réservait aussi tous les livres d'agriculture, de mé-

---

1. Ma-touan-lin, au xiv⁰ siècle, voit aussi un obstacle au progrès, dans l'attachement exclusif des lettrés aux livres de Confucius.
2. *Po-ssé* (officiers du savoir général), corps créé sous les

decine et de divination. Les ouvrages des Tao-ssé furent compris dans le nombre des écrits épargnés.

La destruction des livres, prescrite sous les peines les plus sévères, visait donc spécialement les livres sacrés, reconstitués par Confucius. Ses adeptes se déclarèrent ouvertement contre l'empereur, qui en fit mourir 460 dans sa capitale.

Les solitaires, adeptes de Lao-tseu, venaient de trouver leur Théodose en Thsin-Hoang-ti, à cette différence près que le malaise de l'empire romain venant de son étendue, aggravée par sa constitution hétérogène, demandait une scission, tandis que Thsin-Hoang-ti visait à rendre la paix à un tout homogène en abattant des tyrannies multiples.

Il suffit de la destruction des livres et du désarmement qui suivit bientôt la suppression des apanages pour que la révolution se réclamât de Lao-tseu, oubliant qu'il avait interdit les violences et préconisé les petits États. Mais le philosophe chinois n'aurait pas eu moins de

---

Thsin. Ces Po-ssé semblent avoir été instruits dans les choses nouvelles aussi bien que dans les anciennes.

peine à reconnaître son influence dans l'œuvre de Thsin-Hoang-ti, que Jésus la sienne dans celle de Théodose.

Oubliant encore que Lao-tseu avait prescrit la vie solitaire, ses adeptes qui, jusque-là, avaient vécu aux alentours de la montagne Thaï-Chan, sortirent de leurs retraites et s'organisèrent en corps sacerdotal; ils adoptèrent un costume et se rasèrent les deux côtés de la tête.

Or, dès qu'un sacerdoce est né, il faut qu'il vive. Les lettrés reprocheront toujours à la doctrine de Lao-tseu de méconnaître les deux caractères dominants de la civilisation chinoise : respect du passé, prépondérance de l'esprit concret. Les prêtres taoïstes sentent vite qu'ils ne vivront que par le peuple; or il est plus facile d'abaisser la doctrine au niveau du peuple que d'élever le peuple au niveau de la doctrine.

Quelques phrases vagues du maître sur la métempsycose servent de prétexte pour grouper et exploiter des superstitions aussi anciennes que la Chine même et puissantes sur l'esprit du peuple, parfois sur celui de l'empereur, qui ne refusera rien à ceux qui lui promettent l'immortalité[1]. Or, les prêtres taoïstes n'ont-ils pas qualité pour connaître le secret de l'immortalité, puisque Lao-tseu, dit-on, s'est déjà réincarné deux fois et qu'il doit reparaître? Les Tao-ssé sont également astrologues et géomans, médicastres et nécromans, bénisseurs et exorciseurs.

A de certaines périodes de l'histoire, ils pourront lever des armées entières rien qu'avec ceux qu'ils auront guéris. Et par les empereurs qui les auront écoutés, ils auront obtenu des privilèges et des richesses.

A partir du premier siècle de notre ère, le taoïsme aura son pape, Chang, habitant le Loung-Hou (montagne du dragon-tigre), et son titre de *Maître céleste* restera héréditaire dans

---

[1]. M. de Groot voit dans le Taoïsme, d'abord un ensemble de coutumes et de pratiques suscitées par les idées sur l'âme humaine successivement dominantes en Chine, puis un système de philosophie, d'alchimie et de religion, où les notions primitives d'une existence future se développèrent en doctrines bien définies sur des paradis et des enfers, des bons et des mauvais esprits, etc. Les Taoïstes prétendaient extraire des élixirs de longue vie des feuilles et grains du pin, du cyprès, du camphrier, et empêcher la putréfaction des cadavres par une absorption préalable de jade pulvérisé, de perles et autres substances rares. (Voir *Religious system of China*, vol. I. Leyden, 1892.)

la famille Chang, à laquelle l'empereur Chank-Soung donnera un immense domaine[1], analogue à celui[2] des pontifes romains — l'âme du premier pape étant censée passer dans le corps de chaque successeur. Cette superstition et beaucoup d'autres ont été inspirées aux Taoïstes par le voisinage du bouddhisme.

---

1. Les descendants de Confucius ayant reçu des faveurs analogues, on dit en Chine que, « quelles que soient les révolutions de l'État, ni les Chang, ni les Koung (famille de Confucius) n'ont à s'inquiéter de leur pain ».

2. Il y a une notable différence dans la constitution originelle de ces deux domaines ecclésiastiques : le premier fut bénévole, le second extorqué. La vérité historique est que, au VIIIe siècle, l'Italie relevait de l'empire byzantin par l'exarchat de Ravenne. Cet exarchat avait été réduit, en fait, par les conquêtes de Luitprand, un chef lombard, dont le successeur Astaulf allait ériger en royaume l'Italie septentrionale et centrale, avec Rome pour capitale.

Cela contrariait les ambitions de la papauté occidentale bien plus que sa subordination nominale à l'empereur de Constantinople; aussi s'adressa-t-elle, en la personne d'Étienne II, au duc des Francs, Pépin le Bref, pour s'opposer aux visées lombardes. Le duc fut sacré roi et, reconnaissant, il donna au pape les territoires de l'exarchat de Ravenne et de la Pentapole qu'Astaulf avait pris à l'empire byzantin — cadeau qu'acceptèrent Étienne II et Paul Ier en 754-57, acceptation qui fut grosse des schismes gréco-latins.

Origine des Tchoû-joû.

On trouve le *lettré* dès l'origine des temps historiquement connus de la Chine, puisque le lettré est le gradué d'un système d'enseignement qui se modifie, mais dont les caractères principaux existent sous les premières dynasties, ainsi que l'établit si bien, avec force documents indigènes à l'appui, le pénétrant sinologue Édouard Biot dans sa monographie sur l'*Instruction publique et la corporation des lettrés en Chine* (Paris, 1847).

Le terme *lettré*, adopté pour traduire les mots chinois *Joû, Po-ssé, Seng* est assez impropre, puisqu'il donne l'idée d'un savoir tout littéraire ou, au moins, livresque, alors que l'enseignement a eu, de tout temps, au moins l'intention d'embrasser l'ensemble de ce qui doit s'apprendre, depuis les petites écoles où les enfants n'exécutent guère que des travaux manuels et des gestes de politesse, jusqu'aux plus hautes[1], dans lesquelles l'étudiant n'obtiendra

---

[1]. Dans toutes ces écoles, aux divers degrés de la société, on recueillait aussi les vieillards sans famille.

ses grades qu'en prouvant, dans des examens, qu'il pénètre les textes anciens dont l'intelligence est si ardue, qu'un petit nombre seul peut y arriver. Et la difficulté de l'épreuve est supposée donner la mesure de l'homme et exercer ses facultés de manière à le rendre propre au gouvernement.

Ce dernier point ressortira spécialement de l'enseignement de Confucius.

Il semble à propos de revenir ici sur ce personnage, qui est plutôt un moraliste et un politique proprement dit qu'un philosophe systématique tel que Lao-tseu.

Sa morale tient, pour ainsi dire, dans ces mots : « Ne faites pas à autrui ce que vous ne voudriez pas que l'on vous fît », qu'on trouve répétés dans sa « Grande Étude », dans sa « Doctrine du Milieu » et dans les « Analectes », six siècles avant l'Évangile.

Non seulement Confucius répugne au talion mosaïque : *œil pour œil, dent pour dent*, mais le sentiment qu'il a des devoirs de l'homme envers ses semblables lui inspire cette maxime : «Au tort, opposez la justice » ; il y a en lui un moraliste et un homme d'État.

L'homme d'État, froissé par le chaos politique de son époque, chercha le remède à ce mal dans la reconstitution du passé, unitaire et centralisateur, par une classe qui, à l'aide de l'enseignement public et de l'administration de l'État, repétrit à nouveau la Chine conformément à cet idéal. Donc, Confucius ne crée pas la classe des lettrés, il n'inaugure ni l'instruction publique, ni les examens en Chine, mais il restaure, dans cet ordre d'idées, ce qui était tombé en désuétude, de même qu'il enseigne aux rois à gouverner en prenant exemple sur les anciens[1]. Il en résulte qu'après Confucius, son école arrive à convaincre les gouvernants que les livres du Maître ont condensé tout ce qui était à retenir dans le passé, pour l'art de gouverner et qu'elle les a fait adopter comme base des examens consacrés par des règlements

---

1. L'Occidental qui peut donner une idée fort approchée de Confucius c'est M. de Bonald, que Barbey d'Aurevilly a justement appelé « un prophète du passé ». Pour cet homme, les institutions et les mœurs de l'ancien régime étaient seules bonnes ; les nouveautés ne lui inspiraient que de la défiance ou de l'antipathie. La royauté, la centralisation, l'éducation par l'État, la stabilité sociale, même au prix de l'automatisme des individus, voilà pour lui la vérité à défendre et à propager.

Homme public sous la Restauration, il conforma sa conduite et ses votes à ses écrits ; il garda jusqu'au bout, comme

antérieurs, que nous passerons rapidement en revue.

C'est à dater de ce moment que l'histoire de la corporation des lettrés ne se lie plus seulement à celle de l'instruction publique, mais à celle de la vie politique chinoise. Cette classe, nourrie du passé, s'efforcera d'assurer aux institutions la durée, la durée dans l'immobilité. Les dynasties passent, elle demeure. Elle devient la régulatrice du pouvoir suprême, car elle incarne l'opinion publique éclairée.

Sans remonter à des origines sur lesquelles les renseignements sont incertains, voici quelques détails donnés par un mémoire[1] sur les écoles aux premiers temps de la dynastie des Tchéou : « Chaque année on examinait les étudiants sur l'analyse des livres sacrés (*King*). A la troisième année, on les examinait sur la

---

dit Sainte-Beuve, l'intrépidité de sa croyance. A la Révolution de 1830, il se démit de la pairie plutôt que de reconnaître la dynastie nouvelle et vécut dans la retraite jusqu'à sa mort.

Confucius avait probablement l'esprit plus souple, plus pratique et il était foncièrement laïque ; mais son orientation vers le passé était chez lui tout aussi prononcée que chez M. de Bonald.

1. *Hio-Ki* (*Hio* désigne les écoles supérieures).

manière dont ils observaient les devoirs obligatoires et sur l'exécution musicale en concert. A la cinquième année, on examinait ceux qui pouvaient avoir le titre de *Po-ssé*, c'est-à-dire ceux qui s'exercent d'une manière générale, et de *Tsin-ssé*, ceux qui aiment le Maître. A la septième année, on examinait ceux pouvant avoir le titre de *Lun-hio* (méditants ou discutants sur l'étude), et de *Tsou-Yéou* (compagnons choisis). Ces qualités ou titres formaient la petite perfection *Siao-tching*. A la neuvième année, l'étudiant connaissait les différentes sciences et ne commettait plus d'erreurs; c'est ce que l'on appelait la *grande perfection (Ta-tching)*. »

Outre ces textes, qui expliquent ce qui se passe encore aujourd'hui, il y a beaucoup d'autres documents sur la façon dont on faisait passer les examens secondaires qui donnaient droit à diverses fonctions publiques, déjà sous la même dynastie des Tchéou.

Confucius avait acquis un ascendant personnel sur la plupart des princes de son temps; il allait prêchant de cour en cour, suivi de ses disciples qui, à sa mort, continuèrent son œuvre. On en comptait soixante-douze, honorés plus tard sous le nom des soixante-douze Tseu.

« Parmi eux, dit *Ssé-ma-Than*, père du célèbre historien contemporain des Han, *Ssé-ma-Thsian*, ceux qui eurent un grand mérite devinrent conseillers supérieurs (*Ssé-fou*), ou ministres (*King-siang*); ceux de moindre mérite se consacrèrent à instruire les officiers secondaires, *Ta-fou*, préfets, et *Ssé*, préposés inférieurs. Quelques-uns vécurent dans la retraite. Ainsi, Tseu-Lou se fixa dans le pays de Weï, Tseu-Tchang dans le pays de Tchin, Tseu-Yu dans le pays de Thsou, Tseu-Hia alla dans le Chen-Si, Tseu-Kong mourut dans le pays de Thsi; Tien-tsé-Fang, Touan-kan-Mo et d'autres firent leurs études à l'école de Tseu-Hia. Ils devinrent précepteurs de princes. »

Ce fut au milieu du iv° siècle avant notre ère que vécut Meng-Tseu (Mencius), disciple de Tseu-Ssé, petit-fils de Confucius.

J'ai déjà résumé sa biographie dans le chapitre précédent.

Plus qu'un moraliste doctrinaire, un professeur de sagesse visant à la renommée, c'était un ami du peuple dont il voulait le bien par un bon gouvernement; c'était le critique infatigable dont les mauvais princes redoutaient la forte dialectique et la cinglante ironie.

On devine que peu de princes furent disposés à suivre ses enseignements. Mais le philosophe trouva des auditeurs attentifs parmi ceux, si nombreux alors, que ruinaient les guerres entre feudataires et roitelets de la Chine, et le désordre général. Il est piquant de noter que, vers 270, un lettré de la même école, Fan-Thsao, maltraité par le prince de Thsi, fut appelé et écouté par un rival qui n'est autre que Tchao-Siang, père de Thsin-Hoang-ti. De sorte que ces Thsin, qui devaient commencer la fortune politique des Tao-ssé, avaient été inspirés dans leur plan centralisateur par l'école adverse. Et Thsin-Hoang-ti lui-même eut, avant Li-ssé, comme premier ministre, Lin-pou-Weï qui, en vrai confuciste, composa un recueil célèbre de documents anciens, connu sous le nom de *Tchun-Thsiéou*. Pourquoi remplaça-t-il Lin-pou-Weï par Li-ssé, ennemi des lettrés plus par calcul que par conviction probablement, car il était lui-même fort érudit? On ne peut attribuer le fait qu'à des intrigues des Tao-ssé ou bien qu'à l'ambition de l'empereur, qui voulait que l'histoire datât de son règne et que l'empire des

Hia, des Chang, des Tchéou, portât à jamais le nom de sa dynastie. Cette dernière prétention a abouti, car le nom *Thsin* est bien la *Chine* des Occidentaux. Souple et habile, étranger nullement gêné par des attaches indigènes, Li-ssé se mit au service de l'ambition impériale — ce qui lui valut plus tard de périr coupé en morceaux.

Première période de la lutte.

Nous avons vu les Tao-ssé triomphants avec Chi-Hoang-ti, mais cette dynastie Thsin semble avoir épuisé toute sa sève en quatre ou cinq règnes; elle fut bientôt remplacée par celle des Han (202 ans av. J.-C.). Ce fut le signal d'une réaction contre presque tout ce que les Thsin avaient réalisé par la force. Cependant, les décrets contre les anciens livres et les lettrés ne furent rapportés que sous le second des Han, Hoeï-ti (l'empereur bienveillant). Alors les lettrés qui avaient survécu à la tempête se mirent fiévreusement à rechercher ce qui pouvait rester des livres et objets portant des inscriptions anciennes. Les fleuves et les canaux en contenaient beaucoup. Un vieillard, nommé Wen-ti, avait caché dans les murs de sa chaumière des tablettes de bambou écrites; il savait par cœur le *Chou-King,* qu'il dicta à sa fille. Les lettrés reprirent toute leur influence et leur savoir fut mis à contribution par l'empereur Wen-ti, qui développa une des sources de richesses de la Chine, la sériciculture.

Ce même empereur abrogea une loi qui défendait de critiquer les actes du gouvernement. Une des gloires littéraires de cette dynastie fut l'historien Ssé-ma-Thsian, l'Hérodote de la Chine, qui visita tous les peuples dont il se proposait d'écrire les annales. Son œuvre est une sorte d'encyclopédie.

Un peu plus tard, l'empereur Wen-ti institue un tribunal académique pour la recherche et la conservation des livres. C'est du règne de ce prince que date la réorganisation de l'instruction publique.

En même temps il accorda sa confiance aux Tao-ssé, mais leurs prêtres ayant été convaincus de fourberie, il les persécuta à la grande satisfaction des Confucistes, que nous voyons un peu plus tard faire des remontrances à l'empereur Youen-ti (86) sur le luxe de la cour et les abus des grands.

LES TAO-SSÉ ET LES TCHOU-JOU.

Durant les quatre-vingts ans qui précèdent notre ère, les Tao-ssé perdent de leur influence à la cour, mais leur action travaille le peuple.

L'idée répandue, cent ans auparavant, que Lao-tseu n'est pas mort, qu'il se transforme, que le culte qu'on lui rend peut mener à l'immortalité, gagne de plus en plus du terrain.

Six ans avant notre ère, Ouang-Mang, un Tao-ssé, usurpe le trône après avoir dominé quelque temps l'empereur et avoir étendu son influence sur le peuple. C'est encore un révolutionnaire qui ne craint pas de remanier toutes les bases de la société chinoise.

Ce parvenu, qui devina fort justement que la dynastie des Han s'étiolait, voulut recommencer ou plutôt reprendre l'œuvre de Thsin-Chi-Hoang-ti. Après avoir divisé l'empire en neuf provinces et en vingt-cinq districts, sa sollicitude se porta, on l'a vu déjà, sur la réforme agraire, et il fonda notamment le domaine des pauvres dans les villages.

Puis, la petite propriété rétablie, il défendit de l'aliéner pour éviter la reconstitution de la grande propriété. Là on peut reconnaître l'une des idées maîtresses de Lao-tseu : ne pas développer les mauvais penchants de l'homme par trop de richesses ou trop de pouvoir.

Soutenu par ses coreligionnaires, Ouang-Mang aurait probablement réussi dans ses autres projets vaguement socialistes; mais, à peine proclamé empereur, il eut à combattre à la fois les Hioung-nou qui envahissaient l'empire au nord, et des partis de rebelles, commandés par des princes de la dynastie des Han, à l'instigation des lettrés. Un de ces princes se fit, d'une bande de brigands venus du sud, une armée improvisée qui défit les troupes de Ouang-Mang, auquel manquaient les talents militaires nécessaires.

L'augmentation des impôts servit de prétexte à tourner le peuple même contre l'usurpateur, qui fut massacré dans son palais, l'an 23 de notre ère. Ce ne fut que deux ans plus tard qu'un des Han, Kouang-Wou-ti, put être reconnu empereur et se maintenir sur le trône.

La dynastie prend alors le nom de Han d'Orient, parce qu'elle transfère sa capitale de Si-ngan-fou à Lo-yang.

Ces seconds Han devaient voir les Tao-ssé se multiplier; une prompte réaction avait fait de Ouang-Mang, dans l'esprit du peuple, un être surnaturel doué d'immortalité comme Lao-tseu. Cependant les lettrés vont acquérir, pour une longue période, le pouvoir officiel. Sous leur influence, l'empereur *Ming-ti* (58) fonde de nombreuses écoles et fait faire un musée des portraits des hommes illustres. Mais ils ne peuvent empêcher l'empereur d'admettre le bouddhisme[1] dans l'empire, en l'an 65 de notre

---

1. On sait que le bouddhisme est une révolte contre le brahmanisme, devenu vite oppressif pour la grande majorité des habitants de l'Inde. En effet, non seulement tous les privilèges étaient réservés par lui aux deux castes supérieures : les prêtres et les guerriers, mais le dogme de la métempsycose enlevait aux opprimés jusqu'à l'espoir du repos dans la mort; les brahmanes seuls avaient la faculté de s'absorber dans le sein de Brahma. Le désir du repos, si intense sous les tropiques; l'espoir de ne plus renaître dans le cycle de misère des vies animales étaient donc le rêve idéal dont un réformateur (622-586 av. J.-C.) allait promettre la réalisation à ceux qui auraient vécu selon ses préceptes moraux. C'était la *bonne nouvelle* de Çakyamouni, une anticipation de ce qu'il y a de plus élevé dans l'Évangile chrétien. On comprend avec quelle ardeur les masses embrassèrent une religion qui effaçait les distinctions de castes et s'adressait directement au peuple, à qui la prédication publique était inconnue jusque-là. Dans la lutte qui eut lieu entre la nouvelle et l'ancienne religion, les guerriers, qui gardaient rancune aux brahmanes d'avoir usurpé le premier rang, furent pour le bouddha.

Mille ans plus tard, le bouddhisme devait être chassé de l'Inde. Partout où il s'implante, on le sent un élément antigouvernemental, antisocial. Peut-être la cause en est-t-elle dans son excessif mépris pour toutes les ambitions, et aussi

ère. Les historiens chinois rapportent que Ming-ti vit en rêve un homme très grand, couleur d'or, dont la tête et le cou brillaient d'un grand éclat. Il interrogea ses ministres, et l'un

---

pour toutes les activités qui font vivre et progresser les sociétés. Il a ce trait en commun avec le taoïsme : tous deux ont produit de beaux types moraux individuels, mais leur action sur les masses a été perturbatrice. Puis, chez les deux, l'abaissement de l'idéal primitif leur fait vite oublier le mépris des richesses, sans leur donner le goût du travail. De là le pullulement de leurs couvents, plaie que le catholicisme a peut-être empruntée, avec ses costumes et cérémonies, au bouddisme, mais qu'il peut aussi bien avoir produit spontanément comme effet de causes identiques.

A l'époque où l'empereur Ming-ti envoya ses ambassadeurs dans l'Inde, il régnait dans ce pays, non un souverain indigène, comme Asoka, mais le chef d'une dynastie indo-scythienne, dont le chef, Kanishka, fut aussi un patron du bouddhisme, encore dans toute sa force et sa pureté.

Aussi, sans pouvoir déterminer le nombre des recrues que cette doctrine fit en Chine, il n'en est pas moins certain qu'elle y suscita des adeptes d'une nature élevée, tels, par exemple, que les deux fameux pèlerins : Song-Yuen qui voyagea en 518, et Hiouen-Thsang qui le suivit un siècle plus tard (628), faisant la contre-partie des missionnaires occidentaux qui vinrent en Orient.

Hiouen-Thsang surtout a laissé en Chine une réputation vénérée. Élevé dans la religion bouddhique, également respectueux des rites et croyances chinoises, mais frappé du désaccord qui régnait entre les opinions d'hommes également éminents, il résolut de voyager pour s'éclairer et prêcha chemin faisant. Il semble avoir visité tous les pays du centre et du sud de l'Asie ; on lui doit un ouvrage contenant la description de trente-huit royaumes.

d'eux, préalablement affilié aux Tao-ssé, lui dit qu'en Occident il y avait un être surnaturel, nommé Fo; sa statue avait six pieds de haut et était couleur d'or. L'empereur envoya des ambassadeurs dans l'Inde pour s'instruire de la doctrine de Fo et lui rapporter quelques-unes de ses statues.

La nouvelle religion devait, peu à peu, se partager le peuple avec les Tao-ssé et elle fut, sous les Han mêmes, l'occasion de plusieurs révoltes.

La dynastie devait sombrer dans les intrigues suscitées par les eunuques[1] auxquels les derniers Han accordèrent tout pouvoir, en dépit des remontrances des lettrés, dont cent furent mis à mort sous le faible Ling-ti (169). Cette exécution fut le signal du réveil des Tao-ssé. Trois frères, nommés Tchang, sec-

---

1. La castration fut une sanction pénale d'abord, en Chine comme ailleurs, de certains crimes tels que le viol, et les premiers castrats furent utilisés pour la garde du harem impérial; mais le recrutement par ce moyen étant insuffisant, l'eunuchat volontaire trouva des amateurs adultes; la vente de garçons *ad hoc* par des parents pauvres y supplée pour le service intime du palais à Pékin. (Sur la hiérarchie et les privilèges des eunuques, voir l'ouvrage récent du Dr Matignon : *Crime et misère en Chine*. Paris, 1900.)

tateurs de Lao-tseu, se mirent à la tête de nombreux mécontents qui s'appelaient les *Bonnets-Jaunes*. L'anarchie devint générale; l'un des Tchang, qui se disait général du Ciel, fut nommé empereur dans le Midi. Quelque temps après, lui et ses frères périrent avec des centaines de mille hommes.

Entre ces derniers Han et les Thang (618 de notre ère), la Chine n'arrive pas à sortir de l'anarchie; les dynasties régnant sur les diverses fractions de l'empire se succèdent rapidement, disparaissant, pour la plupart, avec leur fondateur. L'invasion des Tartares augmente le désordre et refoule les empereurs à Nankin, sur le fleuve Bleu.

Ces Tartares étaient bouddhistes, d'un bouddhisme abaissé par la grossièreté de la race. Ils eurent pour alliés les bouddhistes chinois et les Tao-ssé, ligués tous contre le pouvoir détesté des mandarins, contre ces ennemis du merveilleux, qui fait oublier les dures réalités du présent et ouvre l'avenir aux rêves.

Pendant que les Tartares fractionnent le nord de la Chine en 17 principautés, les lettrés retrouvent un peu de crédit auprès d'un soldat, Liéou-Yu, qui se fait proclamer empereur après avoir fait étrangler celui qui régnait et que les pratiques bouddhistes avaient rendu presque idiot. Bientôt après, un chef tartare, celui des Topa, cherchant à arrêter de nouvelles invasions, comme les Goths à la solde de Byzance les autres barbares, fait appel aux lettrés pour l'aider à centraliser le pouvoir. Bientôt il se montra hostile aux bouddhistes; s'étant fait instruire par un bonze et convaincu de l'absurdité de sa doctrine, il ordonna que quiconque fournirait de quoi vivre aux bonzes et aux Tao-ssé serait puni de mort.

Mais des mesures officielles n'étaient plus capables de faire oublier 400 ans de bouddhisme aux populations. Vers 452, Bouddharma, vingt-huitième pontife de cette religion, quitta l'Inde, chassé par le brahmanisme vainqueur, et s'établit en pleine Chine, sur la montagne de Song, dans le Ho-Nan. Bientôt, les empereurs du Nord et du Midi reviennent aux bouddhistes et aux Tao-ssé[1]. L'un des empereurs du Nord reprit le système agraire de Ouang-Mang. Un autre institua un banquet

---

[1]. C'est à cette époque que la doctrine de Lao-tseu fut pour la première fois enseignée dans un collège impérial.

dans lequel il servait lui-même les vieillards pauvres.

Vers la même époque (502), l'empereur de Nankin, Kao-Tsou-wou-ti, après avoir favorisé les lettrés, se convertit au bouddhisme, se fit même moine et abolit la peine de mort.

Au nord, l'impératrice Hou, éclectique s'il en fut, rend hommage à Confucius, adore Fo et s'intéresse aux Tao-ssé. Elle fait construire une grande salle et enjoint à ces rivaux de discuter entre eux devant elle, soit pour s'édifier, soit pour jouir du spectacle. Les lettrés constatent amèrement que les salles des ancêtres, les collèges, les tribunaux, sont abandonnés et qu'à la place on a élevé cinq cents temples et une multitude de pagodes et de couvents.

Cette impératrice était sur le point d'instituer la doctrine de Lao-tseu ou de Fo comme religion dominante, quand les lettrés parvinrent à s'emparer d'elle et à la noyer avec son fils.

Enfin Souï, un général de l'État d'Ouëï, devait rendre son unité à la Chine (580) et rétablir la paix en rappelant les lettrés tout en modérant leur zèle contre des religions aimées du peuple. S'adressant à eux, à propos de la réduction des collèges, il disait :

« Je rends à l'État des laboureurs, des ouvriers, des commerçants, que la facilité de suivre des études gratuites lui enlevait chaque année ; et à ces demi-lettrés, qui n'étaient pour la plupart que des fainéants orgueilleux et des frondeurs perpétuels, je substitue des hommes qui le serviront par des travaux utiles. »

Cependant Yang-ti, un successeur de Souï, rétablit tous les collèges et, dans un esprit très large, chargea des philosophes confucistes, bouddhistes et taoïstes, de rédiger des ouvrages sur leurs croyances et principes respectifs.

Seconde période de la lutte.

Avec la dynastie des *Thang* (618) s'ouvre une nouvelle ère de crédit pour les lettrés. Biot, dans son *Histoire de l'instruction publique en Chine et de la corporation des lettrés*, remarque que les annales d'aucun autre peuple ne présentent autant de documents concernant l'instruction publique.

Les examens sont réorganisés et donnent tous les emplois publics aux lettrés, qui remettent en honneur le culte de Confucius.

Ce fut sous le premier des Thang que des pavillons à Confucius furent érigés dans l'enceinte du collège impérial, mettant ainsi les études sous l'invocation du philosophe.

Le plus grand des Thang, Taï-tsoung, augmenta le nombre des écoles dans tout l'empire; il en mit jusque dans les cantonnements des soldats. C'est alors que les princes de Corée, de Kao-Tchang et du Thibet envoyèrent leurs fils au collège impérial chinois.

Il est cependant à remarquer que Tai-tsoung, tout en favorisant les lettrés en tant que soutiens de l'instruction publique, favorisa également les adeptes de Lao-tseu, auquel il fit élever un temple. Il était persuadé que le philosophe n'était pas mort et il se disait son descendant. Il n'est pas moins bienveillant, d'ailleurs, pour les bouddhistes qui avaient obtenu en sa faveur l'abdication de son père. Celui-ci avait cru pouvoir se débarrasser du bouddhisme en ordonnant aux bonzes et aux bonzesses de sortir de leurs couvents et de se marier entre eux.

Sous l'influence des Tao-ssé, Taï-tsoung fit incendier les palais de Si-ngan-fou et de Lo-yang, dont l'entretien était ruineux. Il donna la liberté à six mille femmes du harem, réfréna les princes du sang, adoucit les pénalités et imposa à ses successeurs de ne signer aucun arrêt de mort avant d'avoir jeûné pendant trois jours. Il visitait les prisons et un jour permit à 390 condamnés à mort d'aller travailler aux champs en attendant de subir leur peine. Ils revinrent tous, mais il les libéra. Il fonda de nombreux hospices de vieillards et ses réformes s'étendirent à l'armée et à toutes les branches de l'administration.

Sa politique tolérante envers les religions lui valut la soumission des Tartares; la Chine régnait alors sur la plus grande partie de l'Asie.

La femme de Taï-tsoung contribua sans doute à ses bonnes œuvres et à l'éclat de son règne. Les *Annales* donnent une haute idée de sa sagesse. Une de ses recommandations, quand elle fut près de mourir, fut qu'on ne fatiguât pas d'ouvriers et qu'on ne dépensât point d'argent à lui élever un tombeau. « Le bonheur, disait-elle, ne consiste pas dans la magnificence de nos tombeaux, mais dans les vertus qu'on a pratiquées et les exemples qu'on a laissés. » Après sa mort, on trouva un livre qui racontait la vie des reines célèbres. L'empereur, de son côté, avait composé un ouvrage sur l'art de régner. Il posséda cet art au point qu'à sa mort, l'empire, agrandi, était dans une paix parfaite; il n'y avait pas 50 hommes dans les prisons et, chose rare, il fut glorifié et regretté à la fois par les masses, par les lettrés et par les peuples qu'il avait soumis. Plusieurs princes tartares voulurent même s'immoler sur sa tombe; on les en empêcha, mais ils firent sculpter leurs statues pour entourer le tombeau de l'empereur (649).

Puis la Chine fut gouvernée un demi-siècle par l'impératrice Wou-héou, concubine de Taï-tsoung, épousée par son fils, le faible Kao-tsoung. Cette femme ambitieuse se fit abandonner le pouvoir avec le titre de *reine céleste,* et après la mort de l'empereur (683), elle en fit déposer le fils, laissant un exemple que semble avoir copié l'impératrice douairière actuelle.

Avec Wou-héou, les bouddhistes et les Taossé retrouvent du crédit à la cour. Un édit ordonne d'examiner les élèves des grandes écoles sur les doctrines de Lao-tseu comme sur celles de Confucius; son goût pour les philosophes n'empêche pas ses amours scandaleuses avec un bonze d'un grand temple de la capitale. Elle règne par le meurtre et le poison, mais le peuple la suit, les grands sont matés et le pays prospère; la littérature et les arts se développent. Les lettrés suffisent à peine à alimenter les presses impériales; ils en oublient que les livres de leurs adversaires sont imprimés aussi et que les règles vénérables sont violées par le fait que l'aventurière de génie sacrifie au *Chang-ti,* en dépit de son sexe.

Enfin, à 81 ans elle est détrônée, mais garde assez d'influence pour faire nommer le patriarche du bouddhisme « prince spirituel de la loi ».

En 713, sous Hiouen-tsoung, les lettrés virent leurs pires ennemis, les eunuques, redevenir influents; l'un d'eux, Kao-li-che, fut nommé général. Et l'empereur, s'adjugeant le titre de *prince spirituel,* donna aussi le rang de prince à Confucius, mais décréta que son image serait placée entre celle de Lao-tseu et celle de Fo, considérés, non pas comme fondateurs de religions, mais comme chefs d'écoles philosophiques, également illustres et recommandables.

En même temps, ayant à rétablir les finances,

après les prodigalités de ses prédécesseurs, il renvoie 12.000 bonzes dans leurs familles et fait fondre une masse de statues de Bouddha. Il réduit aussi le nombre des officiers.

De ce règne date une création capitale : la fameuse académie *Han-lin*, composée des quarante lettrés les plus renommés de l'empire. Cette académie existe encore aujourd'hui et a constamment fourni des historiographes et de hauts fonctionnaires à la Chine (vers 740).

L'empereur favorisait aussi les deux sectes ennemies des lettrés. En 741, il créait de nouveaux collèges spécialement destinés à l'étude des doctrines de Lao-tseu ; puis il acceptait d'un magicien l'offre du secret de l'immortalité. Ce souverain avait d'ailleurs composé un commentaire sur le livre de Lao-tseu et ordonné de le substituer au *Chou-King* et au *Lun-yu* dans certains concours de second ordre. Avant même la fin du règne, ce livre fut remplacé, pour les concours, par le *Y-King*.

Dans ses dernières années, l'empereur, persuadé qu'il était devenu immortel, devint un peu fou ; il s'engoua de musique au point de se faire professeur de chant.

Ce fut lui qui permit aux chrétiens *nesto-*

riens, venus en Chine, de construire leur première église.

Ce règne présente un ensemble chaotique et vit se réaliser cependant de grandes réformes dans le sens populaire. Les femmes, les vieillards, les infirmes et les serfs furent exemptés de taxes. Ces derniers reçurent d'abord des lots de terre, puis, en 780, on rétablit la libre propriété du temps des Thsin. Le milieu était changé ; le commerce et l'industrie étant florissants, on ne craignait plus le retour aux *latifundia* et au servage. Hiouen-tsoung avait été chassé (756) par un Tartare dont il avait fait son favori.

Avec son fils *Son-tsoung,* petit-fils de *Taï-tsoung* (762), la dynastie est en pleine décadence ; les Thibétains s'avancent jusqu'à Si-ngan-fou, qu'ils pillent et dont ils brûlent le palais.

Rien ne va plus arrêter la période d'anarchie qui sévira jusqu'en 960 et détruira la prospérité à laquelle la Chine était arrivée, avec ses 2.000 villes et ses 54 millions d'habitants. Les rébellions se multiplient, les empereurs introduisent eux-mêmes des étrangers en demandant des secours de toutes parts. La population va être décimée par les guerres, et quand, par hasard, un des empereurs dégénérés ou improvisés de cette période s'occupe de gouverner, il est tout absorbé par la nécessité de faire de l'argent et d'organiser des armées. C'est à cette époque que l'artillerie commence à jouer un rôle en Chine.

Les eunuques règnent à la cour; les Tao-ssé et les bonzes dominent le peuple de plus en plus, les lettrés sont les plus lésés; ils luttent et 1.600 d'entre eux finissent par être massacrés (835).

Quelques années après, on s'aperçut que les progrès du bouddhisme devenaient inquiétants et que toutes leurs idoles d'or feraient de la monnaie. Pour la première fois, on tourna contre eux les Tao-ssé, et avec leur aide, 265.000 bonzes et bonzesses furent dispersés et l'on confisqua leurs biens. On détruisit 4.600 temples dans les villes et 40.000 dans les campagnes. La proscription enveloppa mainte autre secte nouvelle, y compris celle des chrétiens.

En 905, un effroyable massacre supprime presque tous les eunuques sans rétablir la paix. A la suite des Thang, cinq petites dynasties vont s'élever et tomber dans l'espace d'un demi-siècle, plus sanglant que les temps précédents. Deux de ces dynasties sont tartares et cette race n'oubliera plus qu'elle a régné en Chine.

Un fait capital à signaler, de cette période, c'est l'invention de l'imprimerie (931) sous les Thang postérieurs, par le ministre Foung-tao. Il ne s'agit pas encore des caractères mobiles, mais de la gravure sur bois, que l'on a conservée parce qu'elle est plus économique[1] que la typographie courante, trouvée un siècle plus tard. Cette découverte devait surtout profiter aux lettrés, qui vont reprendre de l'influence sous la dernière petite dynastie, celle des Tchéou postérieurs (951), dont le fondateur donne le titre de roi à Confucius.

Le second de ces Tchéou constate que plus de 30.000 nouveaux temples bouddhiques se sont élevés sans autorisation. Il n'en laisse que 2.600.

Son fils est détrôné par un général qui fonde enfin la grande dynastie des Soung (960).

Sous le nouvel empereur, Taï-tsou, la Chine se pacifie rapidement ; on est fatigué de luttes,

---

1. En Chine, on réimprime beaucoup les mêmes livres.

les deux partis religieux et le parti philosophique sont décidés à des concessions réciproques.

De nouveaux collèges vont être fondés et les examens étendus aux grades militaires. Dans l'académie *Han-lin* de nouvelles sections s'ajoutent aux anciennes. Enfin la découverte de l'imprimerie amène l'usage de gazettes et de placards, qui vont être un lien entre le pouvoir et les administrés.

Les bouddhistes et les Tao-ssé sont rejetés pour quelque temps au second plan. Cependant, Taï-tsou songe plutôt à les régénérer qu'à les persécuter. Il envoie 300 bonzes dans l'Inde se retremper aux sources de la doctrine pure et vraie.

En 1008, les Tao-ssé, reparaissant à la cour, présentent à l'empereur Tching-tsoung un livre qu'ils disent être tombé du ciel. Ce livre prédit toutes sortes de prospérités, les miracles se multiplient par toute la Chine. Un bonze, Li-li-ou, obtient le titre de gouverneur honoraire et le roi des Tartares, *Ki-tan,* nomme princes trois bonzes et confie à trois autres l'éducation de ses fils. L'effervescence religieuse est à son comble; 13.086 bonzes et Tao-ssé se réunissent en concile. Ferrari[1] attribue à ce mouvement l'élévation au pouvoir de *Wang-an-Chi*, réformateur, philosophe, écrivain, qui représente la doctrine de Lao-tseu dans ce qu'elle a d'élevé et semble avoir cherché à faire entrer dans le savoir officiel, régnant en maître aux examens, un courant plus libre, plus humain.

Il eut comme adversaires les lettrés les plus fameux de l'époque, surtout le philosophe-historien See-ma-Kouang qui, cependant, avait montré une rare indépendance d'esprit dans son rôle de censeur public sous l'empereur Jin-tsoung. Comme des courtisans faisaient entendre au souverain que, par une faveur spéciale du Ciel à son adresse, une éclipse que l'on avait annoncée complète n'avait été que partielle, le philosophe dit : « Ce que vous venez d'entendre n'est qu'une basse flatterie ou l'effet d'une ignorance profonde. L'éclipse a été moindre qu'on ne l'avait annoncée, il n'y a pas matière à féliciter Votre Majesté, mais à punir les astronomes si c'est par négligence qu'ils se sont trompés... Un très mauvais présage, c'est qu'il y ait près de votre personne des gens qui

---

1. *La Chine et l'Europe.*

osent parler comme je viens de l'entendre et que Votre Majesté daigne les écouter. »

Or, sous l'empereur Chin-tsoung, c'est le même philosophe qui va défendre les préjugés dès que son rival, Wang-an-Chi, parle le langage de la raison, à propos de calamités publiques dont l'empereur s'affecte beaucoup. « Les malheurs qui arrivent sur la terre, dit celui-ci, ont des causes déterminées, qui font qu'ils arrivent naturellement... et n'ont aucune liaison avec les actions des hommes. »

Mais devant un tel langage, que devenait le mandat du Ciel avec ses sanctions traditionnelles? See-ma-Kouang, qui était présent, s'écria : « Les souverains sont bien à plaindre quand ils ont près d'eux des hommes qui osent leur tenir de pareilles maximes, elles leur ôtent la crainte du Ciel ; et quel autre frein sera capable de les arrêter dans leurs désordres? Pouvant tout faire impunément, ils se livreront sans remords à tous leurs excès. »

On voit par cette citation que c'est au nom de la raison d'État, inspiratrice de presque toutes les fourberies de l'histoire, que le chef du parti des lettrés défend les antiques préjugés.

On s'explique, par la même raison, l'opposition acharnée que ce parti fit à Wang-an-Chi qui ne se contentait pas de remanier la plupart des bases matérielles de l'empire, mais se mêlait de renouveler la doctrine sacrée des *King* avec un commentaire en vingt-quatre volumes où il exposait un système complet obligatoire pour toutes les écoles.

A propos des examens, il fait remarquer « qu'il y a une grande incertitude dans les interprétations des *King* par les lettrés, et qu'il faut changer la forme des examens si l'on veut que la cour n'ait qu'*une voie et une vertu uniques* ». Expressions qui, fait remarquer Biot, rappellent le titre même du célèbre ouvrage de Lao-tseu, le *Tao-té-King*.

Le réformateur dit encore à propos des examens : « On doit chercher les principes du gouvernement régulier et les expliquer. Or, les aspirants aux grades littéraires se bornent à faire des pièces de poésie. Par ce seul genre d'épreuves ils deviennent membres du gouvernement. Ils n'étudient pas les édits et les actes de leur siècle. »

Wang-an-Chi dénonçait ainsi tout ce qu'il y avait de mots creux et de formalisme dans le système d'éducation cher aux lettrés.

Ceux-ci ont toujours laissé aux sectaires le rôle d'initier la Chine aux plus indispensables réformes, quitte à les admettre après une période de réaction qui est toujours leur œuvre.

Le réformateur semblait d'autant plus dangereux aux lettrés, que, savant lui-même, il ne rejetait rien du programme ordinaire des études, et cherchait seulement à le vivifier. Mais il ne put triompher de l'habitude d'apprendre des textes par cœur sans s'inquiéter de leur sens.

Ce furent les usuriers qui débarrassèrent les lettrés de leur ennemi. Wang-an-Chi avait coupé court à l'usure en prêtant le grain pour la semence au printemps et en le reprenant à l'automne. Les usuriers suscitèrent une révolte qui renversa le ministre. Celui-ci se retira à Nankin, où il composa un dictionnaire analytique des caractères de la langue chinoise.

Selon le récit officiel, ce dictionnaire était imbu des idées bouddhistes et taoïstes. Ce qui permet de conclure qu'il tenta une synthèse des trois systèmes philosophiques.

Son commentaire des *King* continua d'être suivi jusqu'en 1086. A cette époque, durant la minorité d'un nouvel empereur, Tchi-tsoung, deux adversaires du réformateur furent nommés, l'un premier ministre, ce fut See-ma-Kouang, l'autre, qui se nommait Sou-Chi, président de l'académie Han-lin[1].

Ils s'empressèrent d'abolir tout ce qui venait de Wang-an-Chi et proscrivirent des examens tout sujet pris dans Lao-tseu ou dans les ouvrages bouddhiques. Et See-ma-Kouang entreprit lui-même une réforme de l'instruction publique qu'exalte l'histoire officielle du temps.

Mais bientôt Wang-an-Chi allait revivre dans son disciple et ancien secrétaire Tchang-tien, appelé au poste de premier ministre par le jeune empereur Tchi-tsoung; à la mort de sa mère, en 1098.

Tous les règlements de Wang-an-Chi furent rétablis, mais pour peu de temps. En 1100, l'empereur mourut et son successeur, sur les instances des lettrés, destitua Tchang-tien, pour prendre, deux ans après, un ministre qui revint, une fois de plus, au système de Wang-an-Chi, dont il plaça l'image à côté de celle de Confucius.

---

1. C'est vers ce moment que Mencius reçut le titre honorifique de roi.

Quelques années plus tard, des lettres patentes autorisaient les Tao-ssé à se fixer dans les villes; leurs monastères se régularisaient; ils formaient une hiérarchie de vingt-six degrés soumise à trois supérieurs, ouvraient des écoles[1], recueillaient leurs légendes et s'organisaient pour la lutte, que l'on peut deviner âpre, entre les trois partis, rien qu'à la fréquence des réactions.

Cette période, qui s'étend de 1008, époque des livres tombés du Ciel, jusqu'en 1126, marque l'apogée de l'influence des Tao-ssé, non seulement sur le peuple par la magie, mais sur le gouvernement et les lettrés par leurs philosophes.

En 1126, une nouvelle réaction se produit contre les disciples de Wang-an-Chi : on les rend responsables de malheurs préparés dès longtemps par la faiblesse des empereurs vis-à-vis des Tartares, qu'ils combattent en appelant d'autres Tartares, sans prévoir qu'ils les auront bientôt tous comme ennemis. Ils

---

[1]. D'où l'on pouvait sortir gradué. — C'est ainsi que les cléricaux de France pensaient faire délivrer la collation des grades par les universités catholiques, au même titre que par celles de l'État.

fuient, abandonnant tout le nord de la Chine à ces Tartares, qui régnent sous le nom de Kin.

La révocation des disciples de Wang-an-Chi n'a fait qu'accroître le mal, que favoriser l'invasion en poussant le peuple vers les amis de sa religion. Les Tartares, bien qu'en petit nombre d'abord, peuvent franchir le fleuve Bleu, ravager Nankin et emmener prisonniers deux empereurs; leur successeur, Kao-tsoung, terrorisé, signe un traité ignominieux dans lequel il se reconnaît le vassal des Tartares. Ce traité fut bientôt violé (1161), et la dynastie sauvée par la révolte des Tartares contre leur chef.

Pendant un demi-siècle, les *Annales officielles* ne parlent que des guerres contre les Tartares, mais on devine que les lettrés avaient repris le pouvoir, car l'instruction publique, durant cette période, est l'objet de nombreux édits. En 1151 on enlève des terres aux monastères bouddhiques pour les donner à des collèges.

En 1178 les disputes recommencent, à la cour, entre confucistes et disciples de Wang-an-Chi; elles sont telles, que le censeur de l'empire supplie l'empereur de supprimer les livres des uns et des autres pour rétablir la paix.

En 1188[1], la lutte se personnifie en Tchou-li, commentateur des livres classiques et continuateur de See-ma-Kouang, et le lettré Lin-li, disciple de Wang-an-Chi. Pendant que les Tartares conquièrent l'empire, « on explique les *King* devant l'empereur, comme on disputait, à la cour de l'empire grec, sur l'interprétation de l'Évangile, tandis que les Turcs campaient tout près de Constantinople ». (Biot.)

« La guerre continuelle, disent les *Annales*, qui divisait les lettrés, jetait la plus profonde terreur parmi les patriotes; elle était si forte, qu'elle menaçait de perdre l'empire. »

La dynastie des Soung hâte sa fin en aidant les Mongols de Koubilaï-Khan à renverser les Kin vers 1260. Le dernier des Soung, vaincu sur tous les points de son empire par les nouveaux venus, se noie en 1279, laissant la place à la dynastie mongole, qui régnait déjà simultanément avec les Soung depuis 1260.

Celle-ci, ouvertement appelée par le peuple, en haine de la philosophie officielle et de la domination des mandarins, va se hâter, comme

---

[1]. Les Kin, durant leur règne au nord de la Chine, avaient déjà établi des écoles et fait traduire les *King*.

toutes les nouvelles dynasties, de s'assurer l'alliance des mandarins en rétablissant tous les usages antiques[1].

D'ailleurs, ce Koubilaï, qui va, en Chine, s'appeler Hou-pi-lie, avait eu un lettré chinois comme précepteur, quand son grand-père, Tchinggis-Khan, s'était emparé du nord de la Chine. Plus tard, Hou-pi-lie rappela ce lettré et deux autres pour l'aider à organiser sa conquête. Mais en même temps, il introduisit dans ses États de nouveaux ennemis des lettrés.

Intervention lamaïque.

Les Mongols avaient adopté le bouddhisme du Thibet ou *lamaïsme*[2], beaucoup plus encombré de superstitions que celui de l'Inde. En 1260, un jeune Thibétain, Pa-ssé-pa, devenu lama, fut nommé supérieur de ses confrères, docteur et *maître de l'empire et de l'empereur*, qui l'appela auprès de lui.

Durant ce règne, les lettrés n'eurent cepen-

---

1. Le lamaïsme est une combinaison de bouddhisme et de chamanisme.
2. Cette année-là on fait rentrer les livres de Lao-tseu dans le programme des examens.

dant pas lieu de se plaindre; la dynastie devait se servir d'eux pour l'instruction publique, pour les rites et le cérémonial, dans la mesure où elle en eut besoin pour se donner du prestige aux yeux des Chinois, qu'il fallait apprivoiser. Hou-pi-lie fonda une école spéciale pour les descendants de Confucius, de Mencius et de Yen-tseu qui, pendant l'époque des troubles, avaient perdu la tradition des belles études. Et en 1270, il créa des collèges départementaux pour les enfants de race mongole. L'académie des Han-lin fut transférée à Pékin, érigée en capitale depuis 1267. Les familles des lettrés furent exemptes de corvées.

Les Tao-ssé seuls eurent à souffrir sous ce règne; les nouveaux bonzes, fiers de leur pape, ne fraternisaient pas avec eux; ils obtinrent qu'on brûlât tous leurs livres. L'empereur fit respecter cependant le *Tao-té-King*.

Les lamas s'emparèrent de tous les palais de la dynastie déchue; leur rapacité alla jusqu'à fouiller les tombeaux des Soung pour en extraire les richesses qu'ils renfermaient.

Sous Tching-hong, le second de la dynastie (dite des Yen), la tradition chinoise regagne de l'influence; les ministres détournent la reine-mère d'un pèlerinage au Thibet; on recense les bonzes (dans la seule province de Kiang-Nan, on en supprime 500.000). On fait acheter la permission de se livrer à la vie monastique et on défend aux riches de s'inscrire dans les couvents pour se soustraire au fisc.

En 1307, un nouvel empereur, Ou-tsong, laisse les lamas regagner leurs privilèges. Leur insolence va jusqu'à battre des juges; un d'eux renverse de sa voiture une princesse du sang, qui est punie pour avoir protesté. Ils suscitent de graves désordres et en arrivent à conspirer contre l'empereur, si faible à leur égard.

Jin-tsoung (1312) fut, de tous les empereurs mongols, le plus favorable aux lettrés et aux traditions chinoises. Il mit la moitié des fonctions aux mains de mandarins indigènes dûment hiérarchisés. On réorganisa plusieurs collèges, on en fonda un pour les études islamiques. L'empereur présidait lui-même au concours pour le doctorat.

Mais une nouvelle réaction survint; durant le règne de plusieurs empereurs insignifiants, les lamas reprirent l'ascendant. Ils parcouraient la Chine avec un train princier, se logeant où il leur plaisait, s'imposant à tous. On essaya de les confiner dans le Thibet, mais de là le dalaï-lama tenait en échec tous les mandarins. En 1329, on l'appelle à la cour, les grands le servent à genoux et il ne daigne pas s'apercevoir qu'on lui présente à boire. Enfin un haut fonctionnaire trouve le courage de lui dire : « Mon brave homme, je sais que vous êtes le chef des bonzes, mais peut-être ignorez-vous que moi je suis le disciple de Confucius et que je tiens un des premiers rangs parmi les lettrés de l'empire. Il est bon de vous l'apprendre si vous ne le savez pas. Entre nous, il n'est pas nécessaire de faire tant de façons. » Et il lui présenta la coupe debout, forçant ainsi le lama à se lever pour la prendre.

Chun-ti fut le dernier empereur mongol (1333-1367). Il ne songea qu'à ses plaisirs, laissant le pouvoir à son ministre Pe-yen, qui se hâta d'enlever aux Chinois tous les emplois qu'ils occupaient. Rien ne pouvait plus sûrement précipiter la révolte du peuple conquis. Cette révolte se dessine dans le Kouang-Tong, le Ho-Nan, le Fou-Kien, le Hou-Kouang. Dans le Pe-tchili un messie s'annonce et se fait suivre par 100.000 hommes qu'on appelle les *Bonnets-Rouges*. Un essai imprudent pour changer le cours du Hoang-Ho ruine toute la province du Chen-Si et accroît l'exaspération (1351). Ce fut l'année suivante que Tchéou, celui qui devait fonder la dynastie des Ming, sortit d'un monastère de bonzes pour prendre la tête d'un parti de révoltés. Ce mouvement national devait bientôt rejeter les Mongols en Tartarie.

L'histoire de la nouvelle dynastie, dite des Ming, fondée par le bonze-soldat qui prit le nom de Houng-Wou (1368), comprend une première période de gloire qui s'étend sur trois règnes et se termine en 1426.

Le fondateur de la dynastie avait à défaire l'œuvre antinationale des Mongols. Il rétablit les collèges, rouvre les concours, remet l'administration aux mains des mandarins qui rétablirent l'usage des rites et cérémonies antiques. On revient au costume national, modifié sous les Mongols. Une masse d'ordonnances et d'édits concernant l'instruction publique et le recrutement des fonctionnaires datent de ce règne et furent définitifs, car on les retrouve encore aujourd'hui en vigueur.

Houng-Wou laissa son nom attaché également à toutes sortes de travaux publics et de créations de bienfaisance.

Il est à remarquer que la lutte entre les sectes religieuses va aller s'affaiblissant sous cette dynastie qui se fait de la tolérance envers les religions, si diverses de la Chine, une raison d'État.

Dégénérescence des Tao-ssé.

Les lettrés avaient été les auxiliaires naturels du pouvoir pour rétablir le culte de Confucius et l'instruction publique. Les Tao-ssé ne manquent pas d'offrir le breuvage de l'immortalité au nouvel empereur, qui le refuse « du moment que ce breuvage ne peut profiter à tout le monde ». Le *dalaï-lama* reçoit le titre de *roi de la précieuse doctrine* et de *précepteur de l'empire*. Mais en même temps, on limite le pouvoir des lamas et on prévient le pullulement des bonzes en rappelant l'édit qui défendait d'entrer dans la vie monastique avant quarante ans.

C'est de cette période (vers 1400) que date une nouvelle école philosophique, celle de Yu-hian, proclamant le Taï-Ky, l'être insaisissable qui engendre la matière subtile (*Yang*) et la matière grossière (*Yu*), les deux éléments du

Ciel, de la Terre, de l'homme et de tous les êtres. « Tel est l'aboutissant, dit Ferrari, du travail de la philosophie inaugurée en 1070, sous les Soung, à l'époque de Wang-an-Chi. »

L'analyse de cette nouvelle philosophie montre une sorte de synthèse de la politique et de l'éthique confuciste d'une part, et de ce qui, dans la métaphysique de Lao-tseu, est essentiellement chinois. Le tout modifié par l'influence du bouddhisme et celle des disciples de Wang-an-Chi.

Cette synthèse pouvant satisfaire les penseurs dérivant de Lao-tseu, expliquerait comment il n'est plus question, à partir de cette époque, de philosophes purement taoïstes, et que le taoïsme, décapité de sa philosophie, ne va plus être qu'un ensemble de superstitions et de jongleries; aussi, après un ou deux légers succès près de Ming dégénérés, n'aura-t-il plus assez de prestige pour reparaître à la cour.

C'est durant la seconde période de la dynastie des Ming, déjà une période de déclin, dominée par les eunuques, que l'empereur Hiao-tsoung (1488-1505) devient la proie des bonzes et des Tao-ssé à la fois. Puis, un peu plus tard, l'empereur Chi-tsoung (1522-1566) qui envoya, par tout l'empire, à la recherche du fameux breuvage d'immortalité, trépassa au moment même où un bonze venait de le lui faire prendre.

Avec cette glorieuse dynastie, qui a laissé des souvenirs si vivaces chez les Chinois et dont tous les chefs d'insurrection se réclament comme descendants, sombrèrent aussi les Tao-ssé, en tant qu'école philosophique et parti politique. Pendant près de 2.000 ans, en effet, on les a vus, rivaux ou ennemis de la classe des lettrés et de l'école philosophique et politique de Confucius et Mencius. Ils ne sont nullement un incident, même considérable, dans l'histoire de la Chine; ils en constituent une maille du filet et comme un tissu particulier en même temps qu'un centre nerveux de l'organisme social. A plusieurs reprises, ils ont suscité des hommes d'État supérieurs aux grands mandarins confucistes. Ces hommes d'État, à leur tour, ont proposé et réalisé temporairement les réformes les plus judicieuses et les plus hardies, témoin celles de Li-ssé, de Wang-Mang, de Wang-an-Chi et de ses disciples.

D'où vient-il que ces tentatives ont échoué, malgré la haute valeur intellectuelle de leurs promoteurs? C'est que les Tao-ssé se sont vite érigés en sacerdoce et ont constitué une sorte d'État clérical dans l'État profondément laïque préconisé par le grand empereur Yu dès l'an 2205 avant Jésus-Christ et par l'école confuciste; c'est qu'ils ont voulu fonder un régime despotique sans les contrepoids traditionnels, comme on le voit par l'exemple de leur souverain de prédilection : Thsing-Hoang-ti.

De leur prétendu maître, Lao-tseu, ils ont oublié ou méconnu les vues gouvernementales et la philosophie sociale élevée, pour ne retenir de lui que la métempsycose et autres points inférieurs de sa doctrine, laquelle, en aucune façon, ne pouvait donner lieu à une religion grossière. Il était panthéiste, ce qui est la forme supérieure du monothéisme, et les Tao-ssé sont des polythéistes dont les dieux confinent aux fétiches; il était pour l'inconnaissabilité du *Tao*, et les Tao-ssé, au contraire, en ont multiplié les attributs, les modalités dans un sens bassement anthropomorphique; de là un culte et des rites à l'avenant; de là, comme on l'a vu, leur dégénérescence en astrologues, magiciens, médicastres, jeteurs de sorts, diseurs de bonne aventure. Bref, au lieu d'élever le niveau des masses chinoises, ils en ont augmenté encore la propension naturelle aux superstitions, ils ont fait de la vie quotidienne une préoccupation incessante d'influences occultes ayant pour véhicules l'eau et le vent (*Foung-choui*), pour siège les cavernes et autres accidents topographiques, où gît le *dragon* comme principal agent des génies malfaisants.

Mais si les Tao-ssé ont disparu de la scène politique et des hautes sphères de la vie chinoise, ils n'en persistent pas moins, avec une centaine de millions d'adhérents, à jouer un rôle actif plutôt chaotique qu'ordonné et fécond. Ils ont leurs affiliations secrètes et une part considérable dans les soulèvements contre la dynastie mandchoue et dans le mouvement xénophobe qui s'est produit dernièrement.

On en a plus que des indices vagues, on en a des preuves patentes dans des placards et des proclamations que la presse européenne a signalés à diverses reprises, et dans lesquels on retrouve l'expression de leurs superstitions les plus connues, de même que l'on retrouve dans les noms de plusieurs de leurs sociétés secrètes, la terminologie propre à Lao-tseu, par exemple : la *Triade*, la *Société de la Raison*, de la *Voie droite*, etc.

Malgré leur dégénérescence si évidente depuis les Ming, il serait injuste de ne pas noter ici, à l'actif des Tao-ssé, une influence sur les arts de la Chine qui est caractéristique, sinon dans l'architecture qu'ils ont empruntée aux bouddhistes, du moins dans la statuaire et dans le bibelot, où excelle l'art chinois.

C'est au premier siècle de notre ère qu'ils produisirent les œuvres les plus intéressantes. « On y sent, dit M. Paléologue, l'intention de constituer, pour ainsi dire, une iconographie nationale, à l'exclusion de tout élément étranger. Les types et les attitudes qui leur ont été attribués varient à l'infini. Il y a plus de mouvement et d'animation, une observation plus précise de la réalité et souvent aussi une plus habile facture que dans les œuvres du bouddhisme, mais celles-ci sont supérieures par la noblesse de l'expression, par la recherche de la sérénité dans la physionomie... Il semble que l'artiste taoïste, n'ayant pas été distrait par le souci de donner à ses figures telle physionomie morale, telle nuance de caractère, ait pu créer des êtres d'une vérité physique et anatomique plus précise. Aussi, c'est surtout la laideur expressive, la vulgarité réelle, et cette difformité grimaçante que l'on retrouve dans certaines œuvres du moyen âge chrétien, qu'il s'est attaché à reproduire. »

Les représentations les plus fréquentes sont celle de Lao-tseu, monté sur un buffle ou sur un cerf, le crâne énorme, la barbe longue; puis, celle des *huit immortels* (*pa-sien*), sortes de saints taoïstes que la légende a déifiés. Deux femmes figurent dans ce panthéon. On y a rangé aussi *Liu-Toug-pin*, solitaire de son vivant terrestre, et que les drames[1] taoïstes font souvent intervenir, comme juge et convertisseur, dans les affaires humaines.

L'art taoïste représente, sous toutes les formes, la *pêche d'immortalité* qui ne mûrit que tous les 3.000 ans, et emploie fréquemment,

---

1. L'un de ces drames : *La transmigration de Yŏ-chéou*, met en scène un des dix-huit enfers taoïstes, peuplé de démons à tête de cheval et de bœuf et gouverné par un roi aussi courtois que le vieux Minos. Yŏ-chéou vient d'arriver aux enfers et va y passer un mauvais quart d'heure, quand arrive le solitaire Liu-Toug-pin, un peu responsable de la mort de Yŏ-chéou auquel, cependant, il n'a voulu donner qu'une leçon. Il vient le réclamer, et le roi y consent,

comme motif de décoration, la figure symbolique résumant la doctrine de Lao-tseu.

Les auteurs qui nous peignent la Chine d'aujourd'hui ne peuvent voir dans les prêtres taoïstes que des charlatans en quête d'escroquerie et d'exploitation de la crédulité du bas peuple.

Les exorcismes et le sort des âmes jouent un grand rôle dans leurs jongleries.

Une volaille grasse les tente-t-elle, ils déclarent aussitôt que l'âme d'un tel est passée dans cette bête et qu'il faut leur en confier la garde.

Ils présideront gravement à l'inhumation d'une âme qui s'était trouvée absente au moment de l'inhumation du corps[1].

Pour avoir une vague idée de ce qu'était le

---

quand on apprend que la veuve de Yŏ-chéou vient de faire brûler le corps du mort. Le solitaire ne se trouble pas pour si peu et obtient que l'on renvoie l'âme de Yŏ-chéou dans le corps d'un jeune boucher qui vient de mourir. On devine les quiproquos qui vont suivre. La morale du drame veut que Yŏ-chéou, ex-mandarin concussionnaire, revenu sur terre pauvre et sous des traits hideux, dégoûté des biens de ce monde par toutes sortes d'avanies, se fasse tao-ssé et solitaire. (Voir Bazin, *Chine moderne*.)

1. Ce qui est d'ailleurs une coutume bien antérieure au taoïsme, comme le démontre de Groot dans *The religious system of China*.

culte taoïste du temps où une élite philosophique empêchait ses prêtres de descendre trop bas, il faut assister à quelque grande cérémonie[1] qui ne se célèbre qu'entre prêtres et dont la tradition s'est conservée depuis l'origine. On voit que, comme le catholicisme, le taoïsme a beaucoup emprunté au bouddhisme.

Dégénérescence des lettrés.

Depuis longtemps, les Mandchoux méditaient l'invasion de la Chine, comme les Francs celle de la Gaule. Seulement, la grandeur de l'entreprise fit hésiter plusieurs de leurs chefs. C'est en voyant la dynastie des Ming en pleine décadence, et des rébellions formidables éclater contre elle au sud et au centre, qu'ils envoyè-

---

1. Mrs Scidmore, dans *China, the long lived Empire*, fait la description d'une cérémonie taoïste dont elle a été témoin au *Po-yun-Kwan*, le plus ancien temple et le quartier général des taoïstes : Plus de deux cents prêtres en robes bleu foncé, à toques surmontées d'une mèche de cheveux retenus par une seule épingle (c'était la coiffure chinoise avant la dynastie mandchoue), étaient réunis dans une cour dallée et décorée; ils faisaient face à un autel intérieur, par rangs de 12 mètres, tenant à la main une sorte de sceptre, symbole de bonne chance et de longue vie : l'encens brûlait dans le bronze et les prêtres haut gradés répondaient au

rent des espions s'enquérir du véritable état des choses. Les rapports de ces espions furent assez favorables pour que l'on songeât à envoyer le fils du khan faire secrètement son éducation en Chine.

Ce qui les décida à franchir la frontière, ce fut l'appel que leur fit un général, fidèle aux Ming, Ou-san-koueï, pour écraser Liu-si-ching, un chef rebelle qui s'était emparé déjà de Pékin. Ils se rendirent à l'appel de Ou-san-kouei, mais avec la ferme intention de devenir les maîtres, au lieu de rester de simples auxiliaires bénévoles.

Maintenant, quelle fut l'attitude de la dynastie nouvelle après avoir brisé les résistances auxquelles elle ne s'attendait pas de la part des partisans des Ming? Elle discerna vite qu'il ne pouvait s'agir d'une conquête de détail où leurs

---

chant du prêtre supérieur qui se tenait à l'intérieur; une cloche donnait le signal d'une prosternation générale. Dans d'autres cours, d'autres autels étaient dressés près des images dorées des gardiens des « quatre quartiers » et des tablettes impériales. Des offrandes de pièces de soie, d'encensoirs, etc., gisaient de tous côtés. L'auteur du récit déclare que c'est le seul endroit, aujourd'hui, où le taoïsme semble avoir gardé quelque dignité. C'est dans ce temple que se célèbre l'épreuve du feu chaque année, le troisième jour de la troisième lune.

bannières auraient disparu sous le nombre ; elle se borna donc à mettre des garnisons de surveillance dans les centres importants et elle s'adressa à la classe des lettrés pour l'administration civile du pays.

Elle ne changea presque rien aux lois chinoises, et la défense expresse d'étudier la langue tartare indique bien qu'elle sentait n'avoir rien à apprendre aux Chinois. On conserva les six conseils ou tribunaux suprêmes, institués depuis 4.000 ans, mais en leur donnant autant de présidents tartares qu'ils en avaient de chinois et en transférant à Pékin ceux de ces tribunaux qui étaient restés à Nankin.

En se résolvant à la nécessité de se servir des lettrés, la dynastie mandchoue eut en vue son intérêt propre et nullement le leur. En effet, se défiant d'eux, non sans juste raison, peut-être, à cause de son origine étrangère, elle détruisit la classe fortement constituée qu'ils formaient depuis des siècles, en édictant qu'aucun fonctionnaire ne pourrait conserver son poste plus de trois ans, ni être employé dans sa province natale. Cette mesure, en apparence anodine, a été de la dernière gravité pour la bonne administration publique, car des mandarins de passage pendant trois ans dans une localité, ignorée d'eux la veille, n'ont pu en connaître les besoins ni s'intéresser au bien-être des habitants. De leur côté, les administrés n'ont pu accorder leur confiance et leur sympathie à des gens qui n'avaient aucune attache chez eux. Cela seul explique l'abandon croissant en Chine des routes, canaux, monuments publics de tout genre, aussi bien que des arsenaux les plus modernes.

Mais les lettrés ont encore des griefs spéciaux contre la dynastie mandchoue :

Premièrement, l'introduction de la vénalité des charges et la dispense, contre finances, du premier examen public pour les fils des familles riches ou de hauts fonctionnaires.

Deuxièmement, l'absence de limite d'âge pour les candidats aux examens, ce qui fait se présenter des vieillards de soixante-dix ans et ce qui donne des mandarins dépourvus d'activité physique et intellectuelle.

Troisièmement, la trop grande importance qu'ont les bureaucrates du ministère des offices dans la nomination des fonctionnaires, alors qu'eux-mêmes n'ont pas passé d'examen et ne sont que le produit du favoritisme, n'étant pas soumis à des conditions d'admission destinées à constater leurs aptitudes.

Quatrièmement, l'accueil que les empereurs mandchoux ont fait aux prêtres d'Occident. Les lettrés, déjà jaloux de la science supérieure de ces prêtres, se réjouirent quand la fameuse querelle entre dominicains et jésuites vint déconsidérer le christianisme en Chine.

Toutes les expéditions militaires venues d'Occident s'étant faites à propos de questions de missionnaires ou de trafics peu civilisateurs, les lettrés rendent la dynastie actuelle responsable des humiliations subies par la Chine, de la perturbation dans les mœurs amenée par les Occidentaux et des dépenses déjà faites et à faire pour s'armer. Leur mépris du soldat et du bonze est une de leurs caractéristiques permanentes à travers les siècles. Et ce qu'ils ont vu de ces Occidentaux ne peut leur inspirer qu'une médiocre estime pour notre civilisation.

Est-ce à dire maintenant que cette classe de la société chinoise ait été parfaite, et qu'elle ait compensé l'absence d'autres éléments dont tout observateur impartial constate les lacunes? Non, certes. On peut lui reprocher, notamment, d'être restée trop archaïque et trop routinière, de se tourner plutôt vers le passé que vers l'avenir, d'accorder trop de considération à l'esprit des grands morts et de ne pas se préoccuper assez de susciter de grands vivants ; mais telle quelle, on est forcé de reconnaître que la classe des lettrés a accumulé en Chine une masse de cellulose humaine qui rappelle celle des cloisons étanches qu'on insère dans les grands cuirassés contre l'action des explosifs et des fuites d'eau. Les obus et les boulets ont beau les percer, la cellulose, en vertu de son élasticité propre, rebouche les orifices meurtriers et le navire peut ainsi poursuivre sa route.

C'est ainsi que diverses tribus tartares et que des religions étrangères ont eu beau faire leur trouée en Chine, celle-ci, en somme, est néanmoins restée elle-même dans ses traits les plus essentiels.

L'erreur de ceux qui nous font un tableau facile de la corruption des fonctionnaires, des désordres administratifs, de l'abandon des travaux publics, est de ne considérer que le présent. Dans le recul immense de son histoire, la Chine a subi des crises autrement graves que celle dont nous sommes témoins et le conservatisme des lettrés a toujours été le grand facteur reconstituant, quitte à s'inspirer d'autres écoles philosophiques plus hardies.

Toutes les probabilités sont donc que la classe des lettrés, qui constitue déjà une vieille franc-maçonnerie et qui s'est sectionnée en plusieurs sociétés secrètes pour dépister l'ombrageuse surveillance de la dynastie mandchoue, n'a pas dit son dernier mot dans les affaires de son pays[1].

---

1. Harold Gorst, l'auteur d'un livre récent : *China,* donne des détails complets sur la corporation des lettrés, sur les examens qu'ils subissent et qui ne les préparent en rien aux charges qu'ils devront remplir. Mille ans après Wang-an-Chi, M. Gorst réédite les mêmes critiques : on ne demande aux lettrés que la dextérité à faire des vers et de savoir par cœur des livres qui ont guidé les premiers pas de la civilisation chinoise, mais dont l'application aujourd'hui explique l'arrêt de cette civilisation. Il raconte l'essai du prince Kung, après les premières défaites de la Chine en ce siècle, pour modifier les examens et y introduire des épreuves de mathématiques, réforme que les lettrés firent échouer.

Ce qui est plus grave pour la Chine, c'est que le nombre des candidats aux examens n'est pas limité, et qu'il y a (comme chez nous d'ailleurs) un excédent toujours croissant d'aspirants fonctionnaires. M. Gorst fait voir que ces lettrés sans emploi sont la peste de la Chine. Un certain nombre d'entre eux s'attache à chaque lettré devenu mandarin, c'est-à-dire fonctionnaire, et le harcèle pour se faire donner quelque petit emploi subalterne et inutile, ou même se faire entretenir, sauf, pour le mandarin, à pressurer un peu plus la population, ce qui aggrave les abus déjà prévus par le gouvernement, car le traitement des mandarins est notoirement insuffisant.

Cela n'empêche pas de continuer d'appeler le mandarin « le père et la mère du peuple » et de conserver l'idéal moral de l'antique Chine, car la tradition est plus forte que tout chez les Célestes et coexiste avec les abus dus surtout à une dynastie étrangère et usée.

M. Gorst remarque judicieusement que c'est l'éducation qu'il faudrait modifier tout d'abord en Chine et que, par l'introduction prématurée de nos chemins de fer et de notre machinisme, on marche peut-être à des résultats inattendus.

L'opinion de M. Gorst, on le voit, est bien différente de celle de son compatriote M. Meadows, qui fit partager son enthousiasme pour les examens publics en Chine au gouvernement britannique pour le recrutement de ses agents de l'*Indian civil Service*. Il est vrai qu'un demi-siècle sépare les impressions de ces deux observateurs, un demi-siècle, pour le Céleste-Empire, de bouleversements extérieurs et intérieurs, bien suffisants pour en modifier la physionomie sinon le fonds.

CHAPITRE VII

LA DYNASTIE MANDCHOUE ET SON DÉCLIN

> Un gouvernement ne périt jamais que par sa faute, et presque toujours par d'anciennes fautes qui en font commettre de nouvelles.
> (De Bonald.)

La dynastie actuellement régnante en Chine est étrangère, comme celle des Mongols qui régna de 1260 à 1368. Elle remplaça une dynastie nationale, celle des Ming, dont le souvenir est encore resté cher aux Chinois, et qui eut d'abord pour capitale Nankin, la grande métropole du bas Yang-tsé. On peut résumer la caractéristique de cette dernière, dans sa période ascendante, par celle de son fondateur, un fils de laboureur devenu bonze. Il sortit de son couvent à une époque où les derniers Mongols ne pouvaient plus dominer les troubles éclatant de toutes parts. Il s'attacha un nombre considérable de partisans et non seulement élimina les Mongols, mais rendit tributaires plusieurs de leurs peuplades. Devenu empereur, il accepta également l'ancienne Chine et les nouveautés lamaïques. Il prit une attitude conciliante dans les conflits de la guerre civile, et tous les chefs se soumirent, si bien qu'en 1368 sa dynastie fut reconnue par tous.

Il s'appuya notamment sur la classe des lettrés à l'intérieur, et ses successeurs immédiats devaient suivre sa politique et ses recommandations. Ce fut ce fondateur de la dynastie des Ming qui rétablit l'usage de rendre public le testament dans lequel le souverain motivait le choix de son successeur.

C'est sous cette dynastie que la littérature nationale, judicieusement encouragée, produisit les deux jolis romans, traduits par notre grand sinologue, Stanislas Julien : *Les Deux jeunes filles lettrées* et *Les Deux cousines Yu-Kia-o-li.* C'est alors aussi que fleurit une école philosophique, celle de Yu-hian, qui est une reprise et une ampliation de celle de Tchéou-ssé, des deux Tchin-ssé et Tchou-hi, éclose au xi° siècle; alors que fut rédigée par quarante-deux docteurs une sorte d'encyclopédie qui résumait la pensée contemporaine, en même temps qu'elle réfutait les principes de Khoung-tseu, les doctrines métaphysiques de Lao-tseu et les superstitions lamaïques.

Sous cette dynastie, on établit des bibliothèques publiques dans chaque ville, on multiplia les anciennes écoles, on érigea des hospices pour vieillards et orphelins, on dressa une carte de l'empire, on publia un nouveau code, on fit une enquête sur la nature et les produits des terres, on exécuta des travaux hydrauliques en vue des inondations; on régularisa l'exploitation des mines.

La dynastie Ming prit fin par la révolte d'un membre de la famille impériale, le prince Yen, gouverneur à Pékin, qui, avec la complicité des Mandchoux, leva le drapeau de la rébellion contre son neveu, le jeune empereur Kien-ven-ti. Il s'empara de Nankin, et l'empereur, déguisé en bonze, dut errer pendant quarante ans avant de terminer sa vie en prison. L'usurpateur, après avoir cruellement persécuté des milliers de partisans du monarque déchu, en revint à l'état de choses antérieur qui fondait ensemble les progrès des Mongols et les réformes de Houng-wou, le premier des Ming.

Mais les descendants de ce prince Yen, après quelques générations, perdirent de leur vigueur physique, effet habituel de la vie des harems, et, par suite, de leur valeur de gouvernants.

D'ailleurs, le prince Yen leur avait légué une cause de faiblesse en transférant de nouveau la capitale à Pékin.

Le siège du gouvernement chinois et le spectacle de sa décadence étant, là, très rapprochés des Mandchoux, ceux-ci, à qui la grande masse chinoise imposait de loin, ne tardèrent pas à mesurer sa faiblesse et à chercher les moyens pratiques de le renverser.

Qui étaient les Mandchoux?

Au point de vue ethnique, ils forment une branche de la famille altaïque avec les Tongouses de la Sibérie orientale, de même que les Mongols une autre avec les Kalmouks et les Bouriates. Au point de vue religieux, ils étaient restés chamanistes et adonnés aux sorcelleries; ils incinéraient leurs morts et en suspendaient les cendres dans des sacs sur des arbres. Le lamaïsme, ou bouddhisme du Thibet, avait pourtant commencé sa pénétration chez eux. Plusieurs de leurs tribus, les Goldes, les Manègres, les Birrares, étaient et sont encore composées de chasseurs et de pêcheurs; leur habitat est dans les districts du Nord, sur les flancs des chaînes Khingan qui se prolongent jusqu'à la mer d'Okhotsk, où débouche aussi l'Amour, le grand fleuve mandchourien. Les tigres, les ours, les panthères, les sangliers, les loups, les renards, les chats sauvages dans les fourrés; des troupes d'antilopes, de daims, de cerfs dans les steppes; des martres, zibelines dans les vallées herbeuses; des aigles et des faucons, des faisans et des coqs de bruyère, des cailles et des grives, des canards et des alouettes, un peu partout, offrent un gibier abondant et de précieuses fourrures. Les nemrods indigènes, non seulement font grâce aux corbeaux, mais, les considérant comme les représentants de leurs aïeux, ils leur offrent des sacrifices quotidiens.

Les rivières regorgent de poissons variés; le fleuve Toungari notamment fournit des saumons de dimensions telles, que les Goldes se taillent dans leur peau des vêtements d'été que leurs femmes ornent de broderies.

D'autres tribus habitant les plaines alluvionnaires sont devenues sédentaires, par exemple les *Solones* et les *Tongouses*, mais en conservant de la vie nomade le goût des armes. Elles se sont organisées militairement, sans doute pour résister plus efficacement, au début, aux incursions des pillards ; la division du travail a suscité dans leurs groupes de villages primitifs, ou *bannières*, des guerriers qui font prévaloir une discipline particulière dans certaines tribus, appelées Niutchis, et que Taïtsen, le chef de l'une d'elles, parvint à confédérer sous leur nom actuel : de là à reconnaître le cours du Siao-Ho par petites barques, soit vers la mer du sud, soit au nord-ouest vers la frontière mongole, il n'y avait qu'un pas, et ce pas fait, en poussant jusqu'à Gehol, c'était la route de Pékin ouverte.

Mais cette confédération, dont la date (1520) est relativement moderne, a des antécédents historiques très lointains et en apparence fort disparates ; une certaine logique y préside pourtant, et il est bon d'expliquer le présent par le passé qui l'a préparé et amené à tels ou tels résultats, sous peine d'ignorer la trame de l'histoire.

Les Tongouses authentiques, réduits aujourd'hui au nombre de quatre à cinq mille individus, vivant du renne et avec le renne et s'habillant de la peau de cet animal, ont joué jadis un rôle important. Ils étaient répandus à l'extrémité de l'Asie orientale, autour du fleuve Amour et de ses affluents, au nord-est des Tata et des Sian-pi, qui occupaient, dans la Mongolie orientale, le revers occidental du grand Khingan jusqu'au désert de Gobi. Leurs peuplades s'appelaient Khitans, Mo-Ho, Yu-tchin, selon les temps et les lieux, avant de prendre le nom de Mandchoux. Des Tongouses occidentaux sont, de même, sortis successivement les Sian-pi, les Ou-houan, les Téou-jan. Or, en l'an 46 de notre ère, les Sian-pi et les Ou-houan, profitant des embarras des Hioung-nou, ancêtres des Turks, mis en déroute par les Chinois sous les Han, prirent un certain essor et, en l'an 109, se rendirent maîtres de la Mongolie et de l'Asie centrale avec le concours des Yue-pan, Hioung-nou fixés au nord de Koutche. En 398, les Sian-pi se divisent et forment le royaume de Goei aux dépens de la Chine septentrionale, pendant que d'autres Tongouses, Téou-jan et Thou-Khou-Nsen dominent dans l'Asie centrale jusqu'à leur absorption en 554 par les Thoukhin, débris des anciens Hioung-nou précédemment refoulés dans les vallées du grand Altaï. Les Tongouses de l'est, Khitans, profitent de ces événements pour fonder leur puissance à partir de l'an 398. L'anarchie était si grande en Chine au x⁰ siècle, qu'ils fondèrent au nord-ouest de ce pays un État dans le bassin du Liao, cours inférieur du Chara-Mouren. Cet État dura jusqu'en 1115, où les Yu-tchin, leurs vassaux, originaires de la rive droite du Soungari, le renversèrent à l'instigation des Chinois. Seulement, une fois affranchis, ces derniers s'emparèrent de la partie septentrionale de la Chine jusqu'au Hoang-Ho ; la dynastie des Soung dut faire appel aux Mongols, en 1234, pour en chasser les Yu-tchin, lesquels ne firent ainsi que changer de suzerain. Mais les Chinois ne gagnèrent rien à cette alliance, car les Mongols restèrent en possession de la contrée des Yu-tchin et, de plus, renversèrent à leur profit la dynastie des Soung en 1256. Koubilaï, frère de leur grand Khan, s'établit à Cambalu (Pékin) et fonda la dynastie des Youan, qui dura jusqu'en 1368, où la dynastie chinoise des Ming repoussa les Mongols dans l'Asie centrale.

LA DYNASTIE MANDCHOUE ET SON DÉCLIN. 449

Entre temps, les débris des Yu-tchin et des Khitans se constituèrent en corps de nation avec une autre tribu tongouse, celle des Mandchoux, qui en prit la direction vers le commencement du xvi° siècle. En 1644, cet amalgame fut en état de fonder à Pékin, comme les Mongols quatre siècles auparavant, une dynastie tongouse, celle des Thsing, qui règne encore sur la Chine.

Les Mandchoux commencèrent par des incursions en territoire chinois qui furent sans résultats; mais leur union plus étroite sous un même chef, vers 1616, leur donna bientôt la force qui leur manquait pour conquérir la Chine. A l'instar des grands peuples civilisés qui, se sentant les plus forts, se disposent à en écraser un autre plus faible, ils crurent devoir se justifier par avance, en publiant une liste de leurs griefs contre les Chinois. Le détail en est peu intéressant et, comme tous les documents de ce genre, fait invinciblement penser à la fable du « Loup et de l'Agneau ».

En 1618, le chef des Mandchoux, simulant une ambassade envoyée à l'empereur de Chine, fit avancer des troupes. La ruse fut vite découverte, mais les Chinois furent battus à deux reprises, malgré 12.000 Coréens envoyés à leur secours, parce qu'on n'opposait aux envahisseurs que des cohues hâtivement rassemblées.

Les remontrances que ne manquent jamais d'adresser les hauts mandarins à l'empereur quand les choses vont mal, se produisirent comme de coutume; on se plaignit de sécheresses prolongées, d'excès d'impôt, du refus de l'empereur de se montrer en public pour recevoir les doléances, enfin, de l'invasion des Mandchoux. L'empereur incriminé ne tarda pas à mourir et le successeur fut la proie des 12.000 eunuques du palais. Il demanda des secours nouveaux au roi de Corée et aux Portugais de Macao. Ceux-ci furent renvoyés sans avoir combattu, et bientôt les Mandchoux, victorieux de nouveau, promulguèrent le fameux édit prescrivant, sous peine de mort, de se raser la tête et de porter la natte. De nombreux Chinois préférèrent mourir, et cette mode mandchoue est encore impopulaire au centre et au sud de la Chine. Les membres des sociétés secrètes existant dans les colonies britanniques et néerlandaises ne sont reçus et affiliés qu'après abatage de ce signe de servitude.

Cependant, une masse de mécontents se joignaient aux envahisseurs contre les Ming, qui se succédaient sur le trône sans rien tenter contre le désastre.

Le dernier d'entre eux, Hoaï-tsong, un peu moins faible au début de son règne, en arriva, comme ses prédécesseurs, à confier les plus gros intérêts de l'empire aux eunuques de son palais. L'un d'eux, à la tête de la meilleure armée, fut chargé d'aller combattre les Mandchoux qui l'achetèrent facilement et, avec sa complicité, mirent le siège devant Pékin.

Le traître, déjà dans la ville, devait les aider; mais il fut découvert et étranglé et, encore cette fois, les Mandchoux se contentèrent de piller les alentours de la capitale.

En 1630, Tsoung-té, qui devait être le fondateur de la dynastie succédant aux Ming, devenait le roi des Mandchoux. Son père avait compris que l'ignorance des siens devant la civilisation chinoise était le grand obstacle à la conquête; aussi avait-il envoyé secrètement son fils faire son éducation en Chine, ce qui valut plus tard à celui-ci la sympathie des lettrés.

Les partis de révoltés se multipliaient; il

s'en forma huit groupes dont chaque chef aspirait à l'empire. Leur nombre même les paralysa ; seuls, deux d'entre eux s'entendirent pour se partager le pouvoir.

Ce fut sous prétexte de défendre contre les rebelles la capitale du Ho-Nan qu'un général, envoyé par l'empereur, rompit les digues du fleuve Jaune et noya 300.000 personnes (1641) sans atteindre l'armée du rebelle Li-tsen-tching qui s'empara du Ho-Nan, du Chen-Si et entra sans résistance à Pékin. L'empereur, ignorant presque tout de son empire, se livrait, dans son palais, aux jeûnes et aux pratiques dévotes des bonzes. Abandonné de ses gardes même, il se retira dans un jardin et écrivit avec son sang : « Les mandarins ont été traîtres à l'empereur et sont tous dignes de mort... Le peuple ne mérite point de châtiment... Je vais m'ôter la vie pour ne pas voir la fin de mon empire. » Et il se tua. Plusieurs de ses descendants devaient par la suite périr avec leurs partisans.

La lutte se poursuivit alors entre le rebelle et un général nommé Ou-san-kouéï. Celui-ci fit appel aux Mandchoux qui n'attendaient que ce signal. Ils eurent vite raison de Li-tsen-ching, mais Tsoung-té, qui mourut d'ailleurs en arrivant en Chine, avait proclamé empereur son fils Thun-tchi, car lui-même, comme son père, se tenait déjà pour le souverain effectif.

Le jeune empereur n'avait que six ans, il allait être sous la tutelle de ses quatre oncles, qui firent une entrée triomphale à Pékin, dont les habitants, récemment pillés par les bandes de rebelles, les considéraient comme des libérateurs.

Par une politique habile, on nomma le général Ou-san-koueï vice-roi du Chen-Si, et les Mandchoux s'occupèrent alors de conquérir les provinces du Midi, où des Ming avaient été proclamés empereurs, à Nankin et à divers autres endroits. La résistance était si générale dans ces provinces, qu'après une année les Mandchoux avaient plutôt perdu du terrain, et un Ming, nommé Sou, prit le titre de *sauveur de l'empire;* il défendait la province de Tché-Kiang, où les Mandchoux avaient échoué, quand un autre Ming, nommé Thang-ou, fut proclamé empereur dans la province voisine, le Fou-Kien. Il somma Lou de lui abandonner ses pouvoirs; celui-ci refusa et, durant cette querelle, une nouvelle armée, venue de Pékin, alla assiéger le Kouang-si, mais fut défaite et poursuivie jusque dans le Kouang-Toung, par le vice-roi, un Chinois converti au christianisme.

Cependant, un général mandchou, laissé comme gouverneur du Tché-Kiang et du Fou-Kien, ayant reçu des renforts, se rendit maître de plusieurs villes qu'il brûla et 3oo.ooo Chinois furent massacrés. D'autres massacres eurent lieu dans le Nord qui, lui aussi, s'était réveillé. Mais, partout, les Mandchoux profitèrent du manque d'entente des Chinois. Et l'histoire de ces derniers chefs Ming n'est pas sans une grande analogie avec celle de l'histoire de France de la même époque, sous les derniers Valois.

Le Nord étant à peu près pacifié, Amavang, celui des oncles de l'empereur qui avait charge des choses militaires, concentra ses forces pour réorganiser des armées, afin d'en renvoyer de nouvelles dans le Midi.

A cette époque, l'armée mandchoue était déjà constituée, comme elle l'est encore de notre temps, en huit groupes ou bannières, marchant chacun sous un drapeau de différente couleur. Mais ce qui devait assurer le succès des Mandchoux de cette époque sur les Chinois, c'était leur endurance au froid et à la fatigue, leur habitude de vivre campés, leur pratique du cheval et du chameau, enfin la discipline de leurs soldats qui suivaient aveuglément leur bannière sans que personne, en dehors du chef, sût rien à l'avance du plan de campagne.

Amavang envoya trois armées d'élite dans le Midi, et la nouvelle de leur marche amena beaucoup de villes à se rendre. Canton fut une de celles qui résistèrent, sous l'influence d'un Ming, proclamé dans cette capitale, et d'un pirate dont le père avait été pris par trahison après avoir longtemps tenu tête aux Mandchoux. Ce pirate défendait la ville du côté de la mer avec une flotte, et une garnison, venue en partie de Macao, défendait le seul point par où la ville touche à la terre. Ce ne fut qu'au bout d'un an (1650) que les assiégeants, après des assauts meurtriers et grâce à leurs canons, purent entrer dans la ville, qui fut pillée et dont tous les habitants furent massacrés, sauf quelques habiles ouvriers d'art.

Ce fut la fin de la résistance, pour le moment; Amavang avait pris un rôle prépondérant dans la pacification de la Chine et dans le conseil de régence. Sa mort, en 1651, suscita de telles ambitions, que les magistrats de Pékin prièrent le jeune empereur Chun-tchi de prendre en main le pouvoir.

Gouvernement effectif.

Le premier acte d'autorité de ce jeune homme fut un acte de férocité : ayant appris que son oncle Amavang, aux soins duquel il devait l'empire, avait songé à faire passer la descendance du trône dans la branche de sa famille, il fit détruire son tombeau et décapiter son cadavre.

Après quoi il administra sagement, s'appliquant à ne rien changer à l'organisation chinoise. Il n'enleva les six tribunaux ou conseils de Nankin que pour abolir l'ancien prestige de la capitale chinoise au profit de Pékin, où il résidait. Mais il comprenait si bien la supériorité de la culture intellectuelle indigène, qu'il défendit qu'on apprît le tartare, et il punit de mort des fonctionnaires qui s'étaient laissé acheter des titres de lettrés sans qu'on eût passé d'examens. Il ne donna de hauts postes qu'à des lettrés ayant prouvé leur valeur. Et c'est à cette époque qu'il plaça, à la direction du conseil des mathématiques, un jésuite, le

P. Schaal, avec mission de réformer l'astronomie chinoise.

L'empereur mandchou n'était pas seulement reconnu dans toute la Chine, mais au dehors. Une ambassade russe et une autre, hollandaise, vinrent offrir des présents; mais leurs membres, n'ayant pas voulu se conformer au cérémonial chinois, ne virent pas l'empereur.

Ce premier des empereurs mandchoux finit mal son règne. Imitant le roi David, il convoita la femme d'un de ses sujets qu'il fit mourir pour épouser la veuve. Mais presque aussitôt la nouvelle impératrice mourut. Dans le délire de ses regrets, l'empereur fit immoler trente hommes sur la tombe de la morte et s'enferma dans une pagode. Peu de temps après, il reconnut ses fautes, nomma pour lui succéder son fils Khang-hi, âgé de huit ans, qu'il pourvut de quatre tuteurs et, s'étant fait apporter le manteau impérial, il s'en revêtit et mourut (1662) âgé de vingt-quatre ans.

Le plus connu des empereurs mandchoux est Khang-hi (1662-1723), contemporain de Louis XIV, sans doute parce que ce fut de son temps que des missionnaires jésuites traduisirent les principaux livres chinois et les envoyèrent à l'Europe, étonnée de voir se révéler une civilisation plus ancienne que celles alors connues et plus avancée sous beaucoup de rapports que la plupart des États de l'Occident.

Les quatre régents débutèrent par une révolution de palais : ils remirent en usage une loi émanant du fondateur de la dynastie précédente qui interdisait aux eunuques toute charge ou dignité publique. On en chassa quatre mille du palais et l'on mit à mort leur chef, accusé de divers méfaits.

Cependant, l'autorité des Mandchoux continuait d'être tenue en échec par le pirate qui avait défendu Canton et qui, installé à Formose, bravait la marine impériale et ravageait sans cesse les côtes du Fou-Kien. On ne trouva rien de mieux, pour l'affamer et le priver du butin qui entretenait ses bandes, que de prescrire à toute la population maritime de raser ses maisons et d'aller vivre à trois lieues du rivage. Ce moyen extraordinaire réussit à ruiner le pirate, mais aussi toute la population côtière du Fou-Kien.

En 1666, l'un des régents mourut et le jeune empereur, bien qu'il n'eût que treize ans, en profita pour s'affranchir. Il fit même condamner, sous divers chefs d'accusation, l'un des régents et sept ou huit de ses fils à être mis en pièces.

Comme son père, il avait le goût des sciences et il mit un jésuite, le P. Verbiest, à la tête du bureau des astronomes. L'exactitude de la science occidentale l'émerveillait, mais il ne tarda pas à être distrait de ses études par une nouvelle révolte formidable.

Ou-san-koueï, le général chinois qui avait ouvert l'empire aux Mandchoux en demandant leur aide, s'en était toujours repenti. On l'avait nommé gouverneur du Yunnan et du Koueï-Tchéou. La cour, le sentant hostile, lui manda de venir à Pékin. Il répondit que, s'il y allait, ce serait avec 80.000 hommes. Puis, ne ménageant plus aucune apparence, il reprit le costume chinois et défendit l'usage du calendrier des Thsing, nom qu'avait pris la nouvelle dynastie. Aussitôt les princes du Fou-Kien et de Formose se joignirent à lui, encouragés d'ailleurs par la nouvelle qu'un descendant de Tchinggis-Khan soulevait la Tartarie.

C'est alors que Khang-hi donna sa mesure par le choix des généraux et la rapidité de l'action. Le prince mongol fut fait prisonnier et, encore une fois, les divisions entre les chefs du Sud facilitèrent le succès aux Mandchoux. Cette nouvelle phase de la lutte se termina en 1684. Mais un peu auparavant, un tremblement de terre, dans la région de Pékin, engloutit des centaines de mille hommes et des trésors.

A peine libre d'inquiétudes sur le Midi, Khang-hi résolut d'abattre le pouvoir naissant de Galdan, roi des Eleuths, qui, s'appuyant sur le dalaïlama du Thibet, menaçait de reconstituer au nord une puissante confédération mongole. Il chercha d'abord à grossir ses troupes en entraînant les Mongols Khalkha, ses voisins. C'est sous prétexte de défendre ceux-ci que Khang-hi intervint. Une première campagne qui dura jusqu'à 1690 n'amena que la soumission apparente de Galdan. Plusieurs autres campagnes furent entreprises et le chef des Eleuths était acculé à ses dernières ressources quand sa mort vint enlever le seul obstacle à la toute-puissance de la dynastie mandchoue.

A propos de la mort de Galdan, il se forma une légende d'après laquelle ce héros aurait été battu non par les armées chinoises, mais par des stratagèmes magiques de bonzes d'un monastère du Fou-Kien, bonzes que les mandarins jaloux auraient fait massacrer, sauf cinq qui parvinrent à s'échapper en emportant le sceau et l'épée de leur fondateur. Ces survivants, cinq marchands de chevaux du Tché-Kiang et du Chan-Toung, plus la recrue d'un général, étranglé pour s'être montré favorable aux bonzes, établirent la société secrète de *Tien-ti-Houei* pour venger les bonzes du Fou-Kien. Sous prétexte de cette vengeance, les partisans des Ming recrutèrent force adhérents dans les diverses loges de cette société, dont le vrai but était le renversement de la nouvelle dynastie.

L'empereur Khang-hi garda jusque dans sa vieillesse des habitudes actives. Chaque année il allait passer le temps des chaleurs au nord de la Grande Muraille. Ce fut en chassant le léopard qu'il prit froid et mourut en 1722.

Son testament est une pièce remarquable et donne une haute idée de la responsabilité consciente de cet empereur. Il justifie l'emploi qu'il a fait du trésor public, « sang du peuple », dit-il, et donne sa modération dans le luxe et les dépenses personnelles en exemple à ses successeurs.

Il fit publier sous son nom plus de cent volumes de poésies et de maximes qui, plus tard, furent commentées par son quatrième fils, Young-tching, nommé pour lui succéder. Il publia aussi un dictionnaire chinois, œuvre de trente lettrés. Enfin, une nouvelle carte de la Chine fut dressée par des missionnaires sous son règne. Et les collections splendides du palais d'Été, pillé et détruit en 1860, furent son œuvre personnelle. On verra plus loin que l'édit de cet empereur concernant les missionnaires ne vise nullement les personnes, mais le caractère politique et factieux du catholicisme.

Et quand on compare les atrocités commandées par Louis XIV contre les protestants et les jansénistes à l'inaltérable patience, au souci d'être juste et tolérant, que montre l'empereur chinois devant les suppliques sans cesse renouvelées des jésuites pour implanter leur religion en Chine, on est forcé de convenir que cet empereur se montra bien plus civilisé que le grand Roi.

L'un des premiers actes de Young-tching (1722-1735) fut de modifier, dans un sens très sage, la loi sur la peine de mort. Une coutume fort ancienne voulait déjà que toute sentence fût ratifiée par l'empereur : lui, ordonna qu'à l'avenir il serait sursis aux exécutions jusqu'à ce qu'il eût vérifié trois fois le dossier du jugement.

Il institua aussi des prix de vertu pour les meilleurs agriculteurs qui seraient en même temps les meilleurs chefs de famille, les plus frugaux, les plus honorés de leurs voisins. Le gouverneur de chaque province devait présenter annuellement un paysan remplissant ces conditions. L'empereur le nommait mandarin honoraire et lui en accordait les privilèges.

Par son souci de la justice et des améliorations à apporter dans l'exercice du pouvoir, cet empereur força l'admiration des missionnaires, bien qu'un édit eût expulsé tous ceux qui n'étaient pas sous les yeux du pouvoir central dans la capitale même.

Un nouveau tremblement de terre ayant détruit Pékin, l'empereur s'efforça d'indemniser surtout les pauvres, ruinés dans la catastrophe. Les jésuites eurent pour leur part mille onces d'argent.

Young-tching mourut en 1735, laissant divers traités en rapport avec les préoccupations de sa vie. La plupart de ses recommandations vont aux soldats mandchoux, qui n'avaient pas encore acquis la sobriété et les mœurs régulières des Chinois. Il défend le vin, le jeu, les duels et leur recommande, en dehors de leurs exercices militaires, de cultiver la terre.

Son fils et successeur Khian-Loung (1736-1795) ayant les mêmes habitudes que son père, continua ses œuvres de paix jusqu'en 1753, époque à laquelle il dut entreprendre une nouvelle guerre contre les Eleuths. Des tribus voisines, se trouvant opprimées par ces nomades turbulents, avaient imploré l'intervention de l'empereur. La guerre fut prolongée par la trahison de ceux mêmes qui avaient appelé les armées impériales.

Khian-Loung résolut donc d'en finir avec tous ces voisins qui mettaient sans cesse la paix en question. Cette guerre se termina en 1760 par la soumission de toutes les peuplades comprises entre la Chine, la Russie et la Perse. En 1767, une délimitation des frontières russes et chinoises fut faite et consignée dans un traité conclu avec la tzarine Catherine II.

A l'occasion de ces succès, des pères jésuites offrirent à l'empereur une nouvelle carte de l'empire, mais ne purent le décider à révoquer les édits que les missionnaires bravaient d'ailleurs dans toute la Chine, au prix de quelques expulsions quand des plaintes arrivaient au gouvernement central.

En 1770, l'empereur Khian-Loung profita du mécontentement des Tourgoouts, qui, pour échapper aux incursions de Goldan, s'étaient réfugiés dans les steppes de l'Oural et du Volga en 1672, pour les reprendre sous sa domination sur les bords de l'Ili.

C'est là un des faits les plus curieux du xviiie siècle et qui montre comment ont pu se produire les grandes migrations humaines autrefois, en dépit de tous les obstacles. Ces Tourgoouts constituaient une horde de Kalmouks que la Russie accueillit d'abord volontiers dans le khanat de Khazan sur les deux rives du Volga. Ils furent reconnaissants de cet accueil et fournirent des corps de cavalerie aux armées russes. L'accord aurait persisté si Catherine II n'avait préféré le prétendant Oubacha comme premier commandant de la horde. Furieux, son rival, Zebeck, résolut de se venger en ramenant ses compatriotes en Chine.

Eh bien, qu'arriva-t-il?

« Le 5 janvier 1771, on voit les Kalmouks

se réunir sur la rive gauche du Volga. De demi-heure en demi-heure, des groupes de femmes, d'enfants, de vieillards, au nombre de 15.000 à 20.000, portés sur des chariots ou des chameaux, partaient, escortés par des corps de 10.000 cavaliers. Une arrière-garde forte de 80.000 hommes d'élite couvrait les derrières des émigrants. Un officier russe gardé comme prisonnier pendant une partie du voyage et qui nous a conservé ces détails, estime cet ensemble de population à plus de 600.000 âmes.

« Les Kalmouks sentaient la nécessité de se hâter afin d'échapper aux efforts que devait inévitablement faire la Russie pour les retenir. En sept jours, ils avaient franchi plus de 100 lieues par un temps sec mais froid. Bien des bestiaux avaient succombé et le lait commençait à manquer. On était arrivé sur les bords de la Djem. Là commencèrent les premières épreuves sérieuses. Un clan entier comptant 9.000 cavaliers fut massacré par les Cosaques.

« Cependant, au premier avis de ce départ qui transformait en désert une partie de son empire, Catherine envoya une armée avec ordre de ramener les fugitifs. Ceux-ci avaient à traverser, à 80 lieues de la Djem, un défilé dont il fallait s'emparer à tout prix. On s'avança à marches forcées. Malheureusement, la neige survint, on dut s'arrêter pendant dix jours. Arrivés au défilé, on le trouva occupé par les Cosaques; toutefois, ceux-ci furent tournés, défaits et massacrés par Zebeck.

« On passa; mais il fallait redoubler de vitesse, car l'armée russe approchait. On tua et on sala ce qui restait de bestiaux; on abandonna sur la route tout invalide, femme, enfant, vieillard ou malade; l'hiver redoublait de rigueur, on brûla les bâts et les chariots et néanmoins chaque campement était marqué par des centaines de cadavres gelés. Enfin le printemps vint alléger ces souffrances, et aux premiers jours de juin, on traversa la Torgaï, qui se jette dans le petit lac d'Aksakal au N.-N.-E. du lac d'Aral. En cinq mois, les émigrants avaient fait 700 lieues; ils avaient perdu plus de 250.000 âmes; de toutes leurs bêtes de somme il ne restait que les chameaux. L'officier russe, Weseloff, mis un peu plus tard en liberté, put regagner le Volga guidé uniquement par la traînée de cadavres laissés sur la route.

« Les malheureux fugitifs avaient cru pouvoir

se reposer au delà de la Torgaï, mais l'armée russe suivait toujours, renforcée même de Baskirs et de Kirghises, ennemis héréditaires des Kalmouks. Cette cavalerie légère prit l'avance et l'on eut bientôt à la combattre, tout en continuant de fuir. Les émigrants souffrirent de la chaleur comme auparavant du froid, et leur mortalité restait la même.

« Enfin, au mois de septembre, la horde arriva sur les frontières de la Chine. Depuis plusieurs jours on manquait d'eau. A la vue d'un petit lac, chacun s'élança pour se désaltérer, la débandade devint générale. Les Baskirs et les Kirghises, qui n'avaient cessé un moment de harceler les fugitifs, s'élancèrent sur cette foule affolée et l'aurait peut-être exterminée. Heureusement, l'empereur Khian-Loung chassait dans les environs, accompagné comme à l'ordinaire d'une petite armée. Prévenu de l'arrivée des Kalmouks, il les avait reconnus de loin et, les voyant attaqués, il se porta à leur secours. Le bruit de son artillerie réveilla le courage de ceux qui se laissaient massacrer et leurs persécuteurs essuyèrent une défaite sanglante. Khian-Loung distribua à ceux qu'il avait sauvés des terres où leurs descendants vivent encore. » (De Quatrefages, *l'Espèce humaine*, pp. 135-136.)

En 1775, la petite peuplade des Miao-tsé, restée presque indépendante à l'abri des montagnes du Ssé-Tchouen, fut l'objet d'une expédition victorieuse, mais l'empereur gâta l'éclat de son règne en faisant exterminer les vaincus.

En 1779, à l'occasion de l'anniversaire décennal de sa naissance, l'empereur visita de nouveau les provinces du Midi, refusa toute fête en son honneur et remit au peuple le tribut qui était à payer en riz. Il publia une longue liste de bienfaits devant échoir à tous ses sujets, depuis les plus hauts mandarins jusqu'aux soldats et aux paysans, et ce document, qui est en même temps une sorte de justification des actes de son règne, donne, une fois de plus, l'idée très patriarcale que ces empereurs chinois se font de leur pouvoir.

En 1780 fut entrepris un travail capital, l'endiguement du fleuve Jaune et un canal de déversement pour les époques de grandes crues. L'empereur ne voulut pas taxer les provinces riveraines pour ces frais énormes; il paya tout sur sa cassette.

Vers cette même époque, un procès célèbre

s'ouvrit : un haut mandarin, gouverneur du Yunnan, pourvu du plus haut grade civil que l'on puisse avoir en Chine (grand maître de la doctrine), fut convaincu de concussion. Ce crime est traité sévèrement par le Code chinois qui, beaucoup plus juste que le nôtre à cet égard, proportionne la peine au degré de responsabilité et au rang du coupable. Le mandarin fut condamné à mort et, peu de temps après, 380 autres furent punis pour des fautes du même genre.

A mesure que cet empereur vieillissait, il devenait de plus en plus inquiet de remplir tout son devoir vis-à-vis de ses sujets.

A quatre-vingts ans, il se levait dans la nuit pour travailler avec ses ministres. Il régnait encore quand arrivèrent à Pékin les premières ambassades d'Angleterre et de la Compagnie des Indes orientales hollandaises (1793-1795).

En 1796, après soixante ans de règne, il abdiqua en faveur de son fils et mourut trois ans après.

Abel Rémusat fait remarquer qu'aucun autre empereur ne remit aussi souvent les impôts en argent et en nature, et ne visita aussi souvent son empire dans toute son étendue.

Comme son père et son grand-père, il protégea les lettres; fit publier une histoire des Ming et réimprimer une collection de 180.000 volumes pris parmi les meilleures œuvres chinoises.

Quelques œuvres de cet empereur, parvenues en France, lui valurent une épître de Voltaire.

Déclin dynastique.

L'empereur Kia-King (1796-1820) ne devait pas être à la hauteur des premiers Mandchoux. Un avertissement lui vint en 1803 : il faillit être assassiné et, dans la proclamation qui suivit cet événement, il se plaint de l'indifférence de ses sujets devant le danger qu'il a couru. Il avoue cependant qu'il pourrait mieux gouverner et promet de le faire à l'avenir. Mais il continua de mener une vie efféminée et licencieuse. Diverses révoltes éclatèrent, et, au lieu de combattre les coupables, on les acheta, et l'on offrit aux chefs des grades dans l'armée impériale.

Des bandes de pirates rançonnaient toutes les côtes du sud. Et des sociétés secrètes, ayant pour but de renverser les Mandchoux, devinrent subitement menaçantes. Elles existaient déjà sous le règne précédent, toujours alimentées par les partisans des Ming, mais elles avaient été contenues. Tandis que sous le règne de Kia-King, le chef du *Nénuphar blanc* prit hardiment le titre de *triple empereur* (du ciel, de la terre et des hommes), après avoir fomenté une insurrection qui, du Chan-Toung, s'étendit dans trois provinces voisines.

Soixante-dix hommes d'une autre secte, celle de la *Raison céleste,* attaquèrent l'empereur dans son palais et n'en furent chassés qu'à grands efforts. On attribua diverses autres révoltes à une troisième société dite de « la Triade ».

Or, l'apparition simultanée de ces sociétés secrètes, au commencement du xix° siècle, est déjà un symptôme de décadence de la dynastie. En Chine, c'est un phénomène sociologique qui ne manque jamais de se produire à la veille d'une révolution pour cause de malaise public et de *misgovernment*. Les microbes mortifères l'emportent sur les phagocytes protecteurs dans l'organisme social. Il convient d'exposer l'économie, les conditions de recrutement, les moyens d'action de ces agents redoutables de perturbation économique et de désorganisation politique, car on les reverra plus d'une fois à l'œuvre avec des congénères qui n'en diffèrent que par le nom.

La Société du *Nénuphar blanc* (Pe-lian-kiao) existait déjà sous Khiang-Loung, puisque les missionnaires européens étaient accusés d'en faire partie, et il est probable qu'elle remonte plus loin. Dans son *Glossary of reference*, M. A. Giles (p. 272) la fait surgir vers l'an 1350, vers la fin de la dynastie mongole. Un nommé Han-lin-êrh l'aurait fondée probablement pour repousser les Youan, soit en faveur des Soung, soit pour son propre compte, car il se proclama empereur, mais il dut chercher son salut dans la fuite après la défaite de ses partisans. Les Annales, en effet, mentionnent à cette date un chef de révoltés qui rassembla contre l'empereur Chun-ti jusqu'à 100.000 hommes dans les provinces du Chan-Toung et du Ho-Nan, et c'est en 1352 que Tchou, sorti d'un couvent de bonzes, se mit à la tête d'autres insurgés et parvint à fonder la dynastie des Ming. Cela peut fort bien se concilier avec l'opinion de M. Wylie dans ses *Secret Societies*, qui la fait contemporaine de la dynastie actuelle. N'ayant pas de raison d'être sous les Ming, dynastie nationale, le *Nénuphar blanc* aura reparu contre les Mandchoux, étrangers comme les Mongols. Que la dynastie mandchoue a eu à la craindre, on peut l'inférer de la mention qu'on en trouve dans le Code pénal, *Ta-tsing-leuh-lé*, qui frappe les chefs de la strangulation et les membres de cent coups de bambou avant leur déportation en Mandchourie.

Au nombre de ses dogmes favoris, la Société du *Nénuphar blanc* admet la métempsycose, doctrine que les Tao-ssé ont empruntée probablement aux réincarnations du bouddhisme, et cela indique chez elle des attaches religieuses et populaires étrangères aux confucistes. Les mêmes attaches se montrent par l'admission des femmes dans son sein, car le taoïsme et le bouddhisme placent les deux sexes sur un pied d'égalité, tandis que l'école *Jou* les confine dans leurs maisons sous l'autorité des parents ou du mari. De là le caractère particulièrement révolutionnaire de cette société secrète au point de vue chinois. La femme égale de l'homme, chef de famille éventuel, c'est la fin du culte des ancêtres que peut seule célébrer la descendance mâle ; c'est la fin de la vieille organisation domestique, si hiérarchisée pour ses membres et pourtant si collective pour la propriété, les mérites, la criminalité; tellement autonome que les fils ne peuvent s'en séparer pas plus que les morts, et où les femmes ont une part de tout si minime.

Ce qui fait la force du *Nénuphar blanc,* c'est sa diffusion dans la plupart des provinces, dirigée et contenue par des sous-chefs en correspondance et sous les ordres d'un chef pourvu d'un grand pouvoir et de beaucoup de ressources pécuniaires des affiliés. Il est possible que le côté féministe de cette société ait suggéré celle de l'*Orchidée d'or*, où s'enrôlent les filles qui jurent de rester célibataires ou bien de quitter leurs maris après les noces auxquelles les contraint la coutume, sans connaissance préalable de leur prétendu. Cela encore est un bouleversement dans les idées chinoises, d'après lesquelles le célibat des filles n'est admis qu'en cas de besoin ou de maladie des parents; quant aux brus, elles changent de domicile sans changer d'obligations.

Les sectateurs de la *Raison pure* (Thian-li) devaient être aussi des Tao-ssé résolus, puisqu'ils restèrent plusieurs jours en possession du palais impérial, qu'ils avaient escaladé; mais ils n'ont pas laissé de traces sous leur vocable primitif. Les membres que n'atteignit pas la répression de Kia-King ont dû s'agréger, soit aux diverses *triades,* soit à la Société *Ciel et Terre* déjà mentionnée (*Tien-ti-Houeï*), qui est comme leur mère à toutes.

Les *triades* constituent une franc-maçonnerie avec ses mots de passe, ses signes ou symboles conventionnels, qui permettent aux affiliés de se reconnaître en tout lieu et en toute occurrence. Elle a ses rites d'admission, elle décerne des diplômes à ses membres. Ses croyances ésotériques se rattachent à la philosophie des Soung et par elle jusqu'à Fou-hi et ses 8 *Koua,* qu'on identifie aux directions de la boussole et de la rose des vents. A ce titre, elle est profondément nationale, comme le *Nénuphar blanc,* et elle comporte des initiés supérieurs de a classe des lettrés. Elle a été le pivot de nombreuses révoltes et le sera longtemps encore. Comme le *Nénuphar blanc,* et davantage, elle est antidynastique. Dans les loges de Hong-Kong et des détroits, les affiliés dénouent leur natte ou se la coupent pendant leurs *convents,* en signe de protestation contre le gouvernement actuel de Pékin. Il ne faut donc pas s'étonner que celui-ci, dans son *Code pénal,* II,

p. 460-1, ait édicté contre les membres de la *Tien-li-Houei*, qui se seront réunis ou qu'on aura convaincus d'actes de violence, de vols à force ouverte, la mort par décollement et la strangulation pour leurs complices.

Telle fut la terreur que les sociétés secrètes inspirèrent à Kia-King que les édits portés contre elles s'étendaient à toute réunion de cinq personnes. Mais rien n'y fit, pas même l'exécution de 16.000 condamnés politiques. La nature se mit contre lui : les sécheresses alternèrent avec les ouragans, une rupture des digues du fleuve Jaune entraîna la mort de 100.000 individus, et de nouvelles rébellions éclatèrent dans le Ssé-Tchouen et l'Yunnan. L'empereur trépassa des suites d'une insolation prise à la chasse, laissant le trône à son fils Tao-Kouang, sous de sombres auspices qui se sont du reste vérifiés.

Le nouveau souverain, en effet, eut à réprimer une insurrection mahométane dans le Turkestan, une autre dans l'île de Formose, une troisième des Miao-tsé réduits par Khian-Loung.

En 1831, une terrible inondation fut suivie d'une grande famine dans les provinces latérales du Hoang-Ho et, en 1832, une conspiration fut découverte en pleine capitale. Tels sont les seuls faits qui transpirèrent des débuts de ce règne par la *Gazette de Pékin*, avec la défense, en 1837, de la prédication en Chine du christianisme, sous les peines les plus sévères.

Cependant, on connaît quelques traits qui suffisent pour ranger Tao-Kouang parmi les empereurs chinois qui ont donné aux gouvernants européens des exemples, peu suivis, de justice et de désintéressement. Ainsi, l'opium étant fortement imposé, rapportait des revenus sûrs et élevés à l'empire chinois; peu de gouvernements y auraient renoncé, d'autant plus que les recettes ordinaires étaient en déficit. Or, sur le rapport que l'on fit à Tao-Kouang des ravages exercés par l'opium, il entama contre ses propres sujets et contre les Anglais, vendeurs de ce poison, une lutte qu'il soutint durant tout son règne.

Dans l'ordre privé, il donna encore un exemple rare de son respect des lois et de la justice. Il avait un neveu, nommé Chang-kang, qu'il aimait comme un fils. Ce jeune homme, très bien doué d'ailleurs, avait cependant la passion du jeu. Un jour qu'il avait invité des amis dans l'une de ses maisons de plaisance, ils se mirent à jouer et Chang-kang perdit successivement tout son argent, ses terres, ses maisons, ses chevaux; espérant enfin prendre sa revanche, il en arriva à jouer les diamants et les perles de sa maîtresse. Comme il avait encore perdu et que celui qui gagnait le raillait sur cette dernière perte, il se précipita sur lui et le poignarda.

L'empereur apprit ce crime et en eut un immense chagrin, mais ne fit rien pour arrêter le cours de la justice. Le prince fut jeté en prison et, selon l'usage, interrogé successivement par tous les membres du tribunal. Convaincu d'assassinat, il comparut devant l'empereur, qui forme, à lui seul, un tribunal suprême. Or, Tao-Kouang confirma la sentence du tribunal et condamna son neveu à la strangulation au tombeau de ses ancêtres.

Vers la fin de son règne (1845), il laissa encore exécuter plusieurs membres de sa famille pour avoir fumé de l'opium.

Cet empereur dut subir les suites de la guerre de l'opium et laisser entamer la Chine par le traité de Nankin (1842). Il mourut en 1850, laissant le trône à son quatrième fils, Hien-foung.

Le nouvel empereur aurait eu fort à faire s'il avait pris son rôle au sérieux, car le contre-coup des concessions faites aux étrangers ne tarda pas à éclater. La révolte des Taï-ping occupa tout le règne de Hien-foung et se montra menaçante à la dynastie mandchoue au point de décider les autorités chinoises à implorer, contre les rebelles, l'aide de ces mêmes étrangers qui menaçaient la Chine au nord.

Mais l'empereur, entouré de femmes, ne se rendait nullement compte de la situation. Quand les alliés entrèrent à Pékin en 1860, il ne sut que fuir, abandonnant le palais d'Été pour Jehol, un rendez-vous de chasse en Tartarie, où les empereurs mandchoux avaient longtemps coutume d'aller, annuellement, reprendre des forces en se livrant aux exercices physiques et en échappant à l'étiquette de la cour chinoise. Depuis plus de quarante ans, Jehol était abandonné ; Hien-foung crut se *sauver la face* en feignant d'aller chasser pendant que son frère, le prince Koung, traitait avec les alliés.

L'empereur mourut bientôt à Jehol (1861), laissant pour héritier du trône un jeune enfant, connu plus tard sous le nom de Toung-tché. Sous l'influence de son entourage, jaloux du prince Koung, il avait, par son testament, institué un conseil de régence d'où était exclu son frère, le seul homme au courant des affaires présentes.

Un coup d'État ne tarda pas d'ailleurs à renverser ce conseil, dont plusieurs membres furent exécutés. Les nécessités de la situation donnaient de l'autorité au prince Koung, qui avait su s'entendre avec les deux impératrices douairières : la femme principale de Hien-foung, dite impératrice de l'Est (celle-ci ne joua jamais qu'un rôle effacé), et la mère du jeune empereur, dite impératrice de l'Ouest, une concubine tartare nommée Tseu-hi.

Cette femme a déployé, depuis quarante ans, un véritable génie dominateur, sans aucune notion ni souci des besoins de l'empire. Elle n'a jamais eu d'autre politique que celle de supprimer ceux qui auraient pu lui disputer le pouvoir. Et rien ne prouve mieux la décadence et de la dynastie et du mandarinat que le fait du règne absolu de cette femme jusqu'à nos jours. Pour s'opposer aux progrès, elle n'a pas même, comme les lettrés, l'esprit des traditions, car elle ignore presque autant la Chine que le reste du monde. On l'a vue, il y a quelques années, adopter d'abord un parti de réformateurs hardis, puis les faire exécuter et annuler leur œuvre dès qu'elle put se convaincre qu'elle ne pourrait pas faire tourner le mouvement à son profit. Son échiquier est la cour et son savoir se borne à connaître les rivalités jalouses des puissances étrangères; cela lui suffit à mater ses ennemis et à tenir en échec les diplomates étrangers.

En 1872, Toung-Tché se maria et fut déclaré majeur sans que rien fût changé en réalité.

Le jeune prince avait été élevé de façon à ne s'intéresser qu'à son harem. Parfois, cependant, il sentait lourdement la tyrannie de la vieille impératrice et, n'osant s'attaquer à elle, il disgracia par deux fois son allié, le prince Koung, qu'on rappelait d'ailleurs aussitôt.

Cependant, la cour commençait à se diviser en deux camps : celui de la jeune impératrice et celui de l'impératrice douairière.

En 1875, Toung-Tché fut enlevé par une courte maladie de deux jours. On déclara que c'était la petite vérole et personne n'eut envie d'aller vérifier. La jeune veuve portait un enfant qui aurait pu lui donner à bref délai le rang de régente, mais elle ne tarda pas à disparaître mystérieusement à la suite de son mari.

La vieille Tseu-hi fit savoir qu'elle se dévouait encore une fois en reprenant les rênes du gouvernement et, pour remplir le rôle d'empereur, elle chercha un enfant qui aurait besoin longtemps de sa tutelle; ce fut l'empereur actuel Kouang-Sou. Il avait quatre ans et était fils du prince Chun, frère de Hien-foung qui fut censé avoir adopté Kouang-Sou, bien que mort dix ans avant la naissance de cet enfant! C'est par cet audacieux mensonge que l'impératrice se donnait un droit de tutelle sur le nouvel empereur.

Lorsque Kouang-Sou eut seize ans, la vieille douairière s'occupa avec un zèle extrême de le marier : plusieurs centaines de candidates furent soumises à son examen; elle en choisit d'abord trente, puis annonça qu'elle allait y réfléchir et, après deux ans de négociations, elle finit par choisir sa propre nièce, fille de son frère, une petite fille insignifiante qui devait rester indifférente à Kouang-Sou et dont on n'a jamais entendu parler depuis son mariage.

On n'aurait guère plus parlé de l'empereur s'il n'avait prêté l'oreille au réformateur Kang-Yu-Wei qui, avec la masse des chinois émigrés en Amérique, en Australie et même en Europe, veut un régime nouveau pour son pays.

Sorte de Louis XVI faible, mais bien intentionné, son effort se borna à rêver d'une Chine transformée par la science européenne et des armements analogues à ceux qui avaient permis au Japon d'humilier le grand empire.

Quand la vieille impératrice se déclara contre la réforme, prévoyant l'orage, Kouang-Sou ne sut que fuir; il tenta, dit-on, de se faire porter à la légation anglaise, proche du palais, dans un sac de riz. Il fut trahi et, depuis cette velléité d'indépendance, il est si bien gardé, qu'on pourrait douter de son existence si les documents officiels ne portaient l'empreinte de ses sceaux de diverses dimensions et couleurs, tous ornés de la figure du dragon, emblème du pouvoir impérial[1].

---

[1]. C'est dans la seconde partie de cet ouvrage que l'essai de réformes tenté par décrets et rescrits impériaux en 1898 sera apprécié avec les événements qui en ont été la suite pour la Chine et l'Europe.

CONCLUSION

Je pense qu'on peut inférer légitimement des études qui forment ce volume que la Chine et les Chinois constituent un reliquaire du passé humain au même titre que les plus anciens peuples disparus de la scène du monde : Égyptiens et Proto-Chaldéens, Aryas de l'Iran et de l'Inde septentrionale, nègres et négroïdes qui se sont succédé dans l'Afrique australe, habitants des maisons de roches de l'Arizona, en Amérique.

Mais le reliquaire chinois a cet immense avantage, c'est qu'il est encore vivant de nos jours et qu'il n'y a pas eu de solution de continuité dans son existence. Qui plus est, grâce à des annales, legs de chaque génération, grossissant à la façon des couches successives d'aubier autour de l'axe médullaire d'un arbre, on peut lire sans pratiquer, comme ailleurs, des fouilles archéologiques, l'histoire positive écrite de son passé.

Si l'on approche avec autant de respect que de curiosité des hypogées d'Égypte, des tumuli mésopotamiens, il me semble que c'est avec un sentiment analogue qu'on doit aborder l'étude de la Chine, car les Chinois ont su faire durer leur pays et ainsi nous permettre de constater les phases par lesquelles ont passé les institutions et les mœurs humaines.

Au siècle dernier, il était de mode, pour ébranler la chronologie biblique, de surfaire l'antiquité historique des Chinois comme celle des Hindous et des Persans. Les vieux monuments, avec inscriptions authentiques, exhumés dans les vallées du Nil et de l'Euphrate; les données irrécusables fournies par la paléontologie, par la géologie et l'astronomie comparées, dispensent de se préoccuper désormais de la date de la création du monde d'après Moïse.

On concède volontiers aux Chinois un minimum de cinquante siècles d'histoire. Notre célèbre astronome M. Faye n'hésite pas à écrire, avec sa haute compétence de lettré et de savant: « Aujourd'hui encore on se plaît à remonter aux éclipses observées en Chine il y a 5.000 ans et pour contrôler nos Tables de la lune, nous n'avons rien de mieux que celles de Babylone au VIIIe siècle avant notre ère. » (*Origine du monde,* page 32). Seulement, les résultats acquis quant aux éclipses, à l'inégalité de la lune et au mouvement des nœuds de son orbite, impliquent, suivant le même auteur, l'observation du ciel *pendant de longs siècles,* avec suite et intelligence, au sortir de la vie nomade — ce qui recule d'autant la préhistoire chinoise.

On a pu voir dans les deux premiers chapitres que les *Cent familles* qui ont fondé la Chine demandaient à la culture du sol leurs moyens d'existence, qu'elles comptaient avec les vicissitudes des saisons, qu'elles avaient « leurs interprètes attitrés pour les ordres ou les avertissements qui nous viennent d'en haut »; qu'elles étaient par conséquent fétichistes astrolatriques.

Les cent familles primitives — *Po-Sinn* — ne sont pas un mythe mais une réalité; car, de nos jours encore, il n'y a pas plus de cinq cents noms patronymiques différents, dont quatre cents représentent les collatéraux des premières générations, et, aujourd'hui comme jadis, les tautonymes, ou porteurs du même nom, ne peuvent pas se marier entre eux à cause de leur parenté.

Le type des cent familles n'offre aucune trace de matriarcat et si, dans le *Livre des Vers*, l'épouse est plus prisée qu'aux temps postérieurs, sa situation y est inférieure à celle que lui reconnaissent les *Hymnes védiques* chez les Aryas du Punjab. J'attribue cela, en dehors des différences ethniques et mésologiques, à une cessation de la vie nomade et pastorale plus ancienne chez les Chinois. Dans cette vie-là, la fille est d'une grande utilité : elle est la trayeuse[1] du bétail, la beurrière, la fromagère. C'est même cette fonction domestique que signifie *duhitri* dans le *Rig-Veda*, et c'est du souvenir oblitéré de cette fonction que viennent les mots θυγάτηρ, *Tochter*, *daughter*, fille, en grec, en allemand et en anglais. La vache étant le symbole de ce qui est utile et excellent en tous genres dans l'Inde, même de nos jours, sa trayeuse a participé pour ainsi dire à la valeur idéale du symbole avant de devenir à son tour *grihapati*, maîtresse de maison ; puis *matri*, distributrice de la nourriture et du vêtement.

Le genre de culture par irrigation a diminué le concours des animaux domestiques; l'exten-

---

1. J'emploie ce néologisme, faute d'un autre mot.

sion de cette culture, à mesure de l'augmentation de la population, a fait réduire l'aire des pâturages et le nombre des pâturants; avec la disparition des lactifères[1], le rôle de la fille s'est réduit à si peu de chose, qu'il a amené graduellement l'effacement de la femme dans la famille et la société chinoise et son assimilation à un article de vente plus ou moins demandé. L'infanticide des filles en Chine, moins réprouvé que celui des garçons, n'a pas d'autre cause *sourde* qu'on n'a pas suffisamment interrogée. Que faire des filles en dehors des quelques jours de l'année consacrés à la cueillette du thé et au repiquage du riz?

La prédominance du sexe masculin n'expliquerait pas à elle seule cet effacement de la femme. Les Aryas védiques et leurs congénères postérieurs en Asie et en Europe la professaient aussi. Pour eux comme pour les Chinois,

---

[1]. L'absence des lactifères en Chine explique en partie la polygamie. La femme n'ayant pas de succédané de son lait y allaite bien plus longtemps qu'en Europe ou dans l'Inde. L'Asiatique, en général, n'approchant plus une femme dès qu'elle est enceinte, il lui faut des suppléantes pendant la gestation et le nourrissage de l'enfant. Cela est tout profit pour ce dernier, comme pour sa mère, au point de vue de l'hygiène.

l'homme est un sécréteur de germes vivants, un transmetteur du sang des ancêtres ; la femme, un simple récipient de ces germes et de ce sang pour leur alimentation et développement pendant les neuf mois de vie intra-utérine. De là l'aptitude du fils à perpétuer la famille, à célébrer le sacrifice, l'autorité à exercer du père ou chef sur la *jantu* = γέννα et *gens*.

Mais depuis que la science a réformé cette conception[1] des âges primitifs, l'harmonie familiale et la justice sociale exigent, dans l'intérêt bien compris de l'homme, que la femme

---

1. Cette conception, moitié physiologique, moitié mystique, a persisté au fond jusque dans nos sociétés modernes, et Proudhon, le grand démolisseur de dogmes, croyait fermement à la continuité du plasma germinatif par l'homme. De ce chef, il n'y a donc rien à reprocher aux Chinois; nous n'avons pas sur eux une grande avance. Les travaux de Leuwenbroock, von Baer, Henlé, Gerber, Dugès, sur les *spermatozoaires* semblaient même une confirmation des vagues intuitions du passé, car ils n'ont pas fait soupçonner que l'ovule pouvait être aussi un *ovozoaire* — ce qui eût conduit déjà à la théorie vraie de la génération humaine.

La découverte, dans l'ovule mûr, de la cellule embryogène de Balbiani, de la vésicule germinative de Pūrkinje, a établi définitivement le parallélisme de ce produit avec le spermatozoïde mûr, dérivé de la vésicule spermatogène et du noyau spermatoblastique — donc l'équivalence des deux sexes masculin et féminin, soit à l'état de typozoaire parfait, soit même à l'état de métazoaire.

ait partout sa place naturelle, en Chine comme ailleurs. L'évolution humaine vers un état supérieur est à ce prix.

Certes, la Chine peut et doit faire son profit de cette notion récente, dégagée en Occident; mais que de choses elle peut nous enseigner à son tour, non comme des hypothèses plus ou moins probables ou spécieuses, mais comme des faits éprouvés et vécus pendant des milliers d'années: la stabilité des institutions, l'esprit de discipline et d'interdépendance, la pratique de la solidarité, la haute appréciation du travail manuel, de la culture intellectuelle, le sentiment de l'équité, l'amour du sol natal, la reconnaissance envers l'œuvre des ancêtres !

Nous croyons vivre beaucoup en peu de temps, trouver le mieux-être dans un changement fébrile; nous nous admirons pour nos sauts et nos bonds dans le nouveau, que suivent des reculs ou des prostrations lamentables: l'étude sympathique de la Chine sera un calmant pour nos névroses. Après cette étude, nous dirons probablement avec M. de Bonald:

« J'aime, dans un État, une constitution qui se soutienne toute seule et qu'il ne faille pas toujours défendre et toujours conserver. Ces constitutions si délicates ressemblent assez au tempérament d'un homme qui se porte bien, pourvu que son sommeil ne soit jamais interrompu, son régime jamais dérangé, sa tranquillité jamais troublée, qu'il ne sorte de chez lui ni trop tôt ni trop tard, et qu'il n'aille ni trop loin ni trop vite. »

Est-ce à dire que la Chine, sur certains points, est un modèle achevé, qu'il faille copier aveuglément? Non certes : il faut rester nous-mêmes ; mais nous devons être justes envers cette aïeule qui a dédaigné la force brutale et les conquêtes purement militaires, qui a tâché d'élever ses voisins inférieurs au lieu de les piller ou de les asservir, qui a réservé aux plus dignes et aux plus éclairés de ses fils la direction des affaires publiques.

La Chine périra-t-elle? C'est bien improbable pour beaucoup de raisons. La première c'est qu'elle n'est nullement moribonde. Elle surabonde de vie plutôt. Cette vie est confuse, gênée, anormale ; les individus y sont de plus en plus à l'étroit depuis que l'Australie et les États-Unis ont refoulé l'émigration chinoise, que ces pays et d'autres avaient d'abord sollicitée ; mais cela est passager.

Les Blancs vont-ils dépecer la Chine ? L'opération n'est pas si aisée qu'on se l'imagine. La masse des indigènes est innombrable et sa résistance passive est bien plus efficace qu'une réponse à coups de fusil et de canon. Rien n'embarrasse des soldats européens comme un massacre de gens laborieux et inoffensifs à qui l'on ne peut reprocher que d'être chez eux, de se suffire, et de ne rien quémander à l'Europe. Au bout de quelques tueries de vieillards, de femmes et d'enfants, on a vite des nausées et on rougit de se sentir encore si fauve, sous prétexte de civilisation. Toute saignée de ce genre, loin d'affaiblir la Chine, la soulage de sa surpopulation, ainsi que le disait l'ambassadeur Tseng à Jules Ferry. Il faut avoir le cerveau de Guillaume II pour prêcher, nouveau Pierre l'Ermite casqué et éperonné, une croisade contre les Chinois : l'échec piteux du maréchal de Waldersee guérira pour longtemps sans doute les Allemands de pareilles aventures et, avec les Allemands, les alliés de l'Allemagne. La Russie poursuit avec ténacité un objectif très ancien : avoir accès sur le littoral chinois, disputer à l'Angleterre sa prééminence commerciale. L'installation des Japonais à Formose, des Américains aux Philippines, est un facteur nouveau très important pour faire contrepoids aux convoitises européennes : on l'a bien vu aux dernières négociations avec les plénipotentiaires chinois, qui ont montré une impassibilité bien digne des cinquante siècles que la Chine représente consciemment dans l'histoire de notre planète[1]. Il y aura donc, à Pékin plus encore qu'à Constantinople, un balancement des influences étrangères qui les rendra peu dangereuses. Et il en sera des Chinois comme de ces chenilles processionnaires qui se suivent à la queue leu-leu, se touchant toutes. G. Pouchet, qui les a observées de près dans un bois de l'île Sainte-Marguerite, raconte qu'avec sa canne il fit sauter trois ou quatre chenilles du milieu de la file qui traversait un chemin, curieux de savoir comment les deux tronçons se ressouderaient. A son grand étonnement, la file de tête s'arrêta, la file de queue continua d'avancer sans surprise et le savant naturaliste constata que *ces chenilles ne marchent qu'autant qu'elles se sentent pous-*

---

1. Le récent traité anglo-japonais est une confirmation de mes vues.

sées et que c'est la dernière en définitive qui pousse les autres.

En Chine, c'est le passé qui a poussé le présent, ce sont les inhumés qui ont soulevé les transhumans; — qu'on se le dise bien, une fois pour toutes, si l'on veut comprendre quelque chose à la vie, à la civilisation chinoise.

Et pourquoi en a-t-il été ainsi? Parce que, jusqu'à nos jours, la croyance à la pérennité de l'homme après son décès a été la principale idée-force de cette vie et de cette civilisation.

Les récents réformateurs jaunes, dont l'empereur Kouang-Sou s'était fait l'agent exécutif bénévole en 1898, n'ont échoué peut-être, en dehors de l'opposition intéressée des princes mandchoux et de vieux mandarins encroûtés, que parce qu'ils ont voulu rompre avec le passé en le maudissant et en lui attribuant les maux de la situation présente.

Leur prédécesseur et glorieux modèle, Wang-an-Chi, fut plus avisé en se bornant à interpréter ce passé dans un sens favorable aux besoins modernes. Il est bien étrange que les affiliés du *Po-Wong-ouey* aient oublié cet épisode de leur histoire et veuillent trop pasticher le

Japon contemporain au détriment de l'originalité chinoise.

Ne croient-ils plus à la survie individuelle des ancêtres? Alors qu'ils en idéalisent le culte à la façon des Occidentaux et qu'ils rendent à la circulation les millions de tonnes de phosphates de chaux immobilisées dans les nécropoles. Révoquent-ils en doute l'action de ces ancêtres sur leurs descendants? Alors qu'ils associent la femme à leurs efforts pour la création d'une société nouvelle.

Il n'y aura rien de fait tant que la Chinoise continuera d'avoir ses pieds réduits en moignon, et que sa personnalité morale sera méconnue.

TABLE DES MATIÈRES

	Pages.
Préface	v
Chapitre Ier. — Les Jaunes et la sous-race chinoise	1
Chapitre II. — L'habitat chinois et ses principales stations	68
Bassin du Tarim	70
Bassin du Hoang-Ho	86
Bassin du Pét-Ho	103
Bassin du Yang-Tsé	107
Bassins du Min et du Sé-Kiang	130
Chapitre III. — Les institutions et les mœurs chinoises	147
Le gouvernement	164
Régime agraire et agriculture	176
Mœurs et coutumes	199
Chapitre IV. — Le langage articulé et le Chinois	225
L'écriture et la littérature chinoises	225
Langage articulé	226
Langue chinoise	254

	Pages.
Ecriture chinoise	274
Littérature chinoise	287

Chapitre V. — La philosophie chinoise 301
    Doctrine du « Tao » 307
    Confucius et ses disciples 323
    Philosophes indépendants et synthétiques . . 344

Chapitre VI. — Les Tao-ssé et les Thoû-joû . . 369
    Genèse des Tao-ssé 373
    Origine des Thoû-joû 384
    Première période de la lutte 391
    Seconde période de la lutte 401
    Intervention lamaïque 419
    Dégénérescence des Tao-ssé 424
    Dégénérescence des lettrés 432

Chapitre VII. — La dynastie mandchoue et son déclin 441
    Gouvernement effectif 456
    Déclin dynastique 471

Conclusion 485

Nancy, impr. Berger-Levrault et Cie.

www.ingramcontent.com/pod-product-compliance
Lightning Source LLC
Chambersburg PA
CBHW051126230426
43670CB00007B/698